集人文社科之思 刊专业学术之声

集 刊 名：政治与公共管理研究
主　　编：邱泽奇
执行主编：马　华
主办单位：山西大学政治与公共管理学院

POLITICS AND PUBLIC ADMINISTRATION STUDIES No.1

第1辑

集刊序列号：PIJ-2024-525
中国集刊网：www.jikan.com.cn/ 政治与公共管理研究
集刊投约稿平台：www.iedol.cn

山西大学政治与公共管理学院 主办

政治與公共管理研究

POLITICS AND PUBLIC ADMINISTRATION STUDIES No.1

第1辑

主编／邱泽奇

执行主编／马华

集群贤探寻治理之道，汇众智贡献兴邦之策

社会科学文献出版社
SOCIAL SCIENCES ACADEMIC PRESS (CHINA)

集刊 政治与公共管理研究
第1辑
2025年6月出版

·卷首语·

·自主知识体系构建·

·协商民主·

·政治文化·

·民族复兴·

·卷首语·

在变革中探寻善治之道

邱泽奇

政治是人类文明的重要标志，公共管理是国家治理的重要环节。在全球化与数智化带来的诸多挑战面前，政治与公共管理正经历前所未有的深刻变革。传统治理失灵，新治理理念和实践不断涌现，人类不得不探索一条通向善治的路径。

现代政治的生成和演变，深深植根于工业文明的历史土壤。工业化带来了生产力的巨大飞跃，催生了现代主权国家体系，形成了代议制民主、官僚制管理等现代政治制度。这些制度在特定历史时期有效维护了社会秩序，推动了经济发展。

然而，随着全球化经历波折，数智化把机器带进人类社会，传统治理模式已难应对复杂治理格局。中共中央在 2013 年 11 月《关于全面深化改革若干重大问题的决定》中提出了“推进国家治理体系和治理能力现代化”的任务，这是顺应时代的必然选择。实现国家治理体系现代化，要求我们在党的领导下，通过体制改革和制度创新，构建系统动态、科学规范、运行有效的制度体系，涵盖经济、政治、文化、社会、生态文明和党的建设等领域；推进国家治理能力现代化，意味着国家需在治理理念上更新、治理结构上优化和治理方式上创新。这要求我们超越传统的统治思维，构建多元共治的治理格局；要求我们突破经典科层制局限，建立“数实一体”的治理结构；要求我们克服官僚主义弊端，形成开放、透明、高效的敏捷治理机制。

在这一背景下，由山西大学政治与公共管理学院主办的《政治与公共管理研究》集刊应运而生。而支撑这本集刊创设的山西大学，是中国近代以来发展新式高等教育的典型。其政治与公共管理的学科建设，可以追溯到1919年9月在国立山西大学法科中开设的政治学门，其课程比较系统地讲授和传播西方近代政治学的学科概念、学术思想和学术内容，这在中国高等教育的政治学教育史上极具开创性。同时，大学学科体系与知识体系合一的构建，使得大学的内部治理结构以学科体系和知识体系为基础，也标志着政治学学科的近代学科的设置初步完成，从而提升了大学对知识创新和解决社会重大现实问题的贡献度。

可以说，早期山西大学政治学学科呈现中西会通的特点，展现出中国传统政治学与近代西方政治学相互融合的趋势。中国传统政治学在专业和课程上，既延续保留了中国传统政治学的特点，又围绕当时中国政治和社会面临的实际问题，具有经世、治理、治国、变法创新的意识。1921年12月，山西大学新共和学会受五四运动的影响创办的《新共和》刊物，以"创造新人生、新社会、新共和"为宗旨，对内倡导学术研究，对外传播进步思想，旨在宣传新思想、新文化，推动社会变革。这是山西最早以社会团体名义创办的期刊。之后，山西大学还陆续创办过《中外论刊》《救国周刊》《中外引擎》等刊物，密切关注时政，宣传革命思想，探索拯救中国之策。山西大学的政治学刊，在当时成为马克思主义在中国的重要宣传阵地，鼓舞了太行根据地广大军民抗日救亡的决心和信心。

新中国成立后，山西大学于1961年正式设立政治学系，但在"文革"后一度中断。1986年，山西大学重新组建政治学系，于2003年发展成为山西大学政治与公共管理学院，开始研究政治与公共管理学。作为新中国首位山西大学校长、著名政治学家邓初民先生曾经奋斗过的地方，山西大学致力于继承邓先生的政治学追求，以"立足三晋、面向中国、放眼世界"的学术视野和治学精神，既深入挖掘三晋大地丰富的政治文化资源，又密切关注中国政治与公共管理领域的重大理论与实践问题，还积极吸收国际政治与公共管理领域的优质营养，推动政治学学科逐渐走向丰富多元。

《政治与公共管理研究》的创办，将致力于搭建一个开放、包容的学术平台，汇聚国内外专家学者共同探讨政治与公共管理领域的重大理论和实践问题。同时，我们将秉持学术性、创新性、实践性的宗旨，鼓励跨学科、跨领域的研究，倡导理论联系实际的学风。我们期待通过深入的学术探讨和实践研究，为推动政治与公共管理学科发展、服务国家治理体系和治理能力现代化做出应有贡献。事实上，政治与公共管理一直都是一对孪生领域，我们将重点关注实现治理体系和治理能力现代化进程中的新现象、新问题，深入剖析数字治理、全球治理、风险治理等前沿议题，为推动国家治理体系和治理能力现代化提供理论支撑和智力支持。

总之，在这个充满变革与挑战的时代，探寻善治之道是我们共同的责任和使命。《政治与公共管理研究》愿与学界同仁一道，以开放的胸襟、创新的精神、务实的态度，共同书写政治与公共管理研究的新篇章，为推动人类政治文明和社会进步贡献智慧和力量。

2025 年 3 月 15 日

如何推进中国政治哲学自主知识体系的构建?

孙国东*

摘　要　在“知识转型”与“知识对抗”交织的时代背景下，中国政治哲学自主知识体系的构建正面临中西方关于政治现代性的认知分歧、中国政治秩序现状的诊断争议以及历史文化传统的阐释差异三重挑战。为此，本文基于伽达默尔阐释学的“视域融合”理论，指出政治哲学需直面文化依赖的“前见”，通过“公共阐释”调和分歧，既立足中国超大规模型国家治理、轴心文明遗产与社会主义党政体系三大实践约束，解构西方政治价值观对自由、民主等概念的规范性垄断，又挖掘儒家传统中“大一统”“天人合一”等资源的现代转化潜能。最后，本文主张以“公共阐释”为基础，发展一种阐释政治哲学，并通过对话、范导与反思三大话语功能，推动兼具现代性与中国性的政治哲学理论体系建构。

关键词　政治哲学　公共阐释　自主建构

一　问题意识：“知识转型”遭遇“知识对抗”

“知识转型”这个概念由邓正来于21世纪初提出，其核心命题在于：伴随中国崛起，中国社会科学亟须突破对西方理论的依附性解释框架，转而以中国实践经验为基础，构建能够阐释“中国成功故事”的本土化学术话语体系，并以中国深度研究取得的成果与西方社会科学展开实质性对话（邓正来，2006）。在他看来，这种对话标志着中国社会科学百年发展史上

* 孙国东，复旦大学社会科学高等研究院教授、博士生导师、副院长，主要研究方向为政治哲学。

的重大转折，具有“知识生产范式革命”的里程碑意义。后来，这一原本由学界倡导的学术自觉运动，逐渐被官方话语吸纳并重构为“自主知识体系”建设的政治议程，演变为一种国家主导的学术工程。

然而，各界虽满心期待中国社会科学实现“知识转型”，却发现似乎进入了一个“知识对抗”的时代，无论是中西方之间，还是中国知识界内部，都在进行话语权争夺。大家都在忙于争夺话筒，似乎谁抢到了发言的机会，谁就拥有了话语权。“立场先于是非”“情感高于理性”“雄辩胜于事实”等“后真相”症候严重挤压着理性对话空间。在这样的背景下，政治哲学领域也未能幸免，面临较为严重的知识对抗和认识分歧。这种对抗，给我们带来了三个方面的挑战。其一，怎样面对中国和西方关于“政治现代性”的分歧？是不是只有西式的自由民主制才是“政治现代性”的表征？其二，怎样面对中国知识界对政治秩序现状诊断的分歧？当下中国的“党政体系”(party-state system)，究竟是政治现代性的另一种制度形式，还是仅仅是一种前现代的政治形态？其三，如何应对中国知识界在历史阐释或中国文化传统认识上的分歧？尤其是，我们该如何对待儒家传统？

面对上述挑战，我们应当如何应对？笔者深信，阐释学在此具有重要的理论价值。阐释学的核心在于直面人类在相互理解方面的有限性，并探索克服这种有限性的可能性。由于人类无法拥有全知全能的“上帝视角”，我们的理解不可避免地带有自身的“前见”(vorurteil)或“偏见”(prejudice)。然而，人类同时具备理性潜力，能够通过不断反思与调适来约束自身的“前见”，进而实现伽达默尔所提出的“视域融合”(伽达默尔，2007)。换言之，人与人之间的相互理解过程，本质上是双方坦诚面对并反思自身“前见”的过程。倘若个体仅与观点一致者交往，便会陷入“信息茧房”，从而丧失与他人实现真正理解的可能性。基于此，笔者主张采用“阐释政治哲学”这一种新的政治哲学知识形态，以期为相关问题提供更具针对性的理论回应。

二 当代政治哲学的“阐释学转向”

众所周知，政治哲学的核心研究对象是政治价值。因此，要构建阐释政治哲学，首先需要回答一个前提性问题：政治价值为何具有文化依赖性，从而能够与阐释学产生关联。这一问题直接关系到阐释政治哲学的逻辑起点。首先，政治价值是以“政治价值观”为中介和依托实现制度化的。在这里，我们需要明确一个区别：政治社会不等于道德世界。政治社会是在实践约束条件下实现政治理想的。政治价值不能简单地还原为道德价值或伦理价值，它具有内在的实践性，必须在特定实践约束条件下实现制度化才有更大的意义。政治价值的制度化是通过更具体的政治价值观实现的，也就是要确立政治价值的具体规范性要求，然后再去构建相应的制度并形成实践模式。例如，自由、民主、平等这类政治价值属于维特根斯坦所说的“超级概念”（维特根斯坦，2000），其具体内涵需要在实践中进一步阐述其规范性要求，而这一过程也是形成政治价值观的过程。其次，人的价值观是人的“心灵活动”（mind）的产物，而心灵活动具有历史性，是人全部“生活史”或历史记忆的产物。亚里士多德曾指出：“在某种意义上，心灵就是世界的一切。”（亚里士多德，2021）更确切地说：人的心灵是他感知到的世界的全部。同时，人们的心灵之间存在隔阂，原因在于尽管我们生活在同一个地球上，但每个人所感知的世界是不同的。这种感知经验构成了个体的全部生活史，进而塑造了其心灵和价值观。因此，人的心灵活动和价值观具有高度的个人化特征。这意味着，我们不能用物理主义和实证主义的方式来说明（explain）人的价值观，只能采用阐释学的方式加以把握。由此可见，人的政治价值观是其文化-政治认同（identity）的集中体现，就是说政治价值观的确立，离不开文化传统塑造的“前见”。

笔者主张“阐释政治哲学”，正是希望通过这种政治哲学的知识形态来推进“中国现代政治价值观”的介入性学理分析和实体性理论建构。

美国政治哲学家乔治娅·沃恩克曾指出，当代西方政治哲学正在经历一种“阐释学转向”（Warnke，1993）。“阐释学转向”是指当代西方政治哲学主动澄清自身的“前见”，不再追求康德式的绝对普遍主义，而是将对正义原则的阐释与自身的文化传统紧密结合。以罗尔斯的正义理论为例，其理论实际上具有明显的阐释学意识，并非如部分研究者所认为的那样是普遍主义的。罗尔斯在其后期的论文《道德理论中的康德式建构主义》中，明确指出使正义理论获得证成的，是看“它是否与我们对自身的较深层理解、我们的抱负及我们的下述认识相契合：考虑到嵌含于我们公共生活的历史和传统，它对我们来说是最合理的学说”（Rawls，1980）。实际上，在《正义论》第一版中，罗尔斯就已经将自由优先性的论证与西方社会特定的文明发展阶段——后工业“丰裕社会”联系在一起（Rawls，1971）。在这种情境下，随着人们对自由的利益边际递增、对财富的利益边际递减，自由才具有优先性。需要说明的是，哈特曾批评罗尔斯说，采用这样的理据没法确保自由优先的普遍性（Hart，1973）。所以，罗尔斯在1999年的《正义论》修订版中修改了这一论述。修改后的版本认为，原初状态的人们选择了自由的优先性，所以自由具有优先性。这样的论述尽管试图确保自由优先的普遍性，但实际上是一种同义反复的套套逻辑（tautology），缺乏此前论述的说服力。此外，罗尔斯对“差别原则”的背景性制度以及“公共理性”的适用条件的论述，也均是从西方发达国家的情境出发。

当下，中国其实也隐约出现了政治哲学的“阐释学”转向。这主要体现在两个方面。一方面，民间由于文化焦虑产生的学术自觉。邓正来曾呼吁建立一种“根据中国的政治哲学”（邓正来，2006），慈继伟等也呼吁中国政治哲学要有自己的“议事日程”（邓恩，2020）。像蒋庆、贝淡宁（2013）对儒家政治哲学的阐发，刘清平（2010）对墨家政治哲学的挖掘，白彤东（2022）对法家政治哲学的研究，都充分体现了这种学术自觉。另一方面，官方大力推动自主知识体系建设，而政治哲学在其中处于基础地位。不过，中西方政治哲学的“阐释学转向”存在明显的差异。这种差异至少体现在两个方面。其一，西方政治哲学的“阐释学转向”已基本完成，而我们的“阐释学转向”要么停留在口号层面，要么停留在思想资源的梳理上，尚未进入实体性理论建构的阶段。其二，中西方传统与现代的关系不同。对于西方国家来说，启蒙运动的传统已经融入公共政治文化，它们的传统性和现代性在很大程度上是重合的。而中国尽管仍处于现代转型时期，但我们谋求的现代性很大程度上是受传统性约束的现代性。

三 “中国政治哲学”何以成立

在中国政治哲学的建构路径中，“中国政治哲学”何以成立是一个亟待探讨的问题。此处所指的“中国政治哲学”并非“中国古典政治哲学”，而是“中国现代政治哲学”的简称。20世纪的中国在实践中形成了一种“既非西化，也非复古，同时超越苏联模式”的现代化道路，这意味着传统文化、西方哲学、马克思主义思想资源本身并不能直接应用于中国的现代化实践。相反，以务实主义的切己姿态，对传统文化、西方哲学、马克思主义持开放态度，并促进它们之间的相互对话、辩驳和融通，已经深深地嵌含在中国现代化的历史实践中，并塑造了现代中国人的杂合性认同。其中，黄宗智在这方面做过很多研究，比如，民国时期，国民政府尽管在法律中规定了男女具有平等的继承权，但在实践中允许农村在“分家”时主要照顾儿子方面的权利，因为在农村一般都是儿子给父母养老（黄宗智，2007）；还比如《中华人民共和国民法典》明确把继承遗产的权利与赡养义务的履行结合起来。这些都充分体现了中国传统文化在法律秩序中的影响。此外，源于西方的一些现代观念和制度也早已融入中国人的生活方式和观念中，例如学术讲座的形式就是西方文教制度影响中国的一个缩影。

那么，我们怎样来把握政治哲学的中国性呢？在笔者看来，它内在地要求我们采用一种更具政治性的政治哲学，而不是更具哲学性的政治哲学。所谓哲学性的政治哲学，是当下对政治哲学的主流理解，一般是通过激活思想史上的某种政治哲学思想来观照现实政治问题。但这种政治哲学常常具有价值独断主义倾向，欠缺对中国政治问题的指涉性和介入性。其学术价值要大于思想价值，能够发挥政治哲学话语对于观念的“传承-滋养”功能，却难以实现对实践的“阐释-范导”功能。与之相对的是“政治性的政治哲学”，它不将政治哲学原则视为放之四海而皆准的普遍主义原则，而是致力于建构适用于特定时空政治社会的政治哲学原则。这种哲学强调政治社会与道德世界的区别，正如施特劳斯对康德的解读所指出的，政治社会不能简单还原为道德世界（施特劳斯，2003）。康德在道德哲学中将“不说谎”视为绝对义务（康德，1785），因为一旦别人对你谎言的相信也采取说谎的态度，你的谎言就是无效的，所以，说谎在逻辑上是“自我挫败”的，不说谎是道德上的“绝对义务”。但进入法律领域，言论自由必然包含说谎的自由。因此，适合特定政治社会的政治哲学原则必然具有某种最低限度的结果主义考量。

对于中国而言，现代政治秩序的建构面临着三个主要的实践约束条件：一是社会条件，中国是具有悠久大一统传统的超大规模国家；二是历史-文化条件，中国是具有轴心文明遗产并保持文明延续性的文明体；三是政治条件，中国在现代转型中形成了社会主义党政体系的政治架构。这三个条件不仅与西方不同，和其他所有国家也都不一样，它们构成了中国必须直面的一种“结构化情境”。在这一情境下，“现代政治哲学的中国性”主要体现在三个方面：首先是对现代价值的中国探求，它涉及的是怎样把握自由、民主、平等、正义和法治等现代价值在中国情境的具体规范性要求，并促进它们在制度和实践层面的落地；其次是对中国政治认同的现代确认，它涉及的是中华文明秩序机理中是不是存在着对于中国作为政治共同体的存续具有不可替代性，进而对中国现代政治秩序建构具有构成性影响的独特政治认同，例如“政治统一”；最后是对中国文化认同的现代确认，它涉及的是中华文明秩序机理中是不是存在着可以更充分地挖掘现代性的解放和文明潜能，进而可以为中国探求查尔斯·泰勒所说的“规范上更为优越的他种现代性”提供思想支援的独特文化认同（Taylor，1999），例如天下观和天人合一等价值观念。

四　公共阐释：中国政治哲学的建构路径

在当代中国政治哲学的发展进程中，如何实现自主建构的理论体系，已成为又一个亟待深入探讨的核心问题。基于前文梳理分析，本文主张以“公共阐释”为基础，发展一种阐释政治哲学，以此作为推进中国政治哲学自主建构的重要路径。这种政治哲学遵循两个核心的阐释学意识：一方面，自觉承认“前见”的合法性，即充分认识到政治价值的文化依赖性；另一方面，主张用调适性的对话消除相互理解的障碍，也就是通过向“替代性阐释”（alternative interpretations）开放，释放“前见”的对话潜能。相应地，这种政治哲学坚持两个认知性原则：其一，在阐释立场上，强调公道性（impartiality），即保持独立于权利逻辑、市场逻辑和传媒逻辑的客观立场；其二，在阐释内容上，注重可证成性（justifiability），即以独立于私性价值偏好的内容进行阐释。

那么“阐释”究竟是一种什么性质的研究工作？沃尔泽曾指出，确立社会规范的方式有三种——发明、发现和阐释（沃尔泽，2005）。其中，“发明”类似于立法，从无到有地确立规范；“发现”类似于执法，原封不动地去发现并执行既有规范；而“阐释”则类似于司法工作，更多是阐释既有规范，所以同时具有造法和使法律适用的功能。换言之，阐释力图把规范性和描述性结合起来。不过，其追求的描述性并非对既定经验的精确描述，而是受规范性约束的描述；其追求的规范性也并非外在强加，而是具有经验基础的内在规范性。所以，它是与“内在批判”（immanent criticism）相适应的一种研究路向。

此外，关于学界对阐释政治哲学把传统纳入对政治价值的阐释中，是否会走向保守主义的担忧，可以通过对黑格尔“存在即合理”论断的重新解读来加以澄清。这句经常被误解的名言更准确的译法应为“凡是现实的，就是有理性的”，其前提是“凡是有理性的，就是现实的”。为了实现“理性”与“现实”的和解，黑格尔在此所指的“现实”并非一般意义上的“现象”，而是具有必然性的现象（黑格尔，1980）。那些不符合理性要求的偶然存在的“现象”，不是其所说的“现实”。按照这一思路，阐释的任务是挖掘“现实”中的“理性”要素，而非对所有现象（特别是那些不符合理性要求、具有偶然性的政治现象）进行无原则的辩护，因此可以避免保守主义。而且，阐释不仅可以是辩护性的，也可以像沃尔泽说的是批判性的，还可以像德沃金所说的是创造性和建构性的。

在面对全球化背景下的文化多样性与理论竞争时，中国政治哲学自主知识体系的建构不仅需要回应中西方在政治现代性理解上的分歧，还需应对国内知识界对现状诊断和历史阐释的多元观点。这些分歧和观点差异构成了中国政治哲学自主建构的重要背景，也为中国政治哲学的理论创新提供了契机。为系统地回应上述分歧与挑战，本文从三个方面的相互理解障碍出发，梳理了阐释政治哲学力图充分发挥的三种话语功能，以及相应的研究取径、适合课题、理论旨趣、公共阐释的表征（见表1）。

表 1　阐释政治哲学的三大话语功能与“公共阐释”的三种取径

相互理解的障碍	话语功能	研究取径	适合课题	理论旨趣	公共阐释的表征
中西方关于政治现代性的理解分歧	面对西方的“对话-抗辩”功能	思想史重构	理论视野的去西方化/去自由主义化	建构可容纳非西方发展实践，进而更具包容性的理论视野	促进对作为知识传统的自由主义理论与非自由主义理论的对话和反思性平衡
关于现状诊断的分歧	面对现状的“阐释-范导”功能	政治哲学建构与社会-历史分析相结合	现代价值/范畴的中国化	推进对现代价值/范畴的“学理格义”	以现代价值/范畴为构成性价值，促进它们与中国实践约束条件之间的对话和反思性平衡
关于历史阐释的分歧	面对历史的“阐释-反思”功能	历史政治学与社会政治理论分析相结合	中国价值/范畴的现代化	推进对中国价值/范畴的现代阐释	以中国价值/范畴为构成性情境，促进它们与现代性精神之间的对话和反思性平衡

当前，中西方相互理解的最大障碍，就是关于政治现代性的认识分歧。要积极回应这个分歧，中国政治哲学就要充分发挥面对西方的“对话-抗辩”功能，也就是要在与西方平等对话的基础上，为中国现代政治秩序蕴含的政治哲学承诺提供充分的正当性辩护。在这方面，可以采用“思想史重构”的取径，通过自由主义理论与非自由主义理论的对话，促进理论视野的去西方化、去自由主义化。回归到中国知识界内部，关于现状诊断的分歧，中国政治哲学应充分发挥面对现状的“阐释-范导”功能，结合政治哲学建构与社会-历史分析，通过现代价值与中国实践约束条件的反思性平衡，推动现代价值的中国化。关于历史阐释的分歧，中国政治哲学应充分发挥面对历史的“阐释-反思”功能。可以采用历史政治学与社会政治理论分析相结合的取径，通过中国价值或范畴与现代性精神的反思性平衡，促进中国价值或范畴的现代化。通过这一框架，我们可以更好地理解如何在对话中实现理论创新，在反思中推进价值转化，并在实践中探索具有中国特色的政治哲学路径。

参考文献

白彤东，2022，《研究法家的学者能为现实做什么?》，《中国文化研究》第1期。

邓正来，2006，《中国法学向何处去——建构“中国法律理想图景”时代的论纲》，商务印书馆。

伽达默尔，2007，《真理与方法》(第一卷)，洪汉鼎译，商务印书馆。

黑格尔，1980，《小逻辑》，贺麟译，商务印书馆。

黄宗智，2007，《法典、习俗与司法实践：清代与民国的比较》，上海书店出版社。

黄宗智，2009，《过去和现在：中国民事法律实践的探索》，法律出版社。

蒋庆、贝淡宁，2012，《中国的儒家宪政》，《原道》第1期。

康德，1785，《道德形而上学原理》，苗力田译，上海人民出版社。

列奥·施特劳斯，2003，《自然权利与历史》，彭刚译，生活·读书·新知三联书店。

刘清平，2010，《论墨家兼爱观的正当内涵及其现代意义》，《浙江大学学报》(人文社会科学版)第3期。

路德维希·维特根斯坦，2000，《哲学研究》，李步楼译，商务印书馆。

迈克尔·沃尔泽，2005，《 阐释与社会批判》，褚松燕译，江苏人民出版社。

向冬梅、徐德荣，2009，《对“普世价值”争论的一种解读》，《思想理论教育导刊》第11期。

亚里士多德，2021，《论灵魂》，陈玮译，北京大学出版社。

约翰·邓恩、李强、崔之元、慈继伟、任锋、段德敏、李石、黄璇、张新刚、郑荃文、黄晨、刘冠男、吴佳蔚，2020，《政治思想研究的历史方法——以剑桥学派的历史方法为例》，《中国政治学》第2期。

Hart, H. L. A. 1973. "Rawls on Liberty and Its Priority," *University of Chicago Law Review* 40 (3): 534-555.

Rawls, J. 1971. *A Theory of Justice*. Harvard University Press.

Rawls, J. 1980. "Kantian Constructivism in Moral Theory," *The Journal of Philosophy* 77 (9): 515-572.

Taylor C. 1999. "Two Theories of Modernity," *Public Culture* 1999 (11): 153-174.

Warnke, G. 1993. *Justice and Interpretation*. Mit Press.

新时代中国共产党制度治党的实践和经验研究*

哈战荣　陈雅丽**

摘　要　制度是带有根本性的规定，具有整体布局、长期稳定、刚性约束、一视同仁等特点和管全局、治标本、有实效等独特优势，能够克服传统治理方式的局限性。因此，面对新时代全面从严治党的艰巨任务，以习近平同志为核心的党中央非常注重依靠制度加强党的自身建设，不断采取有效措施完善制度的制定和实施流程，弥补当前制度中的不足和漏洞，为全面从严治党找到了有力抓手，取得了显著成效，积累了宝贵经验。面对社会主义现代化强国建设的重大任务和宏大目标，我们更需要通过制度的手段和方式加强党的治理，打造强有力的领导核心，确保党和人民的事业行稳致远，早日实现规划的各种目标。那么，审视党的十八大以来中国共产党制度治党的实践，总结其经验，为新征程上更有力地治党、治好党提供参照，不管是理论意义还是现实作用都很重大。

关键词　中国共产党　制度治党　党内法规制度

制度治党不仅能够提高党内法规建设的质量，加大制度执行和执行监督的力度，把制度贯穿于党的治理的全过程，促进党内各项事务制度化、有序化和规范化，而且能够提升制度的权威、增强党员干部的制度意识，克服传统治党方式的局限，充分发挥制度治党的独特优势。因此，党的十八大以来，以习近平同志为核心的党中央在全面加强党的建设的过程中，既强调加强对党员干部的教育，又注重从制度的层面形成一系列行之有效

*　本文系国家社科基金重大项目“中国共产党三个‘历史决议’的比较研究”（23&ZD021）的阶段性成果。

**　哈战荣，中央财经大学马克思主义学院教授、博士生导师，主要研究方向为中共党史；陈雅丽，中共凉山州委党校讲师，主要研究方向为马克思主义中国化。

的治党方式和方法，提升党的治理效能，打造强有力的领导核心。十多年的实践证明，制度治党是我们党加强自身建设、进行自身治理的有力抓手，方法对路，措施得力，成效显著，经验丰富。面对全面建成社会主义现代化强国的重大任务和宏大目标，我们更需要通过制度的手段和方式加强党的治理，确保党和人民的事业稳步推进，制定的目标早日实现。

一 新时代中国共产党制度治党的独特优势

新时代，中国共产党高度重视加强自身建设，从“面”和“质”，以及“程度”等视角入手，提出了全面从严治党的目标、任务和要求。制度治党所体现的全面性、长期性、稳定性等鲜明特点和管全局、治标本、有实效等独特优势，能够克服以往党建工作常规方式和思维局限与不足，契合了全面从严治党的各方面要求，能为实现全面从严治党提供有效制度保障和长期稳定途径。

（一）制度治党是管全局之策，能保证治党的全面性

党的十八大以来，中国特色社会主义进入了新时代。2014 年 10 月，习近平总书记在党的群众路线教育实践活动总结大会上指出：“从严治党靠教育，也靠制度，二者一柔一刚，要同向发力、同时发力。”（习近平，2014）就目前的现实情况来看，治党要靠教育，但是更要靠制度，这是由制度的优势决定的，它是管全局之策，具有全面性、稳定性等特点。

全面从严治党是党的十八大以来中国共产党对党的建设基本经验的深刻总结和把握，其“全面性”主要体现在以下几个方面。一是治党涉及人群范围的全面性。在十八届中纪委第二次全体会议上，习近平总书记就强调：“不论什么人，不论其职务多高，只要触犯了党纪国法，都要受到严肃追究和严厉惩处”（习近平，2014：110）。制度治党强调依靠制度约束人。在党内法规和制度面前，不存在任何职务高低、资历高低、金钱多少，人人平等接受制约，任何人都没有例外。制度治党的强约束能够保证治党的全面性，保证制度面前人人平等。二是治党过程的全面性。在党的十九大上，习近平总书记在对“全面从严治党”进行部署时强调：“必须以党章为

根本遵循，把党的政治建设摆在首位，思想建党和制度治党同向发力，统筹推进党的各项建设。”（习近平，2017a）三是治党主体的全面性。制度治党要求各级党组织切实落实管党治党责任，促使治党常态化、制度化，即充分发挥中央组织和地方组织的整体力量，组成富有战斗力的治党队伍。

面对新时代新征程的艰巨任务，全面从严治党是中国共产党打造坚强领导核心和队伍所做的整体部署与长远布局。全面从严治党首先强调的是“全面”，指的就是治理涉及范围广泛，治理过程无盲区、无例外和全覆盖，要更加注重治理责任的切实落实。这些目标的实现，必须通过制度的制定和实施，党内法规和细则的贯彻与落实，对所有党员和组织，坚持“法无例外”原则，一视同仁，以统一标准做出刚性约束，一级抓一级、层层抓落实，以确保制度的真正落地和治党的卓有成效。

（二）制度治党能实现标本兼治，可保证治党的实效性

全面从严治党强调“严”和“治”，意在以“高”为标准、以“严”为要求、以“治”为目的，旨在治理的高效性、结果的实效性。制度治党契合了全面从严治党的各方面要求，强调用制度的手段，发挥制度的优势，排除人为干预和主观随意，解决有令不行、有禁不止等问题，实现标本兼治，在治党工作中取得实效，为中国特色社会主义现代化建设打造一个强有力的领导核心。

在当今中国，改革开放40多年取得的巨大成就值得肯定，但是不容忽视的是，在各个领域也存在不少急需解决的难题。对于中国共产党而言，部分党员干部思想逐步动摇、立场不够坚定，形式主义、官僚主义、享乐主义等问题越发突出，党内职务犯罪、利用职权犯罪事件经常见诸报端，严重影响了党在人民群众心目中的形象，也不断冲击着中国共产党执政的基石，这是全党面临的严峻考验。“如果管党不力、治党不严，人民群众反映强烈的党内突出问题得不到解决，那我们党迟早会失去执政资格，不可避免被历史淘汰。”（中共中央宣传部，2014：157）依靠制度的手段治党就是要扎紧制度的笼子，将权力限制在制度框架内，又能精准指出自身存在的问题，选择有效解决问题的方式和方法，通过各种手段铲除党内毒瘤，既解决群众看得见的精神懈怠、脱离群众、消极腐败等表面问题，又解决

思想认识不足、法治观念不强、立场不够坚定、本位思想严重等深层次问题，标本兼治，营造风清气正的政治生态，不断强化为民意识、服务大众意识，高树党的威信，给人民以信心和希望，凝心聚力，使全国人民紧跟党走，朝着我们既定的目标不懈努力。

（三）制度治党具有稳定性，能保证治党的常态化

美国政治家塞缪尔·亨廷顿将政党发展归纳为四个阶段，即宗派期、两极化期、拓展期和制度化阶段（亨廷顿，2008）。为了提高政党的效率，达到政党的目标和实现政党的纲领，政党在发展过程中会逐步向制度化阶段发展，这一阶段的政党将一些约定俗成的规章、规则稳定并确定下来，再根据新情况对制度进行补充完善，逐步形成完备的制度以满足现实的需要。制度一旦确定，就具有很强的稳定性、强制性和权威性，在短期内不易被更改，而且会被赋予国家最高权威约束力，要求全体成员服从和遵守。此外，政党通过宣传、教育、实践等方式，促使政党所有成员认可制度、尊重制度、按制度办事。

正是制度有这些其他规则和行为所不具有的独特优势，中国共产党非常注重依靠制度的制定和实施来加强自身建设。一是确保体现制度属性和要求的党内法规的稳定性。制度治党强调建立党内法规制度体系，以配套完备的科学化制度体系管党治党。党内法规制度的起草、审议、制定、试行、推广、废除等环节都有严格的要求和程序，需要经过严肃、严谨、科学的研究和决策才能确定。不同于一般的规范性章程、约定俗成等，党内法规制度不易被随意更改和废除，能够在较长的一段时间内发挥作用，从根本上保证了治党的有序化。二是确保制度治党执行过程的程序性。制度治党是依照制度进行治党活动，治理的对象、步骤、方式、程序等都有严格的规定和常态化的流程，因而在很大程度上避免了人为治理过程中，受到主观喜好、执行环境、客观条件的影响和感染，能确保政党治理的理性、稳定性和常态化。三是强调对治党过程进行监督，对结果进行评估，既保证治党过程中出现的问题能够及时得到解决，又使治党活动与时俱进、长期稳定发展，可在很大程度上为党的治理从严、长期有效打下坚实基础。显然，中国共产党深入推进制度治党，符合政党发展的规律，是政党治理

向制度化过渡的重要途径，也是政党现代化的趋势和必然，能够保证治党的常态化。

二　新时代中国共产党制度治党面临的制度障碍

新时代，经过全党努力，制度治党已经取得了显著成效，但是，与党中央的要求和人民的期待相比，当前我们在推进制度治党的过程中仍然存在不少阻碍，面临诸多挑战和亟须解决的难题，仍有许多工作要做。从制度方面来看，主要面临以下几个方面的问题。这些问题被重视的程度高低、处理的水平高低将直接影响制度治党的成果和实效、走向和进程。

（一）党内法规制度的针对性和科学性不足

制度的规定和表述用词是否精准、内容是否自洽、逻辑是否严谨等都会制约和决定制度能否真正发挥效用。仔细推敲、深入研究就可以发现，现行的党内法规和各项制度仍然存在表述不清、用词不准、边界模糊、指向不明等问题，以及内容封闭、缺乏意见反馈回应机制，甚至一些规定滞后于时代等弊病，降低了制度的科学性、实施过程的针对性和实施结果的实效性。

第一，部分党内法规条例表述不清、不够规范，缺乏针对性。党内法规制度是制度执行主体行动的依据和指南。若制度表述存在模棱两可或者模糊不清的情况，则不仅容易给不法分子可乘之机，而且在一定程度上给予制度执行者自行考量的弹性空间，这种弹性空间往往会引发歪曲执行、变通执行、替代执行、视情况执行等情况，使制度因人理解而异、因事执行而变，缺少了统一的标准和刚性的权威，极不利于党内法规制度的贯彻和落实、现实问题的解决和根治。当前党内法规制度中就存在"适度"、"在一定范围内"、"区分不同情况"、"必要的时候"和"应该和相对公开"等无法指明针对性的行为、对象、情形等模糊用语。如2019年4月颁布实施的《党政领导干部考核工作条例》第四十二条中就存在明显的此类问题："考核中发现领导班子和领导干部存在问题的，区分不同情形，予以谈话提醒直至组织处理。"（《人民日报》，2019d）其中，"区分不同情形"没有规定区分的标准、区分的程序、区分具体指向的处理结果等。2018 年 11 月颁布施行的《中国共产党支部工作条例（试行）》第二十八条中也有此类表述："对不适宜担任党支部书记、副书记和委员职务的，上级党组织应当及时作出调整。"（《人民日报》，2018b）其中，"不适宜担任"以及"应当"用词不明晰，既没有指明不适宜担任的标准、程度、持续时间等，也没有明确说明对整个调整程序负主要责任的主体，以何种方式进行调整，上级组织在何种情况下必须对下级党组织部分职务进行调整等。

第二，部分制度呈现封闭性和弱回应性。党内法规制度应当是满足广泛征求意见、解决现实问题、提供及时反馈的一个有序系统。其中，广泛征求意见是保证制度制定的科学性、针对性的第一环节，这一环节应该充分调动广大党员的积极性，并对征集的意见进行及时反馈。但是，在实际的制度制定环节往往存在不同程度和不同形式的局限。如 2019 年 8 月修订后颁布实施的《中国共产党党内法规制定条例》（以下简称《制定条例》）总体上就呈现明显的封闭性和弱回应性问题。《制定条例》第十六条中关于"中央办公厅对中央纪律检查委员会以及中央各部门和省、自治区、直辖市党委提出的制定建议进行汇总，并广泛征求意见后拟订"的表述就存在明显的此类问题（《人民日报》，2019g）。在规划和计划环节，制度制定建议是由中央各部门等党委提出后再征求意见，实质上在立法规划和提案阶段并未开放党员和群众的意见输入通道，党员和群众无法参与制定建议的征集过程，无法对迫切需要的领域进行提案。此外，"并广泛征求意见后拟订"既没有指明征求意见的范围、方式、程序等，也没有明确对所征求的意见是否有具体吸纳、反馈、回应的机制，这种弱回应性在相当程度上压抑了党员群众参与党内法规制度制定工作的热情和积极性，弱化了科学立法、民主立法的实际功效。

第三，部分制度存在滞后性，滞后于社会发展。党内法规制度是否具有可操作性，重要衡量指标之一是时效性。如果说制度的这些要件存在明显的、难以弥补的缺失，如制度所指向的执行对象已不复存在、执行环境已是过时的历史产物等，那么可以说这一制度存在过时性、可操作性不强，甚至是不可行的等问题。党的十八大以来，党内进行了两次法规制度的集中清理工作，但是至今现行有效的部分制度仍存在过时性，如 1993 年 9 月颁布的《中国共产党纪律检查机关控告申诉工作条例》，已经30多年没有修订了，其中部分条款已经明显滞后于党的建设实际，如第二十四条在对匿名的检举材料进行具体分析时指出："内容反动的，可交公安部门处理。"（《人民日报》，1993）"内容反动"这一定性具有明显的政治色彩，是历史的产物，这一表述既不严谨，又存在明显的过时性。

（二）党内法规制度的可操作性和协调性欠缺

制度与制度间是否配套衔接，是否具有可操作性，是关系到制度建设水平高低的标准之一，也是制度体系完备的重要影响因素。现行党内法规和制度规定中仍然存在实体性制度与程序性制度不协调、制度之间配套衔接不紧密、制度体量分布不均，甚至还有制度缺失等问题，导致现实中制度实施过程出现实体制度难以真正操作贯彻、对标实施困难、实施实效大打折扣等明显问题，乃至出现"执法无依"的困境。

第一，存在重实体性制度而轻程序性制度的倾向。约翰·罗尔斯在《正义论》中强调："制度是否公正取决于制度建设是否有健全的程序。"（罗尔斯，1988）程序性制度是对职责进行规范，从而保障制度执行具体操作层面的制度体系。党内法规等制度体系是包括实体性制度、程序性制度、监督保障性制度等在内的有机整体。但是，党的建设的主要成效体现在丰富和完善了实体性制度，即重视"应当怎么样"的条文规定，而与之相配套的"怎么实施""怎么惩处"的程序性制度却处于相对滞后的状态。《制定条例》中明确规定："规定、办法、规则、细则对党的某一方面重要工作的要求和程序等作出具体规定。"（《人民日报》，2019g）而在中共中央办公厅法规局对党的十八大以来现行中央党内法规等制度进行整理时，仅有17部规则、13部细则，占271部现行中央党内法规等制度的11%（中共中央办公厅法规局，2020）。"规定""办法""条例"等在原则上加以规定的实体性制度数量庞大，过分强调行为模式、行为规定，而忽视行为执行、行为保障，不仅难以保证制度贯彻实施，而且制度的公正性、民主性也会遭到质疑，造成"有制度难执行"的困境。如《制定条例》中规定："省、自治区、直辖市党委制定的党内法规草案，由党委全体会议或者常委会会议审议批准。"（《人民日报》，2019g）但是，审议批准并没有相关程序性制度进行规定，即缺少究竟以何种方式进行审议批准，在什么范围内审议批准，是否需要引进党员投票机制，以何种方式投票等相关细节。

第二，各项制度间缺乏配套衔接性。党内法规等制度建设不仅要重视各项制度的科学性、针对性、严谨性，还要注重各项制度间的逻辑清晰、相互衔接、环环相扣，这样才能有效提高制度的执行力，发挥制度体系整体合力和效用。当前，党内法规制度仍然存在治标多治本少、惩治多预防少、应急多前瞻少等不足，制度间相互矛盾、衔接不密、制度缺位、制度真空等问题还存在，逻辑严密、配套衔接的完整性制度体系还需进一步完善。如 2017 年 10 月修订的《中国共产党章程》第四条第四项中规定：党员有“在党的会议上有根据地批评党的任何组织和任何党员，向党负责地揭发、检举党的任何组织和任何党员违法乱纪的事实，要求处分违法乱纪的党员，要求罢免或撤换不称职的干部”等权利（《人民日报》，2017c）。但是，现行的制度体系中缺乏相应的弹劾制度、罢免制度、质询制度等，这些党员重要民主权利按什么程序行使、如何保障行使、行使不到位如何追责、行使如何反馈等一系列问题实质上都难以解决，这极大地影响了制度执行效果。党的二十大通过的《中国共产党章程（修正案）》中，这一表述基本上没有变化。2017 年 12 月颁布施行的《中国共产党党务公开条例（试行）》中专列了第四章“监督与追责”，其中强调：“党的组织应当建立健全党务公开工作督查机制。”（《人民日报》，2017b）但是，对党员反映强烈的监督制度、党员财产公开制度、党员追责的权利保障制度等并未做出相应的突破，也没有制度对违反《中国共产党党务公开条例（试行）》后如何定责、如何处分、谁来追责进行补充和配套说明。

第三，数量相对充足，但体量分布不均，甚至有些领域还存在空白。从数量上看，无论是中央制定的党内法规等制度，还是地方部门制定的党内法规等制度都比较充足，涉及范围几乎涵盖了党员生活的方方面面。但是，根据《关于加强党内法规制度建设的意见》中对党内法规制度最新分类标准，即“1+4”党内法规体系框架的要求（《人民日报》，2017a），这些制度还存在体量分布不均，甚至有些领域存在空白等问题。从中央制定的制度层面看，党的组织法规、党的领导法规制度较少。从地方部门制定的制度层面看，领导法规、自身建设法规相应制度规范明显不足。体量分布不均这一问题不仅与党内法规制度的性质相关，也与党的十九大报告中的要求存在不小的差距。此外，根据《中央党内法规制定第二个五年规划（2018—2022）》中的规定，当前至少还需要从以下几个领域加强党内法规制度的制定与修订工作，如在完善党的组织法规方面，需制定国有企业党组织工作条例、中国共产党中央委员会工作条例；在完善党的领导法规方面，还需制定外事工作条例、人才工作条例；在完善党的自身建设法规方面，需制定党委（党组）落实全面从严治党主体责任制度；在完善党的监督保障法规方面，需制定党内关怀帮扶办法、组织处理办法等（《人民日报》，2018a）。

（三）党内法规制度的严紧宽松界限不明

党内法规制度的严紧宽松边界是衡量制度与制度间、制度与国家法律间协调一致性的关键。现行的党内法规制度中仍存在重号召倡导、轻强制监督，中央政策与地方党内法规制定标准不一，以及党内法规制度规定同国家法律规定之间边界模糊不清，甚至重叠交叉等问题。这导致制度执行者难以把握严紧宽松界限的现实困境的出现，严重影响了制度的落实与效果。

第一，号召性、倡导性的规定很多，强制性、监督落实的要求较少。党的十八大以来，中国共产党顺应时代的发展和权力配置的调整，对党内法规制度开展了集中的规划、清理等工作，出台了不少党内法规制度，在落实制度治党推进中做出了巨大的贡献。但是，在实际运行中，部分党内法规制度侧重于号召性、倡导性的规定，这种规定的严紧宽松界限难以界定，往往会存在权责界限模糊、行为标准不清、执行指向不明等梗阻，导致无法贯彻落实。如 2015 年 10 月颁布实施的《中国共产党廉洁自律准则》，就对党员廉洁自律和党员领导干部廉洁自律做出明确规范和要求，以实体性的规定确立党员廉洁自律的标准。但是究其根本，无论是要求党员“坚持公私分明，先公后私，克己奉公”，还是要求领导干部“廉洁从政、廉洁用权、廉洁修身、廉洁齐家”（《人民日报》，2015a），都是从道德层面进行提倡，并没有直接性、强制性、约束性的要求，也没有明确达不到这些标准将会面临何种惩罚、何者来监督、如何保障党员廉洁自律等，在一定程度上导致制度执行流于形式。

第二，地方党内法规制度制定标准不一。以制定主体为标准，党内法规制度可以分为中央党内法规制度和地方党内法规制度。党的十八大以前，党内缺乏统一的立法要求，党内法规制度的制定工作存在制定主体混乱、效力层级矛盾等问题。《制定条例》的出台在很大程度上规范了党内法规制度制定工作，形成以党章、准则、条例、规则、规定、办法、细则所组成的制度规范，并明确了效力层级。《制定条例》规定地方党委作为立规主体，基于中央党内法规规定，结合地方情况，因地制宜制定仅限于规则、规定、办法、细则的配套性地方党内法规。但是，在实际运行中，许多地方党委对党内法规的认识水平不一、制定标准也尚未统一。就同一领域的地方党内法规制定规范中，各地党委关于规定、规则、办法、细则的使用不尽相同，在处理和地方人大、政协、政府之间关系上，也存在界限模糊、职能重叠等现象。

第三，党内法规制度与国家法律规定之间边界模糊。习近平总书记曾强调："要完善党内法规制定体制机制，注重党内法规同国家法律的衔接和协调。"（习近平，2017b：119）并将其作为党内法规制度建设的具体要求之一予以强调。但是，在现实中，党内法规与国家法律是两种不同的社会规范，往往由于两者制定时间不匹配、立法机关缺乏畅通沟通机制，在实践中部分党内法规和国家法律之间存在权限不清、条法冲突、边界模糊、缺乏联动等问题。如《党政机关公文处理工作条例》等法规制度的出台，其制定主体是国务院，从制定主体角度出发，应将其纳入行政法规范畴。但是，其内容涉及约束规范党内具体事务，从制定内容、针对对象角度出发，又应将其纳入党内法规制度的范畴。《中国共产党地方委员会工作条例》中规定了地方党委具有"重大问题的决策权"，但是这与法律赋予的地方人大的"重大事项的决定权"两者之间的差别、关系、涉及范围等无法从文本中做出清晰的界定，在实践中容易导致混乱。这样的例子并非个案，"在《中国共产党党内法规选编》（1978—1996）、（1996—2000）、（2000—2011）所收录的332件党内法规制度中，既规范党内事务，又规范国家事务的就有145件"（姜明安，2012）。这就充分说明了这一问题的普遍性。

三 新时代中国共产党制度治党的举措

制度治党不仅能够提高党内法规建设质量，加大制度执行和执行监督的力度，而且能够增强制度权威和制度意识，并把制度贯穿于党的治理全过程，促进党内各项事务制度化、有序化和规范化。因此，就如何依靠制度治党，党中央采取了一系列行之有效的举措，也取得了显著的成效。

（一）提高立规质量，突出针对性、规范性

2017 年 6 月，中共中央印发的《关于加强党内法规制度建设的意见》指出，“制定党内法规制度必须牢牢抓住质量这个关键”（《人民日报》，2017a），明确了党内法规制度建设的目标和要求。由于历史环境、现实局限等因素，部分党内法规制度质量不高，针对性、规范性不强，制度执行仅停留在纸面上，而无法切实转化为实际约束力，在实践过程中产生制度虚置或空转等现象。党的十八大以来，党中央在进一步推进制度治党的实践过程中，明确提出要牢牢抓紧抓好党内法规制度制定的质量关，确保每项法规制度的实施都立得住、行得通、管得了（中共中央办公厅法规局，2017），为党内法规制定、制度治党指明了方向、夯实了基础。

第一，避免模糊性用词，力求制度表述有针对性。习近平总书记一再强调“有纪可依是严明纪律的前提，党的纪律规定要根据形势和党的建设需要不断完善，确保系统配套、务实管用，防止脱离实际、内容模糊不清、滞后于实践”（习近平，2014b：312）。这就意味着党内法规制度制定要注重内容，加强制度表述的针对性，突出具体问题具体分析，以确保制度表述的准确性、一致性，最大限度避免制度被人为自由裁量的情况出现。《制定条例》第十五条规定，党内法规制定要遵照“内容科学、程序严密、配套完备、运行有效”的要求（《人民日报》，2019g），即党内法规制度内容必须清晰明白且确定不移，不可含糊其词。这一要求具体体现在，党内法规制度的制定既要将抽象性原则具体化，又要强调刚性化；既要明确规定内容，又要对应相应实施细则；既要预设条件前提、行为模式，又要规定违规后果，以确保制度表述的准确性、一致性。另外，拟定出台的党内法规

制度制定的技术规范类文件至少包含以下几个方面的内容。其一，规范党内法规制度常用词语，明确一些意思相近、难以区分、容易造成歧义的词语表述的确定含义、适用情况、判断依据，如“参照”与“按照”、“应当”与“必须”等；其二，规范党内法规制度条款的规范表述，要明确法规的责任条款、授权对象、适用范围、参照依据、解释机制等的表述方式、适用情形、结构要件；其三，规范党内法规制度文本结构，明确标题表述、篇章结构、条款划分、解释文本、附件使用等内容的具体要求、规范安排。

第二，加大民主参与在制度制定上的力度，增强开放性、反馈性。制度制定过程的民主参与度高低，直接关系到党内法规制度质量、合法性、社会成员对制度的认同度，且在很大程度上影响制度执行的效果。《制定条例》第二十二条强调，必须加大党员参与党内法规制度制定的力度，增强开放性、反馈性。增强开放性可以在以下几个方面进一步细化。其一，主体的开放性。从当前的实践来看，党内法规制定主体多为党员干部、专家学者，应该采取结构化方式遴选不同民族、职业、地域的党员代表参与党内法规制定过程，尤其是在涉及基层党建工作和党员切身利益的制度判定中，如农村工作条例、人才工作条例、支部工作条例等，侧重面向基层、面向党员。其二，参与过程的开放性。在规划和计划阶段吸收党员参与，可以在源头上保障制度符合民主的现实需要；在审核阶段吸收党员参与，减少自定自审封闭效应的弊端，提高制度的科学性；在备案阶段吸收党员参与，克服单向度自发备案的缺陷，为制度质量提供外部保障；在评估阶段吸收党员参与，减少自定自评、自说自话的可能性，不断完善党内法规制度。增强反馈性即建立党员参与制定过程的反馈机制，确保参与有回应，以提高参与的真实性、有效性。因此，应当在公布说明会中明确载明党员参与情况、意见征集情况、意见讨论情况、意见最终采纳与否的理由等，对于不宜公之于众的制度制定情况，应当向征集意见的党员本人或其党组织个别传达情况（章志远，2019）。

第三，建立动态清理制度机制，确保制度实效性。中国共产党在不同的历史阶段，根据现实需要，分别制定了一系列相关党内法规制度，有些制度已经不能满足时代的需要，逐步暴露出一些问题。党的十八大以来，党中央进行了两次党内法规制度的集中清理工作，取得了明显的成效（《人民日报》，2019b）。2012 年印发的《中共中央办公厅关于开展党内法规和规范性文件清理工作的意见》及相关的配套文件，确定了清理工作在“谁起草谁清理”的原则下，遵循“四不”标准，即“不适应、不协调、不衔接、不一致”（谷志军，2019）。其一，从清理主体上看，“谁起草谁清理”将清理工作的主动权放在有权制定党内法规制度的部门，秉承“自查自纠”的原则。从长远来看，主张进一步推进建立动态清理制度机制，即仿照国家法律清理工作，设立党内法规制度清理的常设机构，建立专门部门或培养一些人员专门从事、承担党内法规制度清理任务，并支持他们进行党内法规制度的研究工作，以提升党内法规制定的质量（王振民、施新州，2016）。其二，从清理标准规范上看，在“四不”标准的基础上，中国共产党强调加快制定相关细化的清理标准，如《党内法规制度清理细则》，明晰清理的统一性、一致性、规范性、实效性等方面的细化衡量要求，以支撑清理工作的运行。其三，从清理的运行模式上看，现有的模式主要为全面清理、专项清理、定期清理、及时清理，并在实践中发挥了较大的作用。中国共产党进一步完善动态清理工作机制，强调加强建立党内法规制度清理的动态跟踪机制，即对清理情况进行一对一地跟踪、记录、梳理，并将其作为下一轮清理工作及制定工作的重要依据（王建芹，2017）。

（二）加强顶层设计，突出统筹性、衔接性

党内法规制度制定要坚持系统思维，加强顶层设计，搞好整体谋划，保证党内法规制度建设全链条环环紧扣、无缝衔接，同向发力、同时发力（《人民日报》，2019f）。针对党内法规制度现阶段存在的重实体性制度而轻程序性制度倾向、各制度间缺乏配套衔接性、与国家法律间配套衔接不足等问题，党内法规制度制定工作要着重解决这类问题，并突出统筹性、衔接性。

第一，实体性制度与程序性制度相结合。实体性制度和程序性制度是制度体系的两大重要组成部分，实体性制度重在从原则上对党员行为进行相应规定，程序性制度则为实体性制度分解任务、规定流程、确定奖惩细则、细化操作方案等，保障制度落实到位。针对当前党内法规制度存在的重实体性制度、轻程序性制度的倾向，主要应该从以下两个方面进行改进

和完善。其一，宏观上，科学规划立法工作，探索建立程序法规体系。从立法规划工作出发，进行全局性、根本性、系统性规划，平衡实体性党内法规与程序性党内法规所占的比重，加大对程序性制度的投入力度，提高对程序性制度的重视程度。短期内，可以在实体性制度制定中，以专门章节的形式对具体程序性条款进行说明，以保证实体性制度与程序性制度的紧密结合、相互呼应。对于一些具有相同性质的重复性、普遍性程序性规范，可以以专门程序性制度的形式单独颁布。从长远来看，党内法规制度体系可以仿照国家法律体系，借鉴其立法经验，按照不同的部门建立不同法规的完整体系。其中程序性党内法规制度就应该具有“诉讼法”相当性质的部门，并探索建立程序法规体系（王建芹、章逸琦，2017）。其二，微观上，强化立法工作，细化程序性制度制定规范，加强与实体性制度的配合。将程序性制度进一步细分为大程序和小程序。完善大程序规定，即在实体性制度配套的程序性制度的不同阶段，分别做出对应的程序性规定。如建立党内问责程序，应将完整党内问责链条划分为确立问责计划、启动问责、查明问题、调查讨论、做出问责决定、问责申诉、督促执行问责决定等阶段，并根据不同的阶段，制定对应的程序化规定，保证环环相扣、切实可行。完善程序性规定，即在不同的阶段，根据实施对象和工作重点细化相关程序，增强法规和制度在实践中的可操作性。如在党内问责程序做出问责决定阶段，针对不同的情形，如不予问责、从轻问责、从重问责等（《人民日报》，2019f），应该明确细化衡量标准、确定主体、确定渠道、决定公示的内容等程序性要求。

第二，实现各项党内法规制度间的配套衔接。习近平总书记曾指出：“从中央到地方搞了不少制度性规范，但有的过于原则、缺乏具体的量化标准，形同摆设；有的相互脱节、彼此缺乏衔接和协调配合，形不成系统化的制度链条，产生不了综合效应。”（中共中央党史和文献研究院，2022：122）如何实现各项党内法规制度间的配套衔接，完善党内法规制度体系，是加快制度建设的当务之急。可主要从以下几个方面进行完善。其一，增强基础主干党内法规制度的配套衔接。一方面，四大基础主干党内法规以党章为根本指导，相应对党章这一根本党内法规具体要求进行细化、完善和落实，以建立党章为根本、四大基础主干党内法规为支撑的体系。另一方面，四大基础主干党内法规制度间应该在顶层设计层面更加明确制定主体、制定范围、制定程序、备案审查细则等规定，以避免相互间错位、重叠、冲突。在党内法规制度专门制定部门成熟完善后，在条件满足的情况下，以具体法规形式确定四大基础主干党内法规的权责范围、起草审批、备案审查等边界，进一步探索科学的配套衔接机制。其二，增强不同位阶党内法规制度之间的配套与协调。根据党内法规制度的位阶等级，位阶越高的党内法规更多体现的是原则性，位阶越低的党内法规则更多体现操作性。明确不同位阶党内法规制度的定位，并有针对性地提高位阶高的制度的“刚性”，提高位阶低的制度的“细化”程度，保证原则性规定较多的制度能够有完善的细化制度的配套作为支撑。如《关于新形势下党内政治生活的若干准则》就属于位阶比较高、原则性比较强的制度规定，就需要相应地对位阶低的领导干部重大事项报告制度、领导干部权力清单细则、领导干部配偶子女从业行为规定等进行补充、配套。其三，增强中央和地方党内法规制度之间的配套衔接性。首先，地方党内法规制度的制定应避免与中央党内法规制度之间有大量重复性规定，要更加注重体现落实力，也即根据中央制定的党内法规，制定相应更加细化的配套实施办法、细则。2015 年 10 月修订后颁布实施的《中国共产党纪律处分条例》第一百三十条就明确规定：“各省、自治区、直辖市党委可以根据本条例，结合各自工作的实际情况，制定单项实施规定。”（《人民日报》，2015b）在关于如何衡量“收受其他明显超出正常礼尚往来的礼品、礼金、消费卡等”（《人民日报》，2015b）情况时，地方党内法规制度制定主体可根据地方经济发展情况、风俗习惯、民族特色等因地制宜地制定单项实施规定。其次，应该鼓励地方党内法规制度制定主体根据地方实际需要，把工作重点转移到制定党章、准则、条例没有规定的空白领域，且在制定过程中，既不能违背中央党内法规、国家法律的相关规定，又能体现创新性、务实性（张晓燕，2018）。

第三，加强党内法规与国家法律之间的随时协调与紧密配合。从本质上说，党的法规与制度和国家的法律与规定都是中国特色社会主义法治体系的重要组成部分，如何实现两者的协调配合，是完善制度建设的关键。党内法规与国家法律的协调配合从内容上要根据具体的情形区别处理，从程序上要建立相应机制加以保障。一方面，从内容上做到立法一致、立法转化、立法协同。其一，立法一致，党内法规和国家法律规范要做到不缺位、不越位、不抵触（李斌雄、廖凯，2019）。党纪严于国法，在立法过程中，党内法规可以根据现实需要，做出补充规定、特别要求，但是不能超过法律的界限。此外，根据国家法律的规定，党内法规也要及时做出相应的立改废释工作，以保证两者在诸多方面的一致。其二，立法转化，针对一些涉及规范党组织、党员行为确需进行规范和调整，但还未达到《中华人民共和国立法法》的立法条件的情况，应该先以党内法规形式制定，并要有一段时间的试行与完善工作和环节。一部分党内法规在实践中已经检验成熟，待条件充分后，要适时以立法建议的形式将其上升为国家法律规定（秦前红、苏绍龙，2016）。如国家法律法规《国家公务员暂行条例》《中华人民共和国公务员法》《中华人民共和国国旗法》等出台前均是党内法规先行规定（陈咏梅，2019）。其三，立法协同，党内法规与国家法律应该在指导思想、根本原则、调整范围、执法标准、执法程序、责任追究等方面加强衔接、协同。另一方面，从程序上构建机制，及时发现并解决党内法规和国家法律之间的矛盾、冲突，以保障协调配合作用的发挥（侯嘉斌，2018）。如加强制度化备案联动机制，即以立法规范的形式分别就制定前的草案审核、制定后的备案审核进行确定的定期和不定期沟通协调，以及时纠正可能出现或发生的冲突、矛盾；完善评估衔接联动机制，即针对评估准备、评估过程、评估结论等环节完善衔接联动机制，并将此机制作为党内法规转化为国家法律的重要依据之一，实现两者的协调配合；加强争议处理机制，即以立法规范的形式确定具体协调和解决措施，以保证争议处理科学有效。

（三）强调立足实践，突出操作性、落实力

党的十八大以来，中国共产党在党的建设方面已经取得了宝贵的经验，对党的工作有了规律性认识，并总结了行之有效的做法。新时代进一步推进制度治党，完善党内法规制度建设要坚持立足实践，将规律性认识和行之有效的做法提炼为制度规定，并着眼新的形势和任务要求完善体制机制，创新制度安排，强化制度保障（《人民日报》，2019b）。

第一，坚持问题导向，密切关注薄弱环节。问题是时代的声音，党内

法规制度是解决实际问题的有力武器，越是问题频出的领域越要依靠完善的党内法规重点施力、理性化解。进一步推进制度治党，必须沿着“发现问题—防范问题—解决问题”的实践逻辑，从大到小、从重到轻，密切关注薄弱环节，优先解决重点问题。其一，坚持和完善党的领导制度体系。中央巡视组在全国范围内开展了十二轮的巡视工作，发现各地区普遍存在不同程度的党的领导弱化问题。党的十九届四中全会高度重视并强调要坚持和完善党的领导制度体系，制度建设就是重点和方向，如应该建立不忘初心、牢记使命等制度（《人民日报》，2019a）。以党内法规制度形式确定了只有始终不忘初心、牢记使命，我们党才能巩固领导地位、永葆执政资格（《中国纪检监察报》，2019）。其二，坚持和完善党的监督制度体系。自我监督是世界性的难题，党内仍然存在监督不力的问题。为了解决这一问题，党的十九届四中全会就将“坚持和完善党和国家监督体系，强化对权力运行的制约和监督”（《人民日报》，2019a）专列一章，做了重大制度安排，并强调要进一步完善党的监督，就应该着力从构建体制机制方面入手。如为破解对“一把手”监督和同级监督难题，必须坚持和完善领导班子内部监督制度；为加强上级纪委监委对下级纪委监委的领导，必须完善派驻监督体制机制等（《人民日报》，2019a）。

第二，补齐保障制度短板，建立制度建设保障体系。《关于加强党内法规制度建设的意见》就将党内法规制度体系、制度实施体系和制度保障体系共同视为党内法规制度建设的“三大体系”建设目标提出，强调要做到三者并重，同步推进。补齐保障制度短板是中国共产党立足实践、总结党的建设经验、以改革创新精神加强制度建设的重要环节，应该着力从以下几个方面巩固和完善。其一，健全完善组织领导保障制度。如“开创党委统一领导、各部门各司其职、各方面共同参与制度”（周叶中，2019），以切实规范党的组织领导，形成“两个责任”倒逼党的领导落实到位的制度规范。其二，健全完善“硬件”建设保障制度。党内法规制度的落实需要人力、物力、财力的“硬件”保障，在执行过程中，“硬件”保障的力度大小将很大程度上影响党内制度建设的实际效果发挥。进一步推进制度治党，应该补齐保障制度短板，避免“无人去做”“难以做好”等主观层面的阻碍，必须加快人才队伍保障制度建设，完善执行部门必要物资配备保障制度，健全制度执行资金供给制度等。如建立专门的党内法规执法人才队伍，实现有理论研究人才、实践执行工作人才、后备人才等的保障。其三，健全完善“软件”建设保障制度。党内法规保障制度不仅需要“看得见”的“硬件”保障，也需要“看不见”的“软件”建设保障。如加快党内法规制度的宣传学习制度建设，在全党范围内，明确学习党内法规制度的必要性和紧迫性，以营造知党规、守党规、用党规的良好文化氛围，从而加快制度治党的推进进程。

第三，扩大制度覆盖面，保证不留死角。党的十八大以来，中国共产党全面推进党内法规制度体系建设，各个位阶、各个领域、各个层面、各个环节的党内法规制度建设有序推进，逐步形成了以党章为根本、以若干领域和部门的配套党内法规为支撑的党内法规制度体系（宋功德，2018）。进一步扩大制度的覆盖面，必须以改革创新精神加快补齐制度短板，保证制度建设不留死角。其一，统筹各位阶党内法规制度。做到与时俱进修改中国共产党章程，积极稳妥推进准则条例，有针对性制定规则、规定、办法、细则。其二，统筹推进各领域多部门党内法规制度的建设工作。其主要任务是要不断推进党内法规的不断完善、党的领导法规的逐步健全、党的自身建设法规的日益完善、党的监督保障法规的持续加强等。其三，统筹推进各层面党内法规制度建设。做到加强中央党内法规制定，着重规范“面”上重大问题；加强部委党内法规制定，着重规范“条”上的重要问题；加强地方党内法规制定，着重规范“块”上的重要问题。其四，统筹推进各环节党内法规制度建设。不仅要着眼于加强“将来时”的党内法规制度规划，做好前瞻性工作，也要着眼于加强“完成时”的党内法规制度备案审核，做好评估纠正完善工作，还要着眼于加强“进行时”的党内法规制度制定，做好即时建章立制工作，而且要着眼于加强“过去时”的党内法规制度清理，做好动态净化工作。

四　新时代中国共产党制度治党的宝贵经验

面对新时代全面从严治党的艰巨任务，以习近平同志为核心的党中央以制度治党为抓手，采取了一系列有效措施，有效解决了新的时代背景下中国共产党自身存在的问题，提升了党的凝聚力和战斗力，为中国特色社会主义现代化建设打造了坚强的领导核心，也积累了丰富且宝贵的经验。

（一）优化和完善自身制度建设体系，依靠制度建设适应时代发展新要求

中国共产党加强自身建设是对党的各方面提出的更高要求，其中，党的建设主线是在党的整个建设系统中的“经纬线”，贯穿党的建设的全过程、全方面、全领域，主导着党的建设这个系统运行的全局性和根本性。因此党的建设要整体向前推进，适应时代发展新要求，就必须不断丰富和完善自身建设制度体系。党的十八大以来，针对党执政面临的世界大发展、大变革和大调整的挑战和党内腐败问题严重弱化党的纯洁性问题，中国共产党强调党的建设“要牢牢把握加强党的执政能力建设、先进性和纯洁性建设这条主线”（《十八大以来重要文献选编（上）》，2014：29）。党的十九大报告根据党的十八大以来的党的执政形势指出，“党面临的执政环境是复杂的，影响党的先进性、弱化党的纯洁性的因素也是复杂的，党内存在的思想不纯、组织不纯、作风不纯等突出问题尚未得到根本解决。要深刻认识党面临的执政考验、改革开放考验、市场经济考验、外部环境考验的长期性和复杂性，深刻认识党面临的精神懈怠危险、能力不足危险、脱离群众危险、消极腐败危险的尖锐性和严峻性”，因此进一步提出“以加强党的长期执政能力建设、先进性和纯洁性建设为主线”。这一主线的明确，本身就是依靠制度做出的明确决策；主线的保持和不偏离，也需要制度做保证。而工作和任务的推进，本身就是制度治党的重要内容和使命，要继续坚持，也需要常抓不懈。

中国共产党要着眼于长远、依靠制度建设来丰富和完善自身建设主线。党的十九大报告提出党的建设主线是基于党的十八大以来党的建设实践经验和当前党的建设面临的形势做出的，较之于前的表述，党的十九大报告中党的建设主线进一步得到丰富和完善，即在执政能力建设上添加了“长期”的要求。这不仅是表述上的改变，也是党的十八大以来党在提高执政能力上取得成就的体现，更是党在过去几年的自身建设实践中对实现执政使命的长期性和艰巨性的深刻认识，说明了党的建设主线的确定必须着眼

于长远，以制度的制定为基，以制度治党为本，根据时代发展进行不断丰富和完善。

（二）科学规划自身建设总布局，发挥制度优势提升顶层设计科学性

党的建设总布局是根据党的建设各个部分之间的相互联系和指向定位，从系统整合角度做出统筹规划、进行合理安排（钟宪章，2018）。在党的十八大报告中，党中央从全面推进党的建设的高度和站位出发提出了“党的建设全面加强”的要求，即要加强思想建设、组织建设、作风建设、反腐倡廉建设和制度建设，形成了我们党推进自身建设的总布局和制度规定。党的十八大以来，中国共产党在根据党的十八大报告做出科学规划的总布局及推进党的建设的同时，也依据管党治党的实际情况自觉加强党的政治建设、纪律建设和制度建设，并且在实践中取得了显著成效。一段时间以来，讲政治、守规矩、遵循适度施政成了管党治党的重要方式和基本要求。在党的十八大以来推进党的建设总布局的实践经验基础上，党的十九大报告科学规划自身建设总布局，形成了“5+2”总布局，即“全面推进党的政治建设、思想建设、组织建设、作风建设、纪律建设，把制度建设贯穿其中，深入推进反腐败斗争”（习近平，2017a），党的二十大继续遵循了这一制度性规定，形成了我们党加强自身建设的总布局，也是制度治党的总依据。

根据我们党在新时代关于自身建设的总布局变化、制度完善过程，可以总结出新时代中国共产党依靠制度加强自身建设的几方面经验。首先，突出党的政治建设。新时代党的建设总布局把政治建设置于首位，成为党的各方面建设的统领。突出党的政治建设，把党的政治立场、政治道路、政治方向把握好，就能以强大的政治定力和政治勇气推进党和国家的事业。其次，重视党的纪律建设。把政治纪律和政治规矩放在前面是中国共产党自成立以来管党的优良传统和治党的独特优势，把党的纪律建设纳入党的建设总布局，既体现了中国共产党注重从自身建设历史中汲取有效经验，也体现了新形势下推进党的建设的任务和要求。再次，把制度建设贯穿党的建设的各方面、全过程。党的制度建设是党的十八大以来党的各方面建设取得显著成效的重要保障，而把制度建设贯穿党的建设的各方面、全过程是确保新时代党的建设深入推进的重要保障。把制度建设贯穿党的各项

建设之中，就是要求把长期以来党的建设形成的好的经验做法以制度的形式固定下来，用其推动党的建设的科学化、常态化和长效化。最后，坚持反腐倡廉建设。新时代党的建设总布局把反腐倡廉建设单独列出，调整为“反腐败斗争”，并强调要“深入推进”，凸显了反腐败斗争工作的重要性和艰巨性。新时代，党的建设向前推进，必须以反腐败斗争为切入点。通过惩治贪腐干部，强化党的先进性和纯洁性，进而增强党的执行力，增强党的建设实效。

（三）不断发展自身建设总目标，遵循制度要求明确全面从严治党新方向

党的建设总目标是指在时代发展的历史长河中，中国共产党应该把自身建设成为什么样的党。党的建设总目标为党加强自身建设指明了方向和道路，如果没有目标，党的建设就会停滞不前，或者会朝着错误方向推进，这势必会导致党丧失其先进性。党的十四届四中全会提出，党的建设总目标就是要把我们的党“建设成为用建设有中国特色社会主义理论武装起来、全心全意为人民服务、思想上政治上组织上完全巩固、能够经受住各种风险、始终走在时代前列的马克思主义政党”（江泽民，2006：548）。党的十九大报告基于党的十八大以来党的建设取得的成效和经验，以及对新时代党的建设发展形势深入分析和判断的基础上，明确提出要“把党建设成为始终走在时代前列、人民衷心拥护、勇于自我革命、经得起各种风浪考验、朝气蓬勃的马克思主义执政党”的自身建设总目标，指明了全面从严治党新方向（习近平，2017a）。党的二十大报告进一步提出新征程上党加强自身建设的任务和目标是“健全全面从严治党体系，全面推进党的自我净化、自我完善、自我革新、自我提高，使我们党坚守初心使命，始终成为中国特色社会主义事业的坚强领导核心”（习近平，2022）。显然，党的建设总目标是动态发展而非静态的。因此，党的建设总目标要随着时代的发展和形势的变化不断发展完善，那么党的制度建设、制度治党的目标和要求也要根据党的建设的总目标不断变化和发展，避免因为因循守旧、思想陈旧、落后时代等的认识问题而做无用功的问题发生，把中国共产党建设成为始终走在时代前列、人民衷心拥护、勇于自我革命、经得起各种风浪考验、

朝气蓬勃的马克思主义执政党。

参考文献

本书编写组，2013，《更加科学有效地防治腐败：习近平同志在十八届中央纪委二次全会上重要讲话精神学习读本》，人民出版社。

陈咏梅，2019，《党内法规与国家法律的衔接与协调》，《求索》第1期。

谷志军，2019，《标准化理论视角下的党内法规清理研究》，《党政研究》第4期。

侯嘉斌，2018，《党内法规与国家法律衔接协调的实现机制研究》，《社会主义研究》第1期。

江泽民，2006，《江泽民文选》（第二卷），人民出版社。

姜明安，2012，《论中国共产党党内法规的性质与作用》，《北京大学学报》（哲学社会科学版）第3期。

李斌雄、廖凯，2019，《正确认识和处理党内法规与国家法律的关系》，《思想理论教育》第6期。

秦前红、苏绍龙，2016，《党内法规与国家法律衔接和协调的基准与路径——兼论备案审查衔接联动机制》，《社会科学文摘》第11期。

《人民日报》，1993，《中国共产党纪律检查机关控告申诉工作条例》，9月3日，第3版。

《人民日报》，2015a，《中国共产党廉洁自律准则》，10月21日，第1版。

《人民日报》，2015b，《中国共产党纪律处分条例》，10月22日，第6版。

《人民日报》，2017a，《关于加强党内法规制度建设的意见》，6月26日，第1版。

《人民日报》，2017b，《中国共产党党务公开条例（试行）》，12月26日，第2版。

《人民日报》，2017c，《中国共产党章程》，10月29日，第1版。

《人民日报》，2018a，《中央党内法规制定第二个五年规划（2018—2022）》，2月24日，第1版。

《人民日报》，2018b，《中国共产党支部工作条例（试行）》，11月26日，第1版。

《人民日报》，2019a，《重磅！四中全会决定今后要推进这100件大事》，11月5日。

《人民日报》，2019b，《中共中央关于坚持和完善中国特色社会主义制度 推进国家治理体系和治理能力现代化若干重大问题的决定》，11月6日，第1版。

《人民日报》，2019c，《通过清理推动党内法规文件减量提质增效》，4月12日，第1版。

《人民日报》，2019d，《党政领导干部考核工作条例》，4月22日，第5版。

《人民日报》，2019e，《中国共产党问责条例》，9月5日，第3版。

《人民日报》，2019f，《加强新时代党内法规制度建设的重要措施》，9月16日，第4版。

《人民日报》，2019g，《中国共产党党内法规制定条例》，9月16日，第3版。

塞缪尔·亨廷顿，2008，《变化社会中的政治秩序》，王冠华等译，上海人民出版社。
《十八大以来重要文献选编（上）》，2014，中央文献出版社。
宋功德，2018，《全方位推进党内法规制度体系建设》，《人民日报》9月27日，第7版。
王建芹，2017，《党内法规清理标准的科学化构建》，《理论学刊》第4期。
王建芹、章逸琦，2017，《党内程序性法规与实体性法规协调性研究》，《桂海论丛》第1期。
王振民、施新州，2016，《中国共产党党内法规研究》，人民出版社。
习近平，2014a，《习近平谈治国理政》，外文出版社。
习近平，2014b，《在党的群众路线教育实践活动总结大会上的讲话》，《人民日报》10月9日。
习近平，2017a，《决胜全面建成小康社会 夺取新时代中国特色社会主义伟大胜利——在中国共产党第十九次全国代表大会上的报告》，《求是》第21期。
习近平，2017b，《习近平谈治国理政》第二卷，外文出版社。
习近平，2022，《高举中国特色社会主义伟大旗帜 为全面建设社会主义现代化国家而团结奋斗——在中国共产党第二十次全国代表大会上的报告》，《人民日报》10月26日。
约翰·罗尔斯，1988，《正义论》，何怀宏等译，中国社会科学出版社。
张晓燕，2018，《论党内法规制定主体制度的规范化》，《湖湘论坛》第3期。
章志远，2019，《论党内法规制定中的党员参与》，《法治研究》第2期。
中共中央办公厅法规局，2017，《以改革创新精神加快补齐党建方面的法规制度短板》，《求是》第3期。
中共中央办公厅法规局，2020，《推进党内法规制度“供给侧结构性改革”》，《求是》第2期。
中共中央党史和文献研究院编，2022，《习近平关于依规治党论述摘编》，中央文献出版社。
中共中央纪律检查委员会、中共中央文献研究室编，2016，《习近平关于严明党的纪律和规矩论述摘编》，中央文献出版社、中国方正出版社。
中共中央宣传部，2014，《习近平总书记系列重要讲话读本》，学习出版社、人民出版社。
《中国纪检监察报》，2019，《为什么要建立不忘初心、牢记使命的制度》，11月29日，第3版。
钟宪章，2018，《新时代党的建设总要求是科学有机的整体》，《理论视野》第9期。
周叶中，2019，《新时代加强党内法规制度建设的根本遵循》，《湖北日报》10月30日，第15版。

中国特色政治学的发展：学科、学术与话语体系的构建路径

——以山西大学政治学学科建设为例*

马　华　孟宪哲**

摘　要　构建中国特色政治学，归根结底是构建中国自主的学科体系、学术体系、话语体系。学科体系是知识的建制，学术体系是知识的生成，话语体系是知识的阐释，三者彼此交融、相辅相成，在一定条件下相互转化，统一于建构中国特色政治学知识谱系。本文通过梳理山西大学校史馆、档案馆的相关文本资料，尝试以山西大学的政治学学科发展为例，厘清政治学学科在百年老校的发展脉络。具体而言，山西大学政治学学科与中国政治学学科发展一脉相传，以世界为观照推动学科体系从发端到完善，以人民性为关怀推动学术体系从学术自觉到学科理性，以本土化为归宿推动话语体系从经验总结到价值回归。但从构建中国特色政治学学科体系的发展要求来看，山西大学的政治学学科建设亟须认真总结提炼，尤其要坚持以马克思主义为指导，坚持以人民为中心的研究导向，扎根中国大地，聚焦本土问题，加快构建基于本土知识认知的自主知识体系。

关键词　政治学　中国特色　学科体系　学术体系　话语体系

习近平总书记指出："哲学社会科学的特色、风格、气派，是发展到一定阶段的产物，是成熟的标志，是实力的象征，也是自信的体现。"（习近平，

---

* 本文系国家社科基金重大项目"基层党组织引领乡村振兴的创新机制研究"（22&ZD030）的阶段性成果。

** 马华，山西大学政治与公共管理学院院长、教授、博士生导师，主要研究方向为中国政治；孟宪哲，山西大学政治与公共管理学院博士研究生，主要研究方向为中国政治。

2017：338）中国是世界历史上唯一几千年未曾中断的大型政治文明体，拥有丰富的政治理论资源，现代政治学学科的建立与发展却是在中国近代。起初，成体系的中国政治学是按照西方学科体系建立起来的。当下，中国式现代化开辟了一条新的现代化道路，不同的现代化模式下，政治学也必将突破原有的学科认知范式。我们应站在世界历史的高度，明确中国政治学的学术着力点，为中国政治学学科体系、学术体系和话语体系的构建注入新的内在动力，进而为中国道路的发展和完善做出应有的理论贡献（张树华、吴波，2022：55）。

一　中国政治学知识生产的本体论自觉

政治学以国家问题作为研究的核心，其研究对象为“国家”或“国家活动”，因此政治学以国家为研究的起点和终点。在人类文明的轴心时代，尽管不同的政治文明体依然植根于其本土的政治生活的进步状态和政治发展的成果积累，尚未通过融合与互动形成以国家为特色的学科，但是它们始终都以政治学的核心问题为研究对象，并做出不同的理论阐释。

对于中国的政治学来讲，提出“中国特色”具有特殊意义。中华文明绵延数千年的治理实践积淀了独特的政治智慧，却未能完成向现代学科建制的范式跃迁。直至20世纪西学东渐浪潮中，政治学作为系统性知识体系方被引入并实现本土化调适。这种知识传播的时空错位，本质上是传统帝制文明与现代学术范式在知识生产机制上的断裂。受特殊历史时期意识形态影响，该学科曾长期停滞，其复兴进程直至1980年改革开放初期方得重启。这一学科重建既植根于现代化建设对治理体系革新的迫切需求，亦得益于全球化进程中的知识融通，当现代化进程迫切需要解答“国家建构与治理现代化”的核心命题时，专门研究权力配置与制度设计的政治学便成为不可或缺的学术支撑。邓小平同志提出“政治学等学科需要赶快补课”（邓小平，1994：167）的论断，恰揭示了学科复兴与时代转型的内在关联：正如改革开放需要借鉴人类先进经验，政治学的补课同样要求秉持开放视野，对传统政治智慧与西方政治学理论进行批判性扬弃，进而构建兼具本土适应性与时代解释力的学科范式。

在中国政治学的学科重建进程中，对西方政治学理论的引介与转化构成重要路径。西方学界通过长期理论积淀构建起以核心概念、分析模型为支柱的学理架构，这种系统化的学术范式为中国摆脱传统政治思想的经验性描述局限提供了方法论参照。若缺失对概念化知识框架的习得，政治学作为独立学科的建制化发展将面临学理支撑不足的困境。然而，中国政治学的深层使命在于实现理论的本土化调适，通过聚焦国家治理现代化、政党制度创新等本土命题的实证研究，在批判性对话中重构政治学的解释边界，最终形成植根于中国政治实践、彰显制度优势的学科话语体系。

政治学是伴随现代化产生和发展为一门独立学科的，中世纪后期至近代早期，西欧经历了民族国家的兴起、资本主义的发展和商业革命，率先步入现代化。这些变化带来了国家角色和治理原则的变化，由此为现代政治学的发展奠定了实践基础。西欧凭借其早期现代化转型中的制度实验与思想启蒙，为现代政治科学学科体系的奠基提供了独特的历史语境。多元文明互动与资本主义生产关系的耦合，促使该地区成为现代政治科学知识谱系的原生孵化场域，其学理范式通过殖民扩张与学术网络扩散辐射至全球学术场域。现代化转型轨迹的多元性催生了政治学知识生产的在地化转向。各国在制度变迁与治理模式创新中形成的差异化路径选择，使得政治实践面临嵌入性张力。这种异质性倒逼政治科学在知识生产层面进行适应性调适：既要回应本土治理情境的独特性，又需构建契合区域政治生态的理论解释框架，从而实现普遍性学术范式与特殊性实践经验的辩证统一。美国被称为“车轮上的国家”，是西欧移民建立的国家，“美国政治学初始的概念和思维风格来自欧洲大陆政治学”（曾繁正等，1998：14）。但是后来美国人发现“一些对于美国来说重要的政治经验和问题，几乎没有被外国著作直接显著的或者以可以被接受的方式加以论述”（曾繁正等，1998：14）。因此产生了政治学的美国化倾向，一方面，美国政治学向国外传播和开放；另一方面，美国政治学（这里无论是广义的还是狭义的解释）是独特的，也许对于全世界都具有独特的意义，其知识类型和范围值得输出和效仿（曾繁正等，1998：15）。与欧洲政治学相比，美国的政治学研究更像一种“社会科学”。如果说欧洲是以政治哲学为主，那么美国政治学的发展呈现鲜明的实证主义方法论取向，其学科特质集中体现为对自然科学分析范式的创造性移植。“政治学在一定程度上确实像自然科学。”（罗斯金等，2009：15）尽管20世纪初，一些美国学者提出应更多借鉴欧洲的政治理论和研究方法，以提高美国政治学的理论深度和学术水平。这种“重新欧洲化”的提法在一定时期内得到了关注。但它始终保持着独特的“美国化”特征，形成了区别于欧洲的独特学术传统和研究范式。这种独特性不仅反映在研究内容和方法上，也体现在学术文化和价值观上。

美国政治学在其发展过程中，虽然吸收了许多欧洲的理论和方法，但由于其在全球范围内的主导地位和学术影响力，未感受到构建“以国家为特色”学科的强烈需求。这种情况主要是由于缺乏与欧洲政治学形成互动竞争关系，美国政治学才能够在较为宽松的学术环境中继续发展和演进。相较于美国而言，中国政治学学科根植于数千年绵延不断的历史文化，具有独特的本土实践，因此提出“中国特色”对中国的政治学具有特殊意义。中国是一个政治大国，政治思想底蕴深厚。从学科发展的视野来看，政治学学科进入中国120年以来，中国政治制度史和中国政治思想史研究非常多，但是它们不叫学科，有学科就是新文化运动以来120年左右的事了（杨光斌，2022：67）。中国政治学的学科建制化进程肇始于晚清民初的西学东渐浪潮。此后百年间，其发展轨迹与中国政治生态的剧变形成深层互构关系。新中国成立初期，在社会主义知识体系重构的背景下，苏联式学术知识生产体制被系统移植，政治学因被视为资产阶级学术符号而遭遇学科合法性危机。1952年伴随着高等教育体制改革，政治学的独立学科身份被整体性解构，仅以马克思主义国家学说和国际共运史等特殊形态维系学术存续。改革开放后，随着思想解放运动与真理标准大讨论对学术禁区的突破，中国政治学在现代化转型与全球化学术对话的双重推力下实现了学科的初步复兴。这一进程既承载着对革命年代政治实践的批判性反思，又呼应着市场经济转型对国家治理体系科学化的迫切诉求。现代化将“如何建构和治理国家”的任务提了出来，由此开启了中国政治学学科建设和发展的新征程。1979年3月，邓小平在中央理论工作务虚会上指出，“政治学、法学、社会学以及世界政治的研究，我们过去多年忽视了，现在需要抓紧补课”（邓小平，1994：180～181）。

在政治学的“补课”中，中国的政治学大量学习吸收和借鉴西方的政治学（徐大同，2000：3）。西方政治学历经数世纪的学科演进，逐渐凝练出具有范式意义的分析工具集群与自洽性学理架构。自启蒙运动以后，该领域通过方法论迭代与跨学科对话，逐步构建起涵盖核心范畴的认知坐标系，其概念化体系的专业化程度已形成学科知识再生产的元语言规则。虽然学习已有的政治学理论对于建立政治学知识体系至关重要，但中国政治学通过对既有理论的批判性吸收来研究本土政治相关议题，逐步形成具有中国特色的政治学学科范式。

首先，政治学学科体系就是研究政治现象和政治活动所形成的基本建制（王炳权、杨睿智，2023）。在中国政治学学术知识架构的形塑过程中，学科系统作为知识生产的基础性架构具有结构性基石意义。学科本质上是基于知识生产范式的差异性特征而进行的建制化切割，其通过系统化的知识分类构建起现代学术的认知坐标。这种以学科为单元的知识生产机制，既映射出人类对客观世界规律性的把握诉求，又承载着特定历史阶段意识形态的价值取向。在政治学领域，科学社会主义与国际共运学科率先完成建制化构建，并形成硕士、博士培养的完整学术生态体系。伴随改革开放带来的理论自觉，政治学在20世纪80年代实现学科身份的重构，至1998年高等教育学科目录调整时，正式确立涵盖八大二级学科（包括政治制度比较研究、政党政治学、国际关系治理学等）的复合型学科集群，其中尤为值得注意的，此次调整是将意识形态工作制度化纳入学科体系（如思想政治教育方向），彰显了中国特色社会主义政治学的独特方法论自觉。进入新时代以来，“小政治学”更加精细，“大政治学”更加宏阔。根据国家发展战略和现实需求，我们对学科专业设置进行了调整：推动中共党史党建由政治学二级学科独立为一级学科，增设纪检监察学为一级学科，形成国家安全学、区域国别学等一级交叉学科。这样的调整满足了国家发展急需学科和更新学科内容的要求，推动了与行政管理、国际政治等并设的“小政治学”走向精细化发展，使因知识关联容纳了行政管理、国际政治、马克思主义研究等在内的“大政治学”进一步扩容。

其次，政治学学术体系是揭示政治学研究对象的本质和规律的理论与知识的系统集成，其建设进展具体体现为主要政治议题的不断延伸和研究方法的创新应用。任何学科的存续与发展，本质上取决于系统化的知识生产活动能否实现认识论革命与方法论迭代的双重突破。这种突破的根源在于对特定社会矛盾或认知困境的回应。例如，19 世纪欧洲工业化催生的阶级对立推动了马克思主义政治经济学的范式创新。通过聚焦核心命题、整合跨学科认知工具，学术共同体得以在批判性对话中构建起规范化的理论范式与研究方法集群，最终形成具有自洽解释力的知识生产体系。“坚持问题导向是马克思主义的鲜明特点。问题是创新的起点，也是创新的动力源。”（习近平，2016）在学科建制化重构的初始阶段，即展现出强烈的政治问题回应性特质。中国的政治问题主要表现在三个方面——政治理论问题、政治制度问题、国家治理问题。对这些问题的追问和思考，产出了大量的成果，为构建中国政治学学术体系做出了理论贡献。学术研究方法方面，在政治学恢复重建之初，学者大多使用阶级分析方法和进行规范性研究。20 世纪 80 年代中期，政治学者开始逐渐重视研究方法的问题，认为从历史唯物主义的角度来看，我们往往不能接受西方政治学者得出的结论，但是我们完全可以借用其研究的方法和手段，以加强我们的学术力量。随着时间的推移，学界对研究方法的关注不断升温，西方政治学先进的研究方法被大规模地引进和运用，中国政治学逐步走向了方法论多元主义和研究方法科学化。

最后，政治学话语体系归根结底是社会存在的反映，具体是指在政治学领域内使用的一套概念、术语、理论，这些构成了研究和讨论政治现象的基础。这一体系不仅包括具体的学术语言，还涉及背后的思想框架、研究范式和价值观。在学科体系、学术体系和话语体系中，话语体系居于关键地位。中国政治学的知识创新和话语建构开始是以西方政治学话语解读和阐释中国的政治现实，其优势在于，西方政治学已经形成了学理性强、覆盖面广和要素丰富的强势话语，并对中国的部分政治现象具有解释力。中国政治学的范式转型始终伴随着国家治理现代化的实践张力而演进。当本土政治发展进程与西方理论预设的场景产生解释性断裂时，会出现单向度的知识移植模式陷入认识论危机。这种危机倒逼学术共同体启动批判性检视与对话重构：在方法论层面，进行马克思主义政治哲学、西方治理理论与本土治理经验的调适；在本体论层面，确立以中国政治实践为元问题的知识生产坐标。这种双重突破催生了知识生产的本体论自觉，标志着中国政治学从概念消费者向理论生产者的范式跃迁。

二 以世界为观照推动学科体系从发端到完善

学科是学术研究和教育活动的基本单元。政治学作为一门具有主体性的独立学科，是西学东渐的产物。主体性强调自我与外部世界关系中的自主地位，学科主体性建设不是闭门造车，而是要注重面向世界的开放和交流。世界文明多种多样，并且伴随着人类实践和文明进步而不断丰富。马克思认为，对于文明的理解，必须把它同人类的物质生产和精神生产联系起来，把文明看作一个反映物质生产成果和精神生产成果的总和、标示人类社会开化状态和进步状态的范畴（《马克思恩格斯文集（第一卷）》，2009）。人类文明演进史本质上是物质性实践与认知范式迭代的螺旋运动。在生存实践的本体论追问中，从原始采集的生态适应到工业文明的技术主宰，人类通过对象化活动持续解码自然法则、社会运行机理及意识生产的符号逻辑，这种解蔽过程催生了多元意义系统的创生与竞争。当楔形文字、甲骨文等从形象符号转化为编码技术时，知识传播突破了生物记忆的时空局限，触发从口述向文本的媒介革命。在此进程中，跨文明对话不仅加速知识再生产的技术迭代，更通过知识层面的冲突与融合，推动认识论范式的突破性跃迁。

（一）萌芽与初创时期的山西大学政治学学科

中国政治文明的现代性嬗变始于传统帝国体系解构与民族国家建构的历史辩证法。鸦片战争的军事挫败引爆了中华文明秩序的认知革命。从洋务派“师夷长技以制夷”的技术现代性启蒙，到维新派君主立宪制的激进实验，直至辛亥革命完成帝制向共和政体的暴力分娩，这一系列制度重构实践映射着知识精英对现代性要素的渐进式解码，即从器物文明的工具理性移植，到制度文明的政体嫁接，最终触及价值理性的范式冲突。在此过程中，西方政治学的引介并非单纯的学术移植，而是作为“救亡图存”的知识工具被嵌入文明转型的总体性方案，其知识考古学谱系既包含着严复的功利主义选择，也折射出梁启超“新民说”对国民性改造的深层焦虑，更预示着现代政治科学本土化进程中难以规避的阐释学困境。严格地说，西方政治学的引入对近代中国学术转型产生的影响应该早于西方政治学在近代中国的正式传播；换而言之，作为西方政治学传播序曲的西方政治思想的推介，是近代中国学术转型更为庞大的思想背景。而新式教育的创办，则是这一转型最为显著的外在表现（吴祖鲲、王昆，2016）。

当时新式教育代表的典型机构是大学堂。1902 年山西大学堂正式成立后，分为中西两斋，中学专斋仍沿用令德堂书院旧制，分经、史、政、艺四科（山西大学纪事编纂委员会，2002a：10）。西学专斋学科分为五门：一曰文学，内分同文史记地理师范等学；一曰法律学，内分政治财政交涉公法等学；一曰格致学，内分算学物理化学电学等学；一曰工程学，内分机器工艺矿冶地质等学；一曰医学，内分全体内外大小男女居宅卫生药物等学（山西大学纪事编纂委员会，2002a：12）。山西大学堂自开始就开设了政治学相关专业，这在中国高等院校的政治学教育上，具有开创性意义。早期山西大学政治学学科呈现中西会通的特点，展现出中国传统政治学与近代西方政治学相互融合的趋势。在中国传统政治学的专业和课程当中，既延续保留了中国传统政治学的特点，又围绕当时中国政治和社会面临的实际问题，具有经世、治理、治国、变法创新的意识。

1919 年 9 月，法科政治学门建立，开始招收第一班学生，共 44 名。同年 10 月，新到校王赓赐、张景栻两名教职员，讲授法科行政法总论、政治学和法科政治学等相关课程（山西大学纪事编纂委员会，2002a：68～70）。西斋法科在开设的政治学课程当中，比较系统地引进和讲授、传播西方近代政治学的学科概念、学术思想和学术内容，奠定了山西大学政治学科的基础。

西方列强进入中国后，不仅逐步控制中国的财政经济命脉，而且逐步控制中国的政治，并且日益成为支配中国的力量。在中华民族灾难空前深重的情况下，五四运动爆发。作为一场思想解放运动，五四运动对山西大学最明显、最直接的影响，就是 1921 年新共和学会与《新共和》杂志在山西大学的诞生（行龙，2017：14）。《新共和》杂志是一个进步的刊物。它的主要撰稿人来自山西大学的学生，他们虽然站在改良主义的立场上想逃避推翻私有制的武装革命，对社会主义、共产主义的认识也是“雾里看花”，但绝大多数人认为社会主义是好的，肯定社会主义制度的优越性（行龙，2017：15）。

山西大学的师生顺应时代发展的潮流，努力寻找新的指导思想和革命道路。开始自主研究政治学，探索中国政治学和中国政治的发展路径，随着山西大学政治学学科的不断健全，政治学学科逐渐走向丰富多元。起初，山西大学政治学相关学刊以“阐明学理研求学术，并介绍批评各国关于政治经济社会之学说及制度”为主旨，面对日本发动的侵华战争，相关学刊的主题由“学理”转向“现实”。山西大学又陆续创办了《中外论刊》《救国周刊》《中外引擎》等学术刊物，密切关注时政，宣传革命思想，探索拯救中国之策。山西大学的政治学相关学刊成为马克思主义在中国的重要宣传阵地，鼓舞了三晋地区广大军民抗日救亡的信心。

首先，山西大学堂的分科设置，使不同学科体系边界、内容和功能得以清晰；其次，大学本科教育的开展，使现代大学的教育层次得以正式确立，而政治学科本科教育的开展，成为近代中国政治学学科创立的标志；最后，大学学科体系与知识体系合一的学系的构建，使大学按照学科知识结构构建形成组织结构和管理结构，从而使大学的内部治理结构以学科体系和知识体系为基础，也标志着政治学学科这一近代学科设置的初步完成。

（二）革命和战争时期的山西大学政治学学科

中国共产党在新民主主义革命的历史进程中，始终遵循历史唯物主义的认识论框架，通过实践性试错与理论性反思的双向互动，逐步建构起兼具本土适应性与革命主体性的战略工具箱。这种政治智慧的生成机制体现为：以土地革命中的阶级分析重构农民主体性，通过抗日民族统一战线的策略创新实现政治动员的规模效应，最终在解放战争的军事辩证法中完成革命战略的系统化。这种从具体历史情境出发的认知迭代，既克服了教条主义对苏联经验的机械移植，又超越了经验主义对斗争复杂性的误判，形成了解放生产力与重塑生产关系的革命辩证法，为半殖民地半封建社会向新民主主义社会的质变提供了认识论武器。山西大学师生投入革命和抗战，宣传马克思主义政治学，宣传党的抗日民族统一战线思想，从而最终确立了马克思主义在革命时期的指导地位。

在抗战时期，马克思主义政治学的大众化方面有了新的突破。在中国马克思主义政治学的本土化进程中，作为中华人民共和国成立初期高等教育体系的重要奠基者之一，邓初民在20世纪30年代学术建构期的重要贡献具有范式创新意义。1939年《新政治学大纲》的编纂实践显示，其理论范式具有显著的方法论延续性：基于1932年出版的《政治学》所应用的知识结构，通过知识社会学视域对经典理论进行体系化重构，最终凝练出阶级分析范式、国家起源学说、政府组织形式、政党政治形态及社会革命路径五大核心范畴。这种被称为“五论说”的知识架构创新，通过概念本体论阐释-历史发生学溯源-中国化实践检验的三维分析框架，构建了具有自洽性知识生产机制的理论模型。邓初民的知识重构策略蕴含着双重认识论自觉：文本学求真与方法论求真，以及学科建构论的精要化诉求。这种双重自觉既源于马克思主义经典文本的诠释学要求，又根植于新民主主义革命时期知识精英对理论工具性与实践性的辩证思考：通过知识体系的模块化处理，旨在实现马克思主义理论的中国化转译，同时回应革命动员与政权建设的双重实践诉求。在《新政治学大纲》一开篇，邓初民就指出：“任何科学都成为与实践不可分的‘契机’而和实践统一在某种方式上，政治科学犹然……伴随着抗敌救亡运动之逐渐展开，‘抗战建国’任务之必需完成，这是一个如火如荼社会斗争的大时代。由于这种社会的实践、政治的实践所迫切要求，担当着这一斗争的全中国人，尤其是进步的人群，必需要有新的斗争武器、新的战术战略——新政治学为他们服务。所以，新政治学也在中国开始向完整的方面走了。”（邓初民，1939：1）在马克思主义政治学大众化的历史进程中，傅于琛的《国民救亡政治知识》（1937）与《大众政治学》（1942年完稿）、卢宁夫的《大众政治学问答》（1939）等著作构成独特的知识传播范式。这些文本采用简明架构与大众化修辞策略，将无产阶级政治学说转化为战时民众可操作的认知工具。例如，《大众政治学问答》通过“什么是阶级压迫”及回答等设问方式，将剩余价值理论具象为佃农与地主的生存境遇对比，这种知识生产模式在抗战救亡的社会语境下，既完成了马克思主义政治学的在地化转译，也催化了底层民众从政治蒙昧向革命主体的意识觉醒，为抗日民族统一战线的思想动员提供了学理支撑。

革命时期，为保存人才，为胜利后做准备，山西大学曾迁往他地。1940年，山西大学在陕西三原移入觅定校址。同年2月11日，据《阵中日报》记载，山西大学通告，本大学复课，并将省立农、工两专科学校合并办理，先设文史、外文、法律、政治、经济、农学、土木工程、机电工程、化学工程采冶等学系（山西大学校史编纂委员会，2002：157）。山西大学政治学在曲折中发展。这一阶段，政治学系的师生积极参与抗战，通过实践活动深入了解中国社会，了解中国的国情，其中不乏很多优秀的学生。程谷梁，1939年5月加入中国共产党，抗战爆发后，到山西政治保卫队二支队工作，曾列席党的“七大”，后于1948年任太行行署公安处长。任志远，1934年秋加入中国共产党，经历了“西安事变”。抗战爆发后，任榆社县县长。1941年春，被选为党的七大代表，在中央党校学习。在参与抗战过程中，山西大学对政治学知识进行了深刻的思考和广泛的宣传，为政治学学科的本土化奠定了必要的思想基础。该校的努力不仅丰富了中国政治学的学科体系，还促进了政治学理论与实际问题的结合，推动了学科的全面发展。

（三）创新和发展时期的山西大学政治学学科

中国革命不仅“以俄为师”，革命后的社会主义建设也以苏联为学习榜样。这一中国与世界的关系格局反映在社会科学领域，便是力图从西方的学科体系中摆脱出来，确立马克思主义的指导地位。新中国成立以后，为了适应新的国情，政治学科在教学观点、课程内容、教学方法上进行了改革，将政治学专业改为政治专业，学科发展的侧重点从学术转到意识形态上，山西大学的政治学学科走出了一条改革创新之路。

首先，从教学观点上看，思想政治教育成为山西大学政治学科的主题。其一，新中国成立初期，新生政权面临国内外敌对势力的破坏压力，迫切需要统一思想，加强思想政治教育成为高校教育的重中之重。山西大学政治学科顺应时代要求，积极改革，保卫意识形态高地。对教师员工进行政治教育培训。1949年2月，山西大学地下党员李书麟、乔荣智等回校后，与山西大学民先支部共同组织教师员工学习《新民主主义论》《论联合政府》《将革命进行到底》等毛主席著作，并举办报告会、讨论会，对教师员工进行思想教育。教师们的思想觉悟得到提高且政治意识不断增强。他们在授课中把思想政治教育摆在了首位，帮助学生树立起革命的人生观。其二，党的十一届三中全会以后，全国政治学院恢复建立，山西大学的政治系一分为三，分设为哲学系、经济系和法律系，下设马克思主义哲学、政治经济学、经济管理、法学、科学社会主义五个专业。其中政治学科的相关方向和老师分散在这三个学科，分别承担政治学科有关方向的教学研究工作。学科体系改革后，教学观点保持不变，思想政治教育在新设学科中仍然占有重要地位，对全校师生进行的马克思主义基本理论和政治学基本理论教育依然具备普遍性。山西大学政治学科在新中国成立初期到全国政治学恢复建立这段时间里，扮演了思想改造的重要角色，其以思想政治教育为主题的教学观点，不仅指导了本学科的教学研究工作，也为其他学科的进步发展定下了基调。

其次，从课程内容来看，山西大学政治学在社会主义国家初创阶段的课程架构，呈现鲜明的意识形态规训特征。其教学体系以新民主主义革命理论、社会主义政治经济学批判、唯物史观原理为核心构建，并通过全校性意识形态教育必修课实现知识生产机制与政治社会化功能的制度性耦合。这种课程设置模式既反映了新中国成立初期知识重构的急迫性，也暴露出学科建设对苏联范式的路径依赖。政治学学科的改革也被其他学科所借鉴，例如，公共课程增加俄文、政府政策法令等科目，教学内容的改革是守护意识形态领地的重要手段，各学科只有在稳定的前提下才具备向前发展的可能，山西大学对政治学学科的改造则体现了这一前提。此阶段政治学学科主要具备以下特点。其一，普遍性，全校学生都要进行学习。通过意识形态教育，推广和普及了政治学，让绝大部分人对政治学有了基本的了解和认知。其二，现实性，丰富和发展了中国政治学，使其具备了政治学是紧紧围绕现实的政治和社会进行研究学习的特点，政治学从关注学理向关注时政拓展，为政治学多元发展提供了可能。其三，革命性，紧密围绕新中国成立以来社会主义革命和建设中的重大问题开展教学研究。在此期间，学校编辑出版了一些马克思主义理论方面的教材、专著，发表了相关文章。1950 年 1 月 15 日，《国立山西大学图书馆馆刊》创刊，创刊号载有潘天觉的《介绍俄文杂志中关于〈斯大林论中国革命〉》、史国雅的《学习政治课的目的和方法》和《政治课教学参考材料》，其中很多涉及政治学学科及政治学理论的重大问题研究，为推进建立中国化的政治学学科进行了理论探索和实践创新。从学科体制来讲，学校在新中国成立初期就建立了政治理论教研室，负责全校的政治学科相关课程教学。作为全国较早一批建立起理论教研室的学科单位，山西大学的政治学科对教学方法进行了初期探索，通过教研室工作预设课程内容，模拟授课方式，是中国高等教育的一次实践创新。

最后，从教学方法上看，教师将政治思想贯穿授课之中，批判旧的唯心主义教学方法，用新的教学方法进行讲授。其一，山西大学政治学科与社会实际结合起来，通过多元渠道引入师资力量进行政治课教学相关内容的讲授。政治课教学除赵宗复副校长、武汝扬秘书长亲自担任教学任务，还聘请各部门负责同志进行专题讲话与解答问题，当时先后聘请的有山西省程子华主席、裴丽生副主席、赖若愚副书记、太原市政府于纯华同志。这些教师在授课时，以政治学的概念、原理为基础，结合自身工作经验、国内外政治局势、社会现实情况，使政治课教学工作与实际结合起来，克服了过去闭门办学的脱节现象。山西大学在教学中坚持理论与实践相结合，对于政治课教学来说，也是如此，将课堂教学与社会形势、自己的思想改造相结合。这种新的教学方法，成为促进教学与思想不断进步的相辅相成的因素。为中国政治学学科的发展提供了先进的教学思想，为政治学学科注入了发展的不竭动力。其二，山西大学政治学科组建党、团、盟、工会等多种组织辅助教学工作，是教学方法改革的重要一步，其中最有影响力的是政治课教学委员会。该委员会集中师生员工统一开展系统的政治课学习活动，出版校刊《学习报》。由学委会负责制订学习计划与督促全校的政治理论学习，组织传播新民主主义的社会性质、各种具体政策、辩证唯物论与历史唯物论等政治理论知识，师生思想上对阶级观点、劳动观点、辩证唯物主义的历史观点、新旧社会的本质区别，有了初步的认识。另外，新中国成立以来的成就与各项政治活动也有形无形地影响着师生的思想。师生把这点滴的收获形成系统化、全面化的知识，从而使他们的思想得到提高与深化。

自 1978 年党的十一届三中全会以来，山西大学政治学得到恢复、巩固和发展。1987 年，山西大学恢复建立政治学系，标志着山西大学政治学科走向了规范化、科学化、学术化的快速发展道路。2003 年 3 月更名为政治与公共管理学院，2005 年获得政治学一级学科硕士学位授权点和政治学理论二级学科博士学位授权点，2012 年获批设政治学博士后流动站，2018 年获批为政治学一级学科博士学位授权点。2020 年国际政治专业入选国家一流本科专业建设点；2022 年行政管理专业入选国家一流本科专业，国际政治虚拟教研室被教育部确定为全国虚拟教研室建设试点。自创建伊始，政治学学科便力求打造“具有鲜明资源型地区特色的高水平研究型学科”，扎根三晋大地、面向全国范围、参与国际学术，着眼于建成优势突出、特色鲜明，具有国际影响力，全国排名前列的高水平学科、高端智库、科学研究与人才培养基地，构建理论研究、实验研究、咨政服务、人才培养“四位一体”的科学发展模式，建立从本科、硕士、博士到博士后流动站的完整学术教育体系，从本科到专业硕士的完整专业教育体系。

山西大学政治学学科的发展脉络也是中国政治学学科走向成熟的路径缩影，其最大特色是在继承中国传统政治学的基础上，在马克思主义、列宁主义、毛泽东思想、邓小平理论、“三个代表”重要思想、科学发展观和习近平新时代中国特色社会主义思想指导下，立足中国特色社会主义政治实践，借鉴国外政治学的有益知识和方法，取得了重要成就和进展。对构建中国特色的政治学学科体系、学术体系、话语体系、课程体系、人才培养体系，借鉴他国政治学科发展的经验，形成对于国际学术界的有效学术影响力，起到了不可替代的作用。

三　以人民性为关怀推动学术体系从单一到多元

中国政治学学术体系的主体性工程正经历着从知识输入到范式输出的认识论革命。在这场以“认知中国·阐释中国”为旨归的学术觉醒运动中，学术共同体通过三重本体论自觉重构知识生产范式。首先，在认识论层面破除“西方中心主义”的迷思，将改革开放 40 多年制度创新的实践经验转化为政治经济学的原创概念。其次，在方法论层面构建解释学循环，既运用田野调查破解造就中国奇迹的“中国密码”，又通过批判性对话重构西方现代性理论。最后，在价值论层面确立新文明形态的知识坐标，本质上是将中国特色社会主义实践升维为具有全球解释力的元理论，其方法论创新涵盖从本土问题意识的重构到跨学科知识图谱的整合，标志着中国学术界正完成从知识消费者向范式供给者的历史性跨越。研究方法作为学术体系的内核，其多元性促进了学术体系的丰富和多样，多元化的方法为学术体系注入了多种视角，使研究能够涵盖更多维度。这样，学术体系不再局限于单一的研究路径，而是变得更加丰富和多样，能够更全面地解释复杂的现象和问题。这种创新有助于推动学术体系的不断发展，使其能够与时俱进，适应新的研究需求和社会变化。增强学术研究的科学性和严谨性，多元化的方法论可以相互补充和验证，从不同角度对研究问题进行分析。不同方法的交叉验证，可以提高研究结果的可靠性和科学性，增强学术研究的严谨性和可信度。山西大学政治学学科在不同的时代背景下，促进了研究方法从规范研究—田野调查—田野实验的自觉性延展，实现了政治学研究方法的多元回归，为建构中国政治学学术体系、话语体系做出了历史性贡献。

（一）从阶级分析方法到田野调查

中国政治学学术体系建设体现了以人民为中心的底线逻辑，将人民性放在研究的核心位置。中国政治学的学科范式建构始终锚定于马克思主义政治哲学的认识论革命。作为社会主义政治文明的知识表征，其方法论内核在于将历史唯物主义原理与中国政治实践相结合进行双向验证框架，既通过中国特色社会主义制度实践创新验证马克思主义国家学说的当代解释力，又立足中国式现代化进程中的阶段性政治议题，重构中国特色政治学的理论解释边界。这种双向互动确立了三个根本性学术坐标：在价值论预设上，坚持人民主体性对资本逻辑的超越；在认识论维度上，强调实践哲学对文本中心主义的校准；在本体论承诺上，主张政党-国家-社会关系的辩证统一。正是这种本体论自觉，推动中国政治学在借鉴西方量化研究工具的同时，构建起以问题域、方法论、价值论“三位一体”为特征的本土化政治知识生产体系。

在政治学恢复重建之初，学者大多使用阶级分析方法和进行规范性研究。如同无产阶级的阶级意识无法内生性生成，政治学研究采取马克思主义的范式自觉同样无法在学科原生阶段自主形成，这种认知跃迁需要“内化于心，外化于行”。2016年，习近平总书记在哲学社会科学工作座谈会上的讲话中强调：“坚持以马克思主义为指导，是当代中国哲学社会科学区别于其他哲学社会科学的根本标志，必须旗帜鲜明加以坚持。”（习近平，2016：8）在批判实在论与历史制度主义的交叉视域下，中国政治学研究者正经历着方法论框架的规训效应向范式主体性觉醒的认知跃迁，这种知识生产的内生性演进路径已内化为学术共同体的集体行动逻辑。随着认同群体规模的扩展与理论内化程度的深化，这种内生性共识正转化为中国特色政治学的学理根基。因此，党的十一届三中全会后，1980年8月，山西大学政治系分为哲学系、法律系、经济系三个系，这三个系派生出马克思主义哲学、政治经济学、科学社会主义等专业。本次政治学系的重构本质上是一次基于马克思主义方法论范式的知识体系自我革命。这种重构既突破传统学科发展的历史路径依赖，又通过历史唯物主义认识论的重塑，构建起兼具科学解释力与意识形态合法性的新型学术话语体系。当时山西大学教师的主要著作也基本是有关马克思主义的，包括陈绍兴的《科学社会主义纲要》（山西人民出版社，1984年版），王致胜的《政治经济学简明教程》（上）（山西人民出版社，1985年版），王致胜的《中国社会主义建设》（山西人民出版社，1987年，1989年出版重编本），张海山的《科学社会主义疑难问题探讨》（修订版）（吉林人民出版社，1984年版）等。

20世纪80年代中期，政治学者开始逐渐重视研究方法的问题，认为从历史唯物主义的角度来看，我们往往不能接受西方政治学者得出的结论，但是我们完全可以借用其研究的方法和手段，以增强我们的学术研究力量。许多学者在当时接受了非常系统的马克思主义基础理论的训练，但由于改革开放前后，中国的经济发生了巨大变化，从计划经济体制转向市场经济体制，农村经济也发生了巨大变化。改革开放后，农村实行了家庭联产承包责任制，农民获得了土地使用权并可以自由经营农田。这种改革极大地激发了农民的积极性，农业效益显著提高。同时，农村地区也受益于城乡经济一体化政策，乡村基础设施逐渐改善，农民的生活水平不断提高。乡村产权制度改革催化了农民政治意识的范式转换。主体性意识觉醒的农民通过村民自治实践，使基层治理结构向“乡政村治”模式演进，触发国家-

社会关系的结构性调适，重塑农民在基层治理中的主体地位。与此同时，政治社会化进程加速推动乡村政治文化转型，基层选举实践与民主恳谈制度培育了农民的程序理性认知，促使传统依附型政治文化向协商参与型演进。面对政治现象的多维复杂性，部分研究存在方法论层面的路径依赖，如将阶级分析范式的单向度叙事机械套用于宗族网络与市场经济交织的乡村场域。思想解放运动催化了学术共同体的方法论自觉，推动研究范式从经典文本诠释转向实证导向的田野政治学，着力构建契合乡土政治生态的本土化分析框架。

基于人民性的学科自觉与方法论实践。山西大学于 1991 年至 1992 年先后组织政治系 89 级学生和部分教师到榆次、交城、原平、太谷农村参加社会主义教育。他们既是省委工作队队员，又是大学生，承担着既向农民进行教育又在其中教育自我的任务。5 个月的社教生活使他们增强了社会工作能力，了解了当代农村改革的现状，受到了一次活生生的国情教育。同时，由于把教学实习贯穿于社教之中，当地的农村干部群众对大学生评价尤佳（山西大学校史编纂委员会，2002：272）。因此，深入农村进行调查研究，在当时虽然是一种政治实践活动，主要承担的任务是农村改造和意识形态教育的工作，但是也兼顾了对农村的了解、对农民的关心和关怀。尽管还未形成系统的学科研究方法，但是在山西大学已经有自觉性的方法论尝试。

亚里士多德说过："我们对于任何一门学术论题进行学术研究时，不能仅仅以现实概况为满足，应当阐明每一个事例真相而无所遗漏。"（亚里士多德，1965：184）这个道理也适用于一个学科的发展。要探明现实背后的真相，学科就必须有自己的研究方法。基于农村改革对政治学理论供给的倒逼效应，学术共同体开启方法论转向：通过扎根乡土的田野实证，践行"学术务农"的参与式行动研究范式。这种研究转向既呼应农村改革作为全面深化改革"试验田"的历史定位，又直面土地流转背景下的基层权力重构、乡贤治理异化等新兴政治命题，推动理论研究与治理实践的互馈式创新。

众所周知，马克思、恩格斯始终站在无产阶级革命的前沿，他们的一生都在为无产阶级、为人类的解放事业而奋斗，马克思、恩格斯在《共产党宣言》中指出，无产阶级运动是"为绝大多数人谋利益的独立的运动"。

列宁在无产阶级专政学说中系统阐释先锋队理论，指出布尔什维克党作为先进阶级的政治先锋队，必须将历史使命锚定于“代表最广大劳动者根本利益”的政治承诺，这一论断深刻揭示了无产阶级政党与群众路线的本质关联。由此可见，无产阶级立场就是人民的立场（张太原，2018：16）。而马克思、恩格斯的调查研究无不围绕“无产阶级”的人民群众来展开，从调查研究的目的到调查研究的对象，再到调查研究的结果，无不彰显其鲜明的人民性。因此，田野调查作为一种研究方法逐渐从人类学走到政治学的视野中。田野调查作为研究范式的跨学科迁移，其认识论植根于马克思主义的历史唯物主义传统，强调从社会关系的再生产维度解析政治主体的历史主体性。在方法论层面，它坚持发生学进路，通过对基层治理实践的参与式观察、深度访谈等实证方法，从具体历史情境中解码国家治理的实践逻辑，进而建构中层理论解释框架，而非依赖先验范畴的形而上学思辨。这种知识生产模式实现了从“文本政治学”到“在场政治学”的范式革新，其实质是一种对马克思主义研究方法的延展。以田野调查为研究基础的政治学，也应当是群众路线的政治学，其核心便是调查人民的状况，了解并参与到他们的斗争中（吴冠军，2014：19）。田野作为跨学科研究场域，其本体论定位存在学科视差效应。社会学、人类学侧重社会网络与文化结构的整体性考察，而田野调查作为政治学研究方法，其属性聚焦国家-社会互动关系的微观解剖。通过田野镜像观察制度统一性与地方性知识异质化的治理张力，揭示国家制度同构性与社会生态多样性之间的辩证关系，这种从政治系统论视角解码田野经验的范式创新，赋予田野政治学独特的方法论价值。

田野调查具有天然的基层贴近性，其方法论内核在于实证介入的不可替代性，唯有通过系统性田野作业才能解码日常实践的微观政治图景。这种介入逻辑要求研究者突破书斋式思辨的局限，通过参与式观察实现认知框架的在地化转换，消解研究者与研究对象的主客体对立，建构起基于生活世界互动的解释共同体。在此过程中，关键是通过长期驻守构建信任契约，激活在地知识的阐释潜能，使口述史采集从仪式性访谈升华为文化主体的意义再生产。这种扎根性研究路径本质上是学术版的群众路线方法论，将知识生产的合法性锚定于实践智慧的可验证性。

从方法论自觉到具体实践，山西大学政治学较早就开始了田野调查，1973年山西大学政治系学员去绛县做社会调查，到晋城办《哥达纲领批判》学习班并进行社会调查。这表明山西大学较早具备了调查的意识并付诸实际行动。学科知识体系的生成逻辑根植于本体论层面的元问题追问。任何研究对象均蕴含支配其本质的核心矛盾，对这些问题的持续性追问催生了具有范式意义的经典议题群。中国性问题作为植根本土实践的本体论命题，亟待学界在知识考古学与实证研究的辩证互动中建构自主性的解释范式。这类问题没有现成的答案，也不宜照搬某种现在的理论，只能从中国实际出发，将问题置于中国的特定地域中进行分析（孙乐强，2023：68）。政治学的发展要以问题为导向，政治学研究方法的使用也要以问题为导向，无论是宏观还是微观问题，无论是哪个领域的问题，都要选取最适用的研究方法来提高解决问题的效率，提升问题解决的解释力。政治学不拒斥新技术、新方法，但新技术新方法的使用要以解决问题为标准。在这个意义上，政治学的研究必然走向田野。田野调查作为一种研究路径和方法，从农村社会内部政治的研究起步，从农村的微观场域解剖国家政治的微观形态，并逐渐进入国家政治研究，观察国家和乡村社会的关系。简单说来，田野调查这一研究方法的应用及与经验研究方法的相互渗透和相互融合最终演化为现代政治学研究方法的一定时期的发展趋势。

（二）从田野调查到田野实验

田野实验作为政治科学的可检验范式，实现了在地化观察与控制性干预实验的有机整合。其核心在于通过持续性参与观察获取制度运行的实践逻辑，同时借助准实验设计检验微观行为反应的因果机制。传统政治学研究侧重运用参与式观察解码基层治理的实践逻辑，而行为实验法则把研究对象作为主体体现了以人民性为关怀的中国本土性方法论视角。两者的范式融合催生了复合型研究路径：既保持田野调查的生态效度，又具备实验法的内在效度，这种双重效度优势可以实现宏观制度分析与微观行为解释的有机统一。

问题是研究的起点。新时期的山西大学政治学学科教师非常重视田野调查、田野实验以及农民的主体性建设。田野政治学的兴起源于华中师范大学中国农村研究院以徐勇教授为代表的学术团队长期致力于对中国农村问题的关注，特别是从村民自治问题切入。中国的政治学者拉开了“村治实验”的序幕。在此背景下，山西大学政治与公共管理学院与徐勇教授团队深度合作，共同完成了多次的深度田野调查和田野实验，从最开始的以制度下乡为核心的“黄梅实验”到以组织建设为目标的“岳东实验”，再到以能力建设为中心的“南农实验”。尽管以制度建设、组织建设为中心的田野实验尝试均以“失败”告终，但从田野调查走向田野实验的尝试，可以说是田野政治学在研究方法上的又一次延展。前两次实验“失败”的结果传递出田野实验绝不能是自然科学的简单重复，而应以“人民性”为牵引，以科学实验为路径，将实验对象作为主体融入其中，让他们亲自参与和体验实际过程，才能在实验场景中证实或证伪我们的研究假设。

山西大学政治学研究团队在“南农实验”中，围绕“基层民主效能的主体性生成机制”展开理论-实践互构研究。其核心理论预设是：通过系统性主体性赋权，农民能够突破传统治理依赖路径，实现基层民主的实践效能转化。研究采用准实验设计：选取南方部分村庄作为田野单元，通过治理能力培育模块进行干预实验，运用双重差分模型追踪干预组与对照组的治理效能差异。研究发现，实验组在集体行动效率、制度信任度等维度呈现显著优化，验证了研究假设（李柯柯、马华，2020：157）。

政治学的实验研究方法被描述为回归人民本位，这是因为这种方法将政治学的研究焦点放在了人民身上，强调了人民在政治过程中的角色和影响。通过实验研究方法，政治学者可以更深入地了解人民在不同政治环境下的行为和态度，从而更好地理解和解决政治问题。这种方法的重要性在于它使政治学的研究更加贴近人民的生活和需求，为政治决策提供了更有力的支持和指导。因此，政治学的实验研究方法被认为是回到人民中去，因为它强调了人民在政治学研究中的中心地位和重要性。在实验设计阶段，实验设计需要考虑到人民群众的特点、利益和需求，以确保实验的有效性和合理性。在实验过程中，人民群众可能会作为实验的参与者或受试者，他们的行为和反应将直接影响到实验结果。因此，在田野实验的设计和实施过程中，需要充分尊重和保护人民群众的权益，确保他们的参与是自愿的、知情的。在实验结果分析阶段，需要考虑人民群众的社会文化背景、政治认知和行为偏好等因素。实验结果的解释应该能够充分反映人民群众的真实情况和态度，以便为政治决策和社会治理提供可靠的参考依据。

山西大学政治学学者长期坚持以人民为中心的田野调查、田野实验方法，同时积极探索多种研究方法，不断推进多学科交叉、多主体合作、多技术应用，以应对新技术革命的冲击和城乡发展的需求，建立城乡一体化智能社会治理实验平台。以广东省蕉岭县为“对照组”，山西省平定县为“控制组”，设计智能社会治理实验演化流程与开发关键技术应用，从而实现控制干扰变量和主动干预变量，开展基层网格单元智能化、精细化的社会治理实验、应用社会治理智慧大脑的标准化评估实验、城乡一体化协同治理的智能化解决实验。在此基础上，政治学实验研究方法的未来发展还应更适应时代的需求。首先，学习和优化方法的目标应当是寻求适应本土研究实践问题的思路与途径，坚持问题导向。其次，政治科学研究应以人民为中心，这是其研究的核心导向。坚持人民性，并不意味着否定多样性，而是在深入研究的过程中，探寻和理解多样性的成因。这样的研究有助于我们更好地认识人民政治实践中孕育的规律，从而以人民为关怀推动政治学研究方法的本土化。

四　以本土化为指引推动学科体系、学术体系、话语体系回归价值理性

中国政治学学术话语的系统性重构，本质上是知识生产范式的革命性转型。其核心在于通过术语创新、类型学重构与范式整合，构建具有元理论框架意义的解释体系。这一进程既承载着学术自主性与文化软实力构建的双重诉求，又需直面西方中心主义知识霸权的认识论挑战，最终实现从概念移植到范式输出的方法论跃迁。王绍光指出：“我们所用的概念、基本假设、分析框架、研究方法大都来自西方，甚至我们讨论的热门话题也往往是由西方人提出的。而西方主流政治学则不屑讨论我们提出的问题，更不会运用我们发展的概念、基本假设、分析框架和研究方法。”（王绍光，2010：21）王炳权也认为中国政治学还存在“臣服于自由主义的‘言说’，对原子式个人的假设、市场神话和小政府的信任近乎狂热，不能实事求是

地看待消极自由、选举和法治”等问题（王炳权，2019：22）。中国政治学界正通过多维路径激活在地化学者的知识生产主体性，聚焦本土政治话语的自主建构动能。这一学术转向的实践指向，正如研究使命所昭示的：“探索增进人民政治福祉的治理路径”，其本质是通过制度创新与治理效能优化的双向互动，实现政治文明形态的范式突破（桑玉成、周光俊，2016：10）。

在中国政治学话语的本土优势方面，学者认为构建中国政治学话语体系的呼吁和需求拥有良好的制度环境与实践底蕴。改革开放的政治实践为构建中国特色社会主义政治学知识体系提供了丰富的现实素材，构建中国特色社会主义政治学知识体系的共识正在形成，等等，都是当前中国政治学话语体系生产的良好条件（师喆、许超，2020：58）。从中国实际出发，创造性地研究和建立自己的概念、范畴和命题，摒除将西方政治学理论和方法强行嫁接到中国政治学、用西方的概念和逻辑来“规范”中国政治学的做法也逐渐成为共识（张献生，2019：92）。刘伟认为，中国政治学话语体系的构建，要矫正中国政治学过度务实的品性，以建设性的心态、长远的眼光关注人与政治生活的本质问题，就要在源于西方思想界的反启蒙与反现代观念对启蒙的指摘中站稳脚跟，夯实启蒙的基础（刘伟，2018：172）。而郭忠华等学者则建议，从“话语类型”、“话语过程”和“话语层次”三个相互关联的角度阐明话语分析的主要策略，以此突破中国政治学话语体系构建的现实壁垒（郭忠华、许楠，2020：83）。学术话语的范式革新本质上是三重自觉（价值自觉、批判自觉与战略自觉）的辩证统一。这种复合性突破既包含对传统理论范式的解构性对话，也指向本土经验的概念化跃迁，最终形成理论批判—在地实践—全球传播的闭环创新生态。要突破这种宏观思辨的路径依赖，需启动方法论层面的范式迭代：从治理效能评估、日常政治实践等中观场域切入，在田野政治学的经验积累与制度实验的反馈循环中，重构兼具理论解释力的话语生成机制。

（一）学科上的自主

山西大学政治学科在承继学科历史发展的延续性的同时，主动把握学科发展方向的自主性。该学科长期秉持“立德树人、教研一体、服务社会”发展理念，搭建五个平台，助力学科发展。一是科研创新平台。成立乡村振兴研究院、信访与社会治理研究院、机关事务研究中心、地方外事研究中心和城乡治理研究中心。二是智库服务平台。打造山西首家省校合作智库示范基地，完善涉农智库服务体系。三是社会实践平台。在晋粤豫等地设立研究生实践创新基地、博士后协同创新工作站和基层治理实验基地共49个。四是学术交流平台。打造邓初民讲堂、中国乡村振兴百人论坛、中国农村发展论坛、田野政治学沙龙等。五是虚拟仿真平台。此外，在学科方向布局上，山西大学政治学科设置了政治学理论、中国政治、国际政治、公共政策与政府治理、资源政治与基层治理五个培养方向。

（二）概念上的自觉

转型期的中国治理实践为政治学理论创新提供了巨大的社会实验场景。山西大学政治学研究团队立足中国治理情境，通过经验抽象-概念生产双向建构知识生产的本土分析框架。其在方法论创新方面的探索体现在对乡村能人治村现象进行类型学归纳，提炼非正式权威再生产机制，最终生成兼具解释力的复合概念——新乡贤，该概念从道德教化拓展至现代性冲突调解，使新乡贤成为破解基层治理碎片化问题的关键行动者。这一群体成分广泛、身份多样，主要包括在不同所有制领域工作的经济能人、文化能人等乡村精英。他们继承了传统乡绅的品德与才干，履行了服务乡村、奉献乡村的承诺。相较于传统乡贤，新乡贤在身份构成和作用上存在区别，更加强调对乡村治理的贡献和引领村民共富的内涵。因此，新乡贤的概念是根据中国改革开放和社会主义市场经济发展中农村出现的实际需求，结合传统文化和现代社会治理理念而提出的，它不仅是对传统乡贤文化的传承和发展，也是对新时代乡村治理和发展需求的回应。这种植根田野的学术实践，标志着山西大学在政治学本土化进程中实现了地方性知识向可迁移学术符号的范式转换。

此外，在改革开放初期，西方政治学理论范式的强势嵌入导致学术场域出现认知适配危机——以代议制民主为度量衡切割中国治理实践，造成理论建构与本土经验的认识论断裂。这种范式移植的困境犹如将西医病理学模型强加于中医症候诊疗体系，引发学术研究对实践语境的解释脱嵌，进而诱发双重危机：一方面，理论阐释权的结构性让渡导致学术主体性弱化；另一方面，西方中心主义的价值坐标异化了中国政治发展的历史叙事。在此背景下，本土学术共同体长期陷于“阐释依附”困境：方法论层面偏好验证性研究，知识生产层面缺乏元概念创新。

以奥斯特罗姆夫妇的治理理论为例，其学术价值在于通过发展中国家公共资源治理的实证研究，提出多中心治理的实践路径，即通过赋权乡村自主治理网络，激活内生治理主体的公共事务参与效能。这种治理哲学的核心在于推动治理责任的社群化重构，使基层矛盾在协商共治框架内实现在地化消解，而非依赖外部行政干预的刚性管控。但是山西大学政治学者在研究农村公共产品供给时，通过对 H 市进行调研发现三个“靠煤吃水”的村庄长期陷入饮用水困境，发现在农村公共产品供给中，西方学者提出的多中心治理模式并没有产生应有的治理绩效，相反却由多主体参与供给导致各自应有职能与公共责任难以有效发挥，并且逐渐消解的结果，即出现了“职责消解”的现象。这一现象具体表现为基层政府职能漂移、国有煤炭企业社会责任流失、村两委“代理”偏离和农民沦为“旁观者”的情形，从而表明多中心治理在我国现实场域下所面临的失效危机。

（三）话语上的自为

中国政治学话语体系建构的核心价值在于其对中国问题的解释效能与实践导向性，既要破解西方中心主义的话语霸权，又要为后发国家探索非西式民主化路径提供替代性认知图谱。中国政治学研究的核心功能在于为制度建构与政策创新提供学理支撑与操作框架。在约 40 年的转型中，尽管面临一些问题与结构调适，中国仍呈现经济非均衡增长与社会秩序稳态化并存的发展韧性。这种发展韧性印证了国家治理模式在制度效能与风险管控层面的比较优势，其制度效能源于实践智慧与学术智识的双向建构，既植根于渐进式改革的试错机制，又得益于政治学研究的循证决策支持。这种双向互动推动着发展战略从经验决策向科学治理的范式转型，实现政策工具箱的持续迭代更新。

2023 年，山西大学政治学学者指导的“枫桥式工作法”入选全国典型案例。课题组在广东省梅州市蕉岭县乡村治理实验基地进行的实验对推动“枫桥式工作法”形成发挥了重要作用。“枫桥式工作法”是一种基层治理实践模式，强调通过调解化解矛盾，实现社会和谐稳定，具有典型的中国特色和人民性。实验通过将客家优秀传统文化融入基层矛盾纠纷的解决过程，充分发挥了文化资源的作用。文化是社会生活的重要组成部分，对于塑造人们的行为和价值观具有重要影响。因此，将传统文化与现代法治理念相结合，不仅能够增强人们的法治意识，还能够增强他们对法治的信任和认同，进而更有效地参与基层治理。在基层乡村治理中探索了一种以文化为媒介的矛盾调解方式，体现了“软治理”理念。政治权力不仅仅是可以通过硬性的法律手段来行使，还可以通过软性手段如文化、社会习惯等行使。课题组在这一实验中通过挖掘和利用传统文化，实现了矛盾调解的有效性和普及性，使软治理在基层治理中的作用得以发挥，并且提供了一个具体的实践案例和经验总结。基于实践经验和具体情况，可以得到关于“枫桥式工作法”在实际应用中的效果和问题，从而为政策制定者提供参考和借鉴。这一地区由此实现了从“乱”到“治”及“兴”的华丽蜕变。入选新时代全国“枫桥式工作法”典型案例，并受到党和国家领导人的亲切接见。

新时代以来，中国高校政治学学科建设呈现智库化转型的战略转向，亟须该学科在方法路径、话语体系上能够自为，主动探索适应本土知识生产体系的科学路径。

山西大学政治学学科强化与相关政府部门的合作交流，充分打造协同创新平台，深入开展校地合作，与各签约县（区）共建一批基层社会治理调研基地、社会实验基地、产业示范基地、创业实训基地，将实践教育深入学生培养的各个环节。实验基地由博士生主持、硕士生和部分本科生参与，在实验中发现学术问题、开展学术研究，一些研究生和本科生直接作为村干部的助手参与乡村治理的日常工作，将社会实践与学术探索结合起来，紧紧围绕“做有用的学术”为发展目标，专注研究基层治理中的某一问题，将所学用于实践，加深对中国乡土社会的认识，进而为构建中国政治学自主知识体系、话语体系提供有力支撑。

参考文献

陈军亚，2023，《“经验的自主表达”：概念建构的田野政治学路径》，《社会科学文摘》

第 9 期。

邓初民，1939，《新政治学大纲》，上海：生活书店。

邓小平，1994，《邓小平文选（第二卷）》，人民出版社。

房宁，2021，《政治学为什么需要田野调查》，《华中师范大学学报》（人文社会科学版）第 1 期。

桂运奇，2019，《政治学的中国适应：国民政府初期行政学在北京大学的兴起》，《贵州社会科学》第 8 期。

郭道平，2018，《1921 年前后的中国政治学科建设——以高一涵译〈十九世纪政治思想史〉为线索》，《华南师范大学学报》（社会科学版）第 5 期。

郭忠华、许楠，2020，《政治学话语分析的类型、过程与层级——对建构中国国际话语权的启示》，《探索》第 3 期。

李柯柯、马华，2020，《政治学实验研究方法的缘起及研究方案设计》，《社会科学家》第 12 期。

李强，2016，《实验社会科学：以实验政治学的应用为例》，《清华大学学报》（哲学社会科学版）第 4 期。

刘瀚、洋龙，1999，《50 年来的中国政治学》，《政治学研究》第 4 期。

刘伟，2018，《话语重构与我国政治学研究的转型》，《复旦学报》（社会科学版）第 3 期。

卢春龙，2021，《新政治学学科建设的时代背景与路径选择》，《政治学研究》第 1 期。

《马克思恩格斯文集（第一卷）》，2009，人民出版社。

迈克尔·罗斯金等，2009，《政治科学（第九版）》，林震等译，中国人民大学出版社。

任剑涛、黄璇、陈华文，2022，《中国政治学话语建构的反思与前瞻》，《天府新论》第 3 期。

任勇、朱友伟，2023，《中国式现代化中政治学自主知识体系的建构》，《北京行政学院学报》第 4 期。

桑玉成、周光俊，2016，《从政治学博士论文看我国政治学研究之取向》，《政治学研究》第 4 期。

山西大学纪事编纂委员会编，2002，《山西大学百年纪事：1902—2002》，中华书局。

山西大学校史编纂委员会编，2002b，《山西大学百年校史》，中华书局。

师喆、许超，2020，《试论中国特色社会主义政治学知识体系的建构》，《学习与探索》第 6 期。

孙乐强，2023，《“两个结合”与中国自主知识体系的建构》，《南京社会科学》第 7 期。

王炳权，2019，《政治学话语体系建构的路径分析——基于“反思”的视角》，《社会科学研究》第4期。
王炳权，2023，《新时代中国政治学的发展与前瞻》，《社会科学研究》第1期。
王炳权、杨睿智，2023《新时代中国政治学“三大体系”建设的发展与创新》，《广西师范大学学报》（哲学社会科学版）第1期。
王浦劬，1998，《我国政治学的建设应该着力于三个方面的发展和突破》，《政治学研究》第1期。
王浦劬，2019，《近代中国政治学科的发轫初创及其启示》，《政治学研究》第3期。
王绍光，2010，《祛魅与超越》，中信出版社。
王向民，2008，《学科与学术：中国20世纪30年代政治学的建立》，《政治学研究》第3期。
王中原、郭苏建，2019，《当代中国政治学70年发展：学科建设与学术研究》，《探索与争鸣》第10期。
吴冠军，2014，《“群众路线”的政治学》，《同济大学学报》（社会科学版）第3期。
吴祖鲲、王昆，2016，《思潮变动与学术转型：西方政治学引入与晚清社会》，《深圳大学学报》（人文社会科学版）第4期。
习近平，2016，《在哲学社会科学工作座谈会上的讲话》，http://www.xinhuanet.com/politics/2016-05/18/c_1118891128.htm，最后访问日期：2025年4月10日。
习近平，2016，《在哲学社会科学工作座谈会上的讲话》，《人民日报》5月19日，第2版。
习近平，2017，《习近平谈治国理政》第二卷，外文出版社。
习近平，2020，《论党的宣传思想工作》，中央文献出版社。
行龙，2017，《山大往事》（全文版），商务印书馆。
徐大同，2000，《西方政治思想史》，天津教育出版社。
徐勇，2023，《从田野政治学看中国自主的知识体系建构》，《开放时代》第1期。
徐勇，2023，《世界·实践·田野：中国特色政治学的构建——以华中师范大学120年政治学发展为依据》，《华中师范大学学报》（人文社会科学版）第5期。
亚里士多德，1965，《政治学》，吴寿彭译，商务印书馆。
亚里士多德，1983，《政治学》，商务印书馆。
杨光斌，2018，《作为建制性学科的中国政治学——兼论如何让治理理论起到治理的作用》，《政治学研究》第1期。
杨光斌，2019，《论政治学理论的学科资源——中国政治学汲取了什么、贡献了什么?》，《政治学研究》第1期。
杨光斌，2020，《政治学新走向：历史政治学》，《社会科学文摘》第1期。

杨光斌，2022，《政治学研究的学科化问题》，《开放时代》第 1 期。

杨瑞，2015，《北京大学法科的缘起与流变》，《近代史研究》第 3 期。

杨阳，2019，《历史、现状与未来——中国政治思想史学科发展的百年回顾》，《政治学研究》第 6 期。

俞可平，2019，《当代中国政治学的成就、趋势与挑战》，《天津社会科学》第 1 期。

曾繁正等编译，1998，《西方政治学》，红旗出版社。

张树华，2021，《中国政治学自主自强是大势所趋》，《政治学研究》第 1 期。

张树华、吴波，2022，《新时代中国政治学的展开：理论方向与主要议题》，《中国社会科学院大学学报》第 9 期。

张太原，2018，《“坚持以人民为中心”的思想精髓》，《红旗文稿》第 7 期。

张太原，2023，《彼此契合：马克思主义基本原理同中华优秀传统文化相结合的深厚底蕴》，《求是》第 6 期。

张贤明、张力伟，2023，《互鉴与对话：中国政治学自主知识体系构建的思考》，《四川大学学报》（哲学社会科学版）第 1 期。

张献生，2019，《对构建中国政治学话语体系的思考》，《理论与改革》第 2 期。

赵可金、翟大宇，2019，《新时代的中国政治学学科路径与建设方向》，《清华大学学报》（哲学社会科学版）第 5 期。

完善协商民主体系：结构协同、过程衔接与治理效能*

马雪松　蒋平阳**

摘　要　完善协商民主体系是全面发展协商民主的应有之义，有益于整合分散在不同层次、不同领域的协商渠道，促进各类协商渠道的优势互补与协同配合，更好展现社会主义协商民主的制度优势。要以各类协商渠道为基本载体，在明确各类协商渠道的结构层次与协同要素的基础上，实现协商民主体系在协商渠道、协商形式与协商方式等不同层面的协同，构成完善协商民主体系的基本前提。作为健全全过程人民民主制度体系的重要举措，完善协商民主体系的实质内容在于通过各类协商渠道在决策、执行和监督等环节的衔接，来确保公共权力运行的合法性与合意性。在国家治理现代化的背景下经由完善协商民主体系提升协商民主的治理效能，需要进一步关注协商民主体系与国家治理体系在协商重点与体系发展、渠道特点与运行机制、体系嵌合与善治取向等方面的互动，从而实现国家治理供需关系的动态契合。

关键词　协商民主　完善协商民主体系　结构协同　过程衔接　治理效能

一　引言

协商民主体系是由协商民主的主体、议题、渠道、方式等基本要素构

* 本文为国家社会科学基金重点项目“国家纵向治理体系现代化的战略定位与推进路径研究”（项目编号：21AZZ007）、吉林省社会科学基金项目“中国新型政党制度理论体系研究”（项目编号：2024TZLL2）的阶段性成果。

** 马雪松，吉林大学行政学院院长、教授，吉林大学中国新型政党制度研究院研究员，主要研究方向为政治学理论；蒋平阳，吉林大学行政学院研究生，主要研究方向为中国政府与政治。

成的有机整体，完善协商民主体系是全面发展协商民主的题中应有之义，有益于整合分散在不同层次、不同领域的协商渠道，促进各类协商渠道的优势互补与协同配合，更好展现社会主义协商民主的制度优势。党的十八大以来，我国协商民主的制度化、规范化、程序化水平显著提升，协商民主的渠道形式、覆盖领域和辐射范围得到丰富、拓展，初步形成了广泛多层、程序合理、环节完整的协商民主体系。党的二十届三中全会提出“健全全过程人民民主制度体系”的改革任务，并在“健全协商民主机制”中进一步具体要求“完善协商民主体系，丰富协商方式，健全政党协商、人大协商、政府协商、政协协商、人民团体协商、基层协商以及社会组织协商制度化平台，加强各种协商渠道协同配合”（新华社，2024）。由此可见，完善协商民主体系不仅是新时期实现协商民主内生突破的着力方向，更是推动全过程人民民主纵深发展的关键所在。

完善协商民主体系是对协商民主蕴含的诸多要素进行优化组合和重新配置的过程。各类制度化协商渠道在明确各自定位的基础上，通过体现自身特色优势并加强纵向衔接和横向联动，构成完善协商民主体系的重要内容（郭红军，2024）。但需注意的是，一方面，各类协商渠道在既有权力格局中所处的位置不同，导致其发展程度、特色优势和功能效果也有所不同（谈火生、于晓虹，2017）。另一方面，这些协商渠道在协商民主实践中往往是孤立和分散的，彼此间缺乏协同配合而难以形成合力。因此，必须以系统思维超越孤立或者单一的协商民主经验，实现从分散的协商民主渠道朝向协商民主体系转变（马奔等，2017），构建一个贯穿不同领域不同层级、纵向沟通横向协调的协商民主体系，以便为提升协商民主整体效能以及健全全过程人民民主制度体系提供有力支撑。

协商民主在我国历经了从科学概念的提出到推动其广泛多层制度化发展，再到完善协商民主体系的政策话语进程，反映出党和国家对协商民主的理论认知日益深化。在此背景下，已有研究也关注到了协商民主体系的相关问题，针对协商民主体系的构建思路、基本要素、内在机理等进行了富有启发的探究。研究者通过指出协商民主在全过程人民民主制度体系的各层次均有所体现这一现实，揭示出完善协商民主体系的首要前提在于厘清协商民主体系的结构层次（谷志军、曾林妙，2024），“探索能够容纳多种协商渠道和发挥协商民主合力的协商体系”（韩志明，2018a）。协商民主体系的基本要素为把握协商民主的学理意涵提供了逻辑理路，但若仅在单个治理领域引入协商民主机制，协商民主的整体效能仍然难以提升（张力伟，2023）。因此，需要清晰认识到政协协商与政党协商等各类协商渠道的互动关系（魏晓文、郭一宁，2015），以及政协协商在协商民主体系中的独特作用（钱牧，2022），并以此为基础打通所有层级和领域、构建起完备科学的制度体系，巩固协商民主的合理性与有效性（张贤明，2023a）。

总体而言，已有研究成果主要聚焦完善协商民主体系的理论内涵与实践路径两个方面，或是没有准确廓清各类协商渠道在协商民主体系中的结构定位，或是忽视协商民主体系内在蕴含的全过程意蕴，抑或是未能考虑到协商民主兼具民主与治理的复合特征这一基本点。从国家治理的基本现实来看，协商民主体系嵌入我国国家治理的结构与过程之中，因而完善协商民主体系需要综合协商民主的结构层次、过程意义及治理取向。有鉴于此，本文在剖析协商民主体系中各类协商渠道的结构定位和运行过程的基础上，就增强协商民主体系的治理效能提出有效思路，希冀通过协商民主体系的结构协同、过程衔接与效能提升，推动协商民主体系的完善。

二　实现结构协同：完善协商民主体系的基本前提

我国的协商民主体系尽管是由协商主体、客体、渠道、过程等基本要素构成的有机系统，但协商民主的制度化和体系化都是围绕着各类协商渠道进行的（程香丽，2023），各类协商渠道在国家治理体系中的位置与功能对于完善协商民主体系能够产生至关重要的影响。也就是说，完善协商民主体系首先需要明确各类协商渠道的结构层次与协同要素，进而探讨何以实现协商民主体系的结构协同。具体而言，这就需要在凸显政党协商的引领功能和人民团体协商、社会组织协商的支撑功能，着力发挥政协协商的“中枢”和平台作用，以及在促进人大协商、政府协商、基层协商立体贯通的基础上，结合各类协商渠道在主体维度的责任要素、过程维度的权力（权利）要素与结果维度的治理要素等协同要素，推动协商民主体系在协商渠道、协商形式和协商方式等不同层面的协同配合。

（一）协商民主体系的结构层次

如果说国家治理体系是由不同治理主体及其互动关系构成的，那么协商民主体系则是由不同治理主体所构建的协商渠道及其互动关系构成的。不同治理主体依托自身资源和优势形成制度化、规范化、程序化的协商渠道，既是确保协商民主贯穿国家治理各环节各领域的必要举措，也是协商民主得以影响政策议程并持续产出治理绩效的原因所在。相应地，完善协商民主体系的基本目标就是使各类协商渠道的关系由结构复杂性转变为结构层次性（谷志军、曾林妙，2024）。

其一，从各类协商渠道的制度供给和发展态势来看，政党协商及人民团体协商、社会组织协商在协商民主体系中分别具有引领和支撑的基本功能。从中国共产党领导中国人民进行革命的实践经验中形成并延续下来的党政体制，以及中国共产党同各民主党派、无党派人士合作共事的历史传统，决定了以中国共产党和各民主党派、无党派人士为参与主体的政党协商在协商民主体系中居于核心地位并发挥着引领功能。而随着中国式现代化建设迈向深化，本就深度嵌入国家治理体系的人民团体和代表着新兴社会力量的社会组织在协商民主体系中的支撑功能同样不容忽视。

一方面，政党协商主要指中国共产党同各民主党派、无党派人士就党和国家重大方针政策和重要事务直接开展的协商（《中国共产党政治协商工作条例》，2022），其具有规划方向、定基调的深远意义。政党协商的核心地位和引领功能首先源于“一种中国共产党全面领导、政党国家互嵌”的政党中心治理模式（郭定平，2022），这也是协商民主体系的底层逻辑。其次，政党协商是在顶层决策正式纳入国家法定程序前或实施之中的协商。中国共产党在贯彻执政方略和制定重大政策前同各民主党派、无党派人士展开协商，已成为民主党派参政议政、促进科学民主决策和提高中国共产党执政能力的必要途径。最后，政党协商涉及党和国家重要文件和法律法规的制定修改、经济社会发展和多党合作参政议政重大问题以及领导干部人选建议等内容，体现出与国家治理的根本性议题深度关联的特点。由此表明，政党协商作为协商民主体系的前置性环节，其协商成效将会对其他协商渠道的主体、议题、过程乃至结果产生深刻影响。

另一方面，人民团体协商与社会组织协商是人民团体和社会组织就所联系人民群众切身利益相关的问题开展的协商，其具有见微知著、汇聚民意的重要意义。现代国家建设的关键在于处理好国家与社会的关系（燕继荣，2013），而如果说人民团体协商在国家与社会之间更接近国家一端，那么社会组织协商则更贴近社会。尽管人民团体协商这一概念在党的十八大以后才被正式提出，并且理论界就人民团体的内涵外延仍未达成共识（布成良，2014），但人民团体的产生和发展及其协商实践与政党协商同样由来已久。比如，在中国人民政治协商会议第一届全体会议上就有工会、妇联、青联、学联等16个人民团体的身影（秦立海，2008）。作为兼具政治性和代表性的组织，人民团体既有完整的各级建制，也有较为广泛的社会基础，这意味着人民团体协商具有反映社会诉求和高效凝聚共识的天然优势。社会组织作为在改革开放以后才逐步兴起的力量，与人民团体都旨在代表所联系的人民群众“发声”，不同点则是社会组织协商的类型涵盖公共议题和组织内部议题，并且可以不同程度地参与到其他协商渠道之中，由此成为协商民主体系的有机组成部分（谈火生、于晓虹，2016）。

其二，从各类协商渠道的制度建设和基本功能来看，政协协商在协商民主体系中发挥着“中枢”与平台的作用。作为我国形成最早、成熟度最高的协商渠道之一，政协协商是“在中国共产党领导下，参加人民政协的各党派团体、各族各界人士履行政治协商、民主监督、参政议政职能，围绕改革发展稳定重大问题和涉及群众切身利益的实际问题，在决策之前和决策实施之中广泛协商、凝聚共识的重要民主形式”（《关于加强人民政协协商民主建设的实施意见》，2015）。人民政协是社会主义协商民主的重要渠道和专门协商机构，其既蕴含国家制度建设所要求的动员及整合、汲取及分配、协调及巩固的功能取向，也在履行职能中始终聚力于发挥协商民主作用，将政治协商纳入国家治理决策过程（马雪松，2020）。以人民政协为基本载体的政协协商具有丰富的经验积累和深厚的制度基础。

一方面，政协协商能够串联起一般属于前决策过程的政党协商和政策过程中具有法定决策约束力的人大协商、政府协商（钱牧，2022）。政协协商以人民政协的组织网络和协商机制为凭借，既嵌入在国家纵向治理体系当中，又在横向联结了国家治理的不同领域，助力完善纵向多层级贯通与横向各领域覆盖的协商民主体系，发挥着协商整合、协商交互与协商范式的作用（侯东德、郑银，2019）。“政协协商需要通过与其他子系统的制度化衔接将自身制度优势转化为实践中的治理效能，各子系统也需要政协协商作为制度性的渠道广泛凝聚共识，突破和减缓跨系统协作间的壁垒与摩擦。”（韩莹莹、廖嘉豪，2024）

另一方面，人民政协为中国共产党、民主党派、无党派人士、人民团体、少数民族和各界代表参与和开展协商提供了稳定空间，因而政协协商在各类协商渠道中具有独特的平台优势。界别是人民政协运作的基本单元，也是政协协商区别于其他协商渠道的显著特征。除中国共产党、民主党派、无党派人士和人民团体外，人民政协现有 34 个界别还涵盖了文艺、科技、社科、经济、农业、教育等各行业各领域。人民政协根据经济社会的运行情况调整和优化界别设置，并以界别为单位组织开展多样的协商活动，为社会各阶层协商议事和利益表达提供了制度化平台（马雪松、陈虎，2022）。在此意义上，政协协商既支撑着协商民主体系的完整结构，又促进了体系内部各类协商渠道和多方主体的连接、互动与协同，为民主程序的运转提供了必要的机制和场域。

其三，从各类协商渠道的制度属性和责任主体来看，人大协商、政府协商以及基层协商分别构成了协商民主体系的主干与基底。人大和政府分别是法定的国家权力机关和行政机关，经由人大协商和政府协商所取得的协商成果更易于被纳入正式的政策议程之中，由此彰显出人大协商和政府协商在协商民主体系中的主干地位。此外，“涉及人民群众利益的大量决策和工作，主要发生在基层”（习近平，2014），所以基层协商针对的是人民群众的“急难愁盼”。这些情况或问题如果没有得到妥善处理和及时解决，可能会转化为普遍性的社会问题，从而增加其他协商渠道的负荷，因而基层协商构成协商民主体系稳定运转的基底。

一方面，人大协商和政府协商的主干地位可从协商主体、内容和成果三个方面考察。就人大协商而言，其协商主体主要是各级人大机构、人大代表、政协委员以及利益相关方（李蕊，2018），协商内容则主要“围绕人大在行使立法权、决定权、监督权和人事任免权中的若干重大问题展开”（张贤明，2024），协商成果往往反映在国家重大事项决定、法律法规制定、人事任免和监督“一府一委两院”工作等方面。就政府协商而言，在政府治理的过程中开展协商本就是转变政府职能、增强决策透明度和公众参与度的内在要求。政府协商的主体涵括政府决策可能影响到的人大代表、政协委员、民主党派、专家学者、人民团体、社会组织、社会公众等。政府协商的内容也因我国政府长期扮演的“全能政府”角色而与经济发展、社会服务、民生建设等息息相关（孙德海，2018），其成果直接影响人民群众对政府的信任水平和满意程度。

另一方面，基层协商之所以构成协商民主体系的基底，在于基层协商的发展保障了协商民主体系从国家层面到基层治理的政治延续性（张贤明，2023b）。基层协商中的基层同时指代作为基层政权组织的乡镇（街道）、作为自治组织的村委会（居委会）以及基层党组织，体现群众性、有序性、自治性和参与性的民主属性并对基层民主建设形成综合效应（林尚立，2007）。相较其他协商渠道而言，基层协商尤为关注本地区民众的切身利益、实际困难、矛盾纠纷等具体务实的议题，强调个体间通过平等、理性的对话、沟通或讨论，真正践行民主参与、保障民主权利、实现公共利益，由此筑牢国家与社会关系的和谐根基。

（二）协商民主体系的协同要素

综观对协商民主体系结构层次的分析，各类协商渠道呈现“引领与支撑、中枢与平台、主干与基底”的关系结构。这既明晰了完善协商民主体系的着力点，也揭示出各类协商渠道在行动能力、资源禀赋、治理绩效等的要素依赖性。从协同的内涵意蕴来看，实现协商民主体系的结构协同需要通过识别各类协商渠道的协同要素并促进要素间的交互耦合，进而达致整体效应的最优化。结合各类协商渠道的结构定位和完善协商民主体系的内在要求，协商民主体系的协同要素可主要分解为主体维度的责任要素、过程维度的权力（权利）要素以及结果维度的治理要素。

其一，责任是规范与协调不同主体、实现公共生活和谐有序的支撑（张贤明，2020），同时也是完善协商民主体系的主体要素。责任主体既构成各类协商渠道的生成渊源，也作为各类协商渠道的界分标准，各类协商渠道的发展和配合离不开相应主体的责任驱动与落实。从协商系统的角度看，各类协商渠道属于由各责任主体分工负责的议题性协商民主系统的范畴，由此形成了囊括议题提出、商议、决策和成果落实的闭环（程香丽，2023）。政党、人大、政府、政协、人民团体、基层及社会组织等责任主体依据自身在国家治理体系中的角色定位和职责配置，不仅全面负责对应协商渠道的建设，也主动合理地规定各类协商渠道的议题、主体、方式乃至成果运用的范围和效度，体现责任驱动的基本特征。此外，责任的落实是各类协商渠道生成实效的必要机制，国家治理的问责、究责、督责压力与协商民主的广泛、真实、管用属性双向互动，促进了协商机制深度融入各类主体的履职和行为过程。责任建构了各类协商渠道协同的“榫卯结构”，以责任为牵引奠定了各类协商渠道协同配合的基础。

其二，各类协商渠道参照权力（权利）的运转逻辑而呈现特定分野，权力（权利）也因此构成完善协商民主体系的过程要素。健全的民主“既要考虑个人的自由发展，同时也要考虑人民整体利益，并最大限度地平衡这两者之间的关系”（林尚立，2016）。协商民主作为实践全过程人民民主的重要形式，同样蕴含着权力行使和权利保障这两重面向。在中国政治生活中，中国共产党、人大、政府分别是执政党、国家权力机关、国家行政机关，相应形成的政党协商、人大协商、政府协商等协商渠道也就主要遵循着保障公共权力有序运转的底层逻辑；政协、人民团体、社会组织乃至基层等大多不作为事实上的权力主体参与国家治理，相应形成的政协协商、人民团体协商、社会组织协商和基层协商更加突出拓宽民主参与、保障民主权利、实现人民利益的运转逻辑。所谓的各类协商渠道参照权力（权利）的运转逻辑，并不表明二者是非此即彼的关系，而意在说明权力（权利）的要素以不同比例组合，贯穿了各类协商渠道的运行过程。概言之，政党协商等更多凸显权力要素的协商渠道同样也体现了对人民当家作主权利的确认，政协协商等协商渠道在尊重民主权利的基础上，也有助于规范公共权利行使，这正是权力（权利）要素足以构成协商民主体系过程性协同要素的原因所在。

其三，国家治理现代化作为完善协商民主体系的时代背景，锚定了协商民主的治理取向，强调协商成果转化为治理效能来促进各类协商渠道的系统集成。协商民主寓于国家治理的宏阔脉络中，形成了“以协商和对话的程序和形式达成共识或协调分歧，以实现国家和公共治理利益目标的特定政治机制”（王浦劬，2013），即协商治理。协商治理兼具过程性和真实性的特征，能够有效整合经由不同协商渠道所达成的协商成果。一方面，各类协商渠道依据协商议题把整体性的国家治理事务化整为零，分散成不同层次或不同领域的具体协商事项，有效缓解了民主与规模的内在张力。另一方面，各类协商渠道借助责任主体间的关系结构和嵌入国家治理体系中的协商治理机制将分散性的协商成果集零为整，综合成整体性的人民意愿，保证了党的主张、国家意志、人民意愿相统一（中华人民共和国国务院新闻办公室，2021）。中国共产党同各民主党派、无党派人士开展政党协商所形成的共识性成果，以及超出基层协商范围而又关乎国家经济社会发展的重大问题，可在政协协商中得到来自人民团体、社会组织等社会各界的政协委员的深度讨论，进而依据职权配置和角色分工交由人大和政府形成法律法规、政策意见或实施方案，在此过程中又历经多轮人大协商或政府协商流程，最终为协商成果的一体落实和创新扩散凝聚了广泛的智慧和力量。

（三）协商民主体系的结构协同

作为一个由不同层次和不同方面组成的有机系统，协商渠道、协商形式和协商方式代表了对协商民主体系程度各异的诠释。各类协商渠道作为协商民主体系的“子系统”，体现了协商什么、同谁协商、怎样协商的完整逻辑，而协商形式和协商方式则有助于从更中观和具象的层面把握协商民主体系的纵深。因此，实现协商民主体系的结构协同既要着眼关键性协商渠道的协同联动，也要进一步深化协商形式的统筹协作和协商方式的综合运用。

其一，协商民主体系的结构协同需要促进七大制度化协商渠道的协同联动。各类协商渠道嵌入我国治理体系的各层次各环节，构成了一幅协商民主广泛多层制度化发展的生动图景，但也导致了协商民主效能的碎片化和分割化。对此，需要通过夯实各类协商渠道的协同基础和依靠关键协商渠道的示范带动等举措来提升协商民主的整体效能。一方面，明确各类协商渠道的主体责任、目标设定、基本原则、评价指标，以具体协商内容为主线推动人大代表、政协委员、专家学者、人民群众等多元主体联动协商，同时利用数字技术搭建网络协商空间和信息共享机制，实现各类协商渠道的线上线下融合、信息无缝交换和资源深度共享，从而打破各类协商渠道的制度隔阂。另一方面，政协协商与政党协商、基层协商的协同联动有助于协商民主体系的纵向多层一体化，对各类协商渠道的协同产生示范性带动效应。政协协商与政党协商同属于政治协商，二者的协同联动既表现为执政党的主张在民主党派和社会各界代表中得到充分商讨，也在于政协协商有效弥补了政党协商在基层的发展不足。政协协商与基层协商的并行发展则将协商民主由社会精英的理性对话扩大至人民群众的权利确认，“形成了从‘庙堂’到‘草根’的互补格局”（韩志明，2018b）。

其二，协商民主体系的结构协同需要深化政治、立法、行政、民主、社会、基层等协商形式的统筹协作。形式本指事物的外在表现和个别特征，协商形式则是介于协商渠道和协商方式之间，对协商的领域外延和内涵特征的概括，涵盖政治协商、立法协商、行政协商、民主协商、社会协商、基层协商等多种协商（习近平，2014）。相较以责任主体为标识的各类协商渠道，协商形式更多体现国家治理领域的板块构造。一方面，协商形式的概念彰显了各类协商渠道的议题范围和主要特色，有助于厘清协商民主体系的复杂脉络。比如，政治协商包括政党协商和政协协商，立法协商、行政协商分别是人大和政府履职过程中的主要协商形式，民主协商、社会协商、基层协商则偏重协商民主的不同场域。另一方面，深化各种协商形式的统筹协作旨在推动协商民主向国家治理各板块贯通延伸。从政治协商至基层协商恰好构成连贯的协商链条，使顶层决策和社情民意依托这一链条得以实现双向互动与有机结合，并最终反映到各级政府的治理行为中。此外，从协商形式的角度把脉协商民主体系可能会窄化各类协商渠道的内涵，因此各种协商形式的统筹协作必须始终建立在各类协商渠道协同联动的前提下。

其三，协商民主体系的结构协同需要深化协商方式的综合运用。协商方式是在实际协商过程中所运用的具体方法，成为协商渠道协同联动和协商形式统筹协作的有力支撑，对于协商民主体系的结构协同具有基础性意义。“全面发展协商民主，要健全提案、调研、考察、会议、论证、听证、公示、评估、咨询、网络、民意调查、民主监督等方式，结合实际搭建对话交流、恳谈沟通平台。”（习近平，2024）不同协商方式具有相应的适用场景和比较优势，综合运用和持续拓展协商方式是提高协商民主质量的重要保障。一方面，持续拓展和创新协商方式需要立足实际情形，提高协商方式与协商渠道、协商形式的匹配度和契合性。举例而言，作为制度化、规范化程度较高的协商渠道，政协协商的协商方式主要有会议、提案、视察等，而基层协商则倾向于结合已有协商方式与区域治理实践，探索诸如社区评议点、网格协商等更具创新性和灵活性的协商方式（《基层协商民主典型案例选编》，2015）。另一方面，针对特定协商议题往往需要综合运用多元协商方式来提高协商民主的质量和效果。比如，在“十四五”规划的起草过程中，党中央多次召开座谈会听取各方面意见和建议，同时结合调研、提案、网络等协商方式集思广益，最终形成了体现各方面共识、覆盖各方面利益的“十四五”规划建议稿（中华人民共和国国务院新闻办公室，2021；林尚立，2007）。

三　促进过程衔接：完善协商民主体系的实质内容

作为践行全过程人民民主的重要民主形式，过程性是协商民主制度安排和实践活动的核心特性（韩志明，2023）。对此可从两个方面予以理解：一是协商民主本身的过程，具体包含选择议题、进行协商、达成共识、成果运用及反馈等；二是协商民主贯穿我国政治生活全过程，即选举、决策、管理和监督中均蕴藏着协商的身影（陈家刚，2022）。前者要求实现协商民主体系的结构协同，后者则指向如何把分散在孤立的国家治理环节中的协商渠道有效衔接起来，即通过完善协商民主体系来确保选举、决策、管理和监督等民主程序中公共权力运行的合法性与合意性。而从国家治理中看，公共权力“是基于决策、执行、监督的管理过程的分权”（陈国权、皇甫鑫，2021），由此体现的是各类协商渠道在决策、执行和监督等环节的衔接。

（一）协商民主体系在决策环节的衔接

决策指决策者按照特定规则“选择一个可供贯彻实行的方案的过程”

（波格丹诺，2011）。国家治理中的决策往往同社会动员与政治整合、资源汲取与利益分配、关系协调与国家巩固等现代国家的基本功能建设息息相关（马雪松，2014），因而提高决策的质量和成效是国家治理现代化的必然要求。当代中国形成了以中国共产党为领导核心的决策体制，并随着经济社会的发展持续推进决策的民主化、科学化和法治化变革（周光辉，2011）。从这个意义上讲，在国家治理的决策环节纳入协商民主机制，既是决策体制现代化转型的需要，也是科学民主依法决策的体现。决策的过程和成果是衡量决策质量的两个重要维度，促进各类协商渠道在决策环节衔接具有确保决策过程的公开性、民主性，以及提升决策成果的合法性、科学性的积极意义。

其一，协商民主体系在决策环节的衔接意为各类协商渠道依据结构层次和决策影响，针对某一决策事项开展递进式协商的过程。各类协商渠道分布于纵横交错的治理网络中，具有主体叠加和议题交叉的特征。因此，各类协商渠道在决策环节的衔接既意味着自中央至地方的同一协商渠道在决策环节形成的协商成果是循序渐进、不断凝练和越发清晰的，同时也表现为横向层面各类协商渠道在决策环节形成的协商成果是渐次铺开、圈层拓展和持续覆盖的。比如，自中央至地方各级党委围绕经济工作开展的政党协商或者省级层面围绕经济工作开展的政党协商、政府协商、人大协商和政协协商，使国家经济决策得以接收来自四面八方的意见建议，为提高经济决策的精准性和降低经济决策风险提供了有力保障。其二，各类协商渠道因在目标导向上的区别而对决策环节产生差异化影响。人大协商、政府协商和基层协商属于以结果为导向的决策型协商渠道，协商成果以具有法定效力或体现多数人意志的法律法规、政策文本、实施方案为载体。政党协商、政协协商、社会组织协商和人民团体协商可视作以过程为导向的咨询型协商渠道，“只是通过扩展交流范围的方式为党、人大和政府的决策提供咨询性的意见和建议”（宋雄伟、陈若凡，2023）。其三，各类协商渠道在决策环节的衔接具体包括责任主体、参与主体和非官方半官方与官方决策者这三种衔接形式（程香丽，2023）。比如，各级政府作为政府协商的责任主体也参与到人大协商、政协协商中，政协委员可以同时作为政协协商、人大协商、政府协商和基层协商的参与主体，以及基层协商中村委会

（居委会）等群众性自治组织与基层政权机关有着密切联系。

（二）协商民主体系在执行环节的衔接

执行是对决策的落实，实现科学民主依法决策需要提高政策执行环节的民主性和有效性。从功能性分权的角度看，“同一主体在不同的权力环节所行使的权力类型可能是不同的，或决策，或执行，或监督，呈现权力的抽象性、嵌套性、相对性等特征”（陈国权、皇甫鑫，2021）。国家治理过程中的执行权由此体现为三重逻辑：一是同一层级贯彻党委决策部署和作为人民代表大会执行机关的人民政府；二是纵向层面执行上级党政机关决策部署的下级党政机关；三是各级党委或政府内部承担政策执行职责的部门或机构。三重逻辑表明，执行主体既执行同级党委、人大和上级党政机关的决策或决定，也负责推动其由外向内和自上而下传导，并在此过程中通过政党协商、人大协商、政府协商等协商渠道，确保执行环节的环环相扣、逐渐清晰和走深走实。

其一，协商民主体系在执行环节的衔接存在决策部署的执行衔接和协商成果的执行衔接两项内容。决策部署的执行衔接通过政党协商、人大协商、政府协商、政协协商等层级制的协商渠道关注地方对上级乃至中央大政方针的贯彻落实情况。协商成果的执行衔接则聚焦某一协商渠道的协商成果是否得到实质应用。人大代表、政协委员、专家学者、人民群众等主体经由各类协商渠道得以全链条、全过程、全覆盖地参与政策执行环节。其二，各类协商渠道在执行环节的衔接增强了政策过程的回应性。在社会需求转变和政策挑战频现的背景下，中国政策过程的特征在于决策环节被删减而执行环节充满权衡与协商，协商机制的引入在改进政策议程的同时，也缓和了执行过程中的利益冲突，降低了执行成本和潜在损失，保障了执行环节的稳定性（薛澜、赵静，2017）。其三，促进各类协商渠道在执行环节的衔接需要增强执行者的责任意识和各类协商渠道的协调配合。随着制度环境日趋稳定化和常态化，决策执行者的主观认知与各类协商渠道的协调配合程度成为影响决策执行成效的重要因素。为此，不仅要通过完善协商议事规则和工作规范明确执行者在执行环节负有的参与协商和回应协商的责任，也应立足各类协商渠道责任主体叠加的特点，聚合各类协商渠道

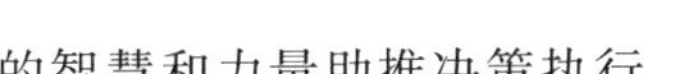
的智慧和力量助推决策执行。

（三）协商民主体系在监督环节的衔接

监督是决策与执行环节高效运转的根本保证，是以规范权力运行和维护民主权利为价值基准而构建的党和国家监督体系，涵括了党内监督、人大监督、民主监督、行政监督、监察监督、司法监督、群众监督、舆论监督等监督形式，实现了监督层级的纵向延伸和监督领域的横向覆盖。不难看出，党委、人大、政府、政协等监督主体同样也是各类协商渠道的责任主体，主体属性的复合性不仅使各类协商渠道融入监督环节成为可能，而且为协商民主体系在监督环节的衔接设定了必要条件。

其一，协商民主体系在监督环节的衔接具有监督形式与协商渠道的衔接以及各类协商渠道在监督环节的衔接两重内涵。一方面，多元治理主体以监督者和协商者的复合角色参与国家治理的过程之中，各类协商渠道在此意义上可被理解为监督体系的重要一环。举例而言，人民政协既是政协协商的责任主体，也通过提出批评、意见和建议的方式监督改进政策执行过程和提升政策执行质量，将协商式监督作为人民政协民主监督的性质概括，体现了人民政协促进民主监督与协商治理融会贯通的典型意义（马雪松、冯源，2024）。另一方面，各类协商渠道在监督环节的衔接具有健全党统一领导、全面覆盖、权威高效的监督体系的意涵，契合深化党和国家监督体系改革的战略方向。各类协商渠道在监督环节的衔接的前提在于协商民主体系的“引领与支撑、中枢与平台、主干与基底”关系结构，也就是说政党协商在各类协商渠道中发挥引领作用对应了党内监督在监督体系中的主导地位。此外，各类协商渠道组成的纵横交织网络突出了监督过程的环环相扣与持续施压的特征，确保监督效能由区块监督向全景监督、由节点监督向域面监督、由单一领域向多维空间扩散。其二，促进各类协商渠道在监督环节的衔接需要在辨析协商民主和权力监督特性的同时，增进协商渠道与监督形式的融合协调。尽管协商民主体现的平等沟通原则与权力监督蕴含的强制问责要求可能难以相容，但二者在过程维度的融合协调具有均衡问责与容错的内在张力、打破监督过程的“黑箱”以及促进协商民主体系嵌入国家治理体系等多重价值。

四 提升治理效能：完善协商民主体系的现实旨归

协商民主致力于通过人民内部各个方面平等、有序、真诚的协商来努力凝聚共识，并为解决现实问题提供具体可行的方案或思路，其根本目的是实现协商民主制度优势向国家治理效能的转化。真实管用是协商民主的内在规定性，协商民主本身的治理供给与人民群众的治理需求能否相匹配则成为衡量治理效能的关键指标。在这个意义上考察完善协商民主体系与提升协商民主治理效能的联系，既要关注协商民主本身的协商重点与体系发展、渠道特点与运行机制，还要突出协商民主的善治取向，从而达致国家治理供需关系的动态契合，以完善协商民主体系提升协商民主的整体效能。

首先，坚持围绕党和国家中心工作开展协商，推动协商民主体系集成发展。协商民主体系的集成发展旨在通过一体性统筹设计、整体性协调排布、集成性创新优化，使各类协商渠道能够独立且协同地运转，从而明确协商什么是推动协商民主体系集成发展的关键节点。作为相对于科层组织日常工作而言的政治任务，中心工作具有高度的回应性、重要性和压力性要求（杨华、袁松，2018），形构了各级党政领导干部的注意力配置和各类协商渠道的议题聚焦点。社会主义协商民主的议题主要包括改革发展稳定重大问题和涉及群众利益的实际问题，这两大板块的问题一般属于党和国家中心工作的主要来源。由此而言，党和国家中心工作不仅设定了各类协商渠道的协商议程，而且构成协商民主体系集成发展的动力牵引。

其一，合理认识各类制度化协商渠道在协商民主体系集成发展中的功能定位。推动协商民主体系集成发展的基本前提在于合理认识不同协商渠道的差异化功能作用，从而在辨别和把握不同协商渠道特性的基础上发挥其比较优势。其二，兼顾协商议题立体贯通和治理结构域面分化的现实，通过层层协商、递进协商、叠加协商等工作形式，围绕党和国家中心工作开展民主协商程序。超大规模单一制国家的基本国情决定了协商民主的规模约束，党和国家中心工作必须沿着纵横交错的治理结构逐步分解。以不同层级或不同领域中的协商渠道为载体，进行自下而上的层层协商、自上而下的递进协商以及双向交互的叠加协商，有助于整合相关协商成果，形成覆盖不同单位的总体性治理方案或思路。其三，理顺顶层设计与分层对接的关系，促进纵向不同层面和横向各个类别协商渠道的一体集成。围绕党和国家中心工作开展协商蕴含着政治动员的内在属性，可能导致对区域性诉求和离散化民意的忽视。分布在各个治理场域和面向不同治理对象的协商渠道在遵循协商议题的整体性设计和原则性要求的同时，需要依托治理主体的互相参与过程、协商主体的复合性角色以及协商民主的属地责任机制，实现信息共享、过程互嵌、成果对接。

其次，紧密结合各类制度化协商渠道的特点，着力健全协商民主运行机制。协商民主的运行机制是协商民主治理效能转化的重要媒介，具体包含制订协商计划、明确协商内容、确定协商人员、开展协商活动以及协商成果落实机制等。从各类协商渠道的结构层次和过程意义来看，健全协商民主运行机制既要紧密结合各类制度化协商渠道的特点和实际，也要加强运行机制的统筹规划，做到目标一致、形成合力。

其一，针对不同协商渠道分类施策加强制度规范建设。各类协商渠道应根据不同层级的位置来发挥自身的功能，通过靶向化施策，分类形成制度规范和工作规则，塑造国家、地方与基层各层面各环节协商民主机制相互贯通、彼此联系的关系。其二，发挥政协协商在协商民主体系中接上续下、承先启后的作用，以政协协商的机制创新带动其他各类协商渠道的连贯运行。政协协商以人民政协作为专门协商机构为运行载体，其制度规则和运行机制相较其他协商渠道而言更加规范和成熟，同时以严密的组织体系和广泛的代表性具有联结政党协商、基层协商等各类协商渠道的独特优势。继续健全和完善政协协商的运行机制，并且将政协协商的成熟做法和有效经验及时推广应用至其他协商渠道，有助于降低制度创新成本、促进各类协商渠道整合、提升协商民主体系运行质量。其三，完善协商成果的落实机制是健全协商民主运行机制的关键维度。协商成果落实机制是在深度协商互动的基础上达成共识后，运用回访、考察、调研、座谈等方式对协商成果的办理落实情况进行跟踪问效，从而抓好协商的“后半篇”文章。完善协商成果的落实机制，不仅要侧重协商过程的成果追踪转化，即确保在决策之前和决策实施之中的协商成果能够及时反映到执行过程中，而且要注重监督环节中协商成果的采纳、反馈和落实。

最后，促进协商民主体系与国家治理体系的嵌合，持续彰显协商民主善治取向。作为一整套紧密相连、相互协调的国家制度，国家治理体系不但构成了完善协商民主体系的行为背景（马雪松、刘乃源，2012），而且确立了促进协商民主体系与国家治理体系嵌合的发展方向。协商民主是一个开放而动态的社会过程，包含了多元化的主体、连贯性的过程、规范化的程序以及可能产生的结果等多个方面（韩志明，2018b），其应以善治取向来构建国家内部以及国家与社会高质量的交往互动关系。协商民主体系与国家治理体系的嵌合不是简单地在国家治理过程中引入协商机制，而是在此基础上生成一种以中国共产党领导下的国家治理为体而以协商民主为用的协商治理模式，促成国家与社会、政府与公民对公共生活的合作治理，最终实现人民民主过程之维和国家治理结果之维的和谐统一。

一方面，保持同国家治理实践的同频共振是协商民主体系创新发展的重要基础。决策、执行与监督等国家治理环节既对各类协商渠道的过程衔接提出要求，也是协商民主转化为治理效能的中介，协商成果只有经由完整的治理环节才能得到落实，并得到治理实践的客观检验和人民群众的主观认同。例如，十二届全国政协开始召开的双周协商座谈会在继承已有工作形式的基础上，结合党和国家关于协商民主的时代要求加以创新，融专题协商、对口协商、界别协商、提案办理协商等协商方式于一体，通过政协主席主持会议、政府职能部门参与讨论以及会议专报等过程设计（谈火生，2017），促进协商渠道与决策、执行、监督等环节的有效衔接，既提升了政协协商的权威性和规范性，还带动了其他各类协商渠道的创新发展。另一方面，以基层政权和城乡社区为载体的基层协商是协商民主治理效能的重要源泉。基层是协商民主最为活跃的空间，很多共性与个性的社会问题均发端于基层治理，并往往通过协商取得利益共识来实现有效治理。处理和解决基层社会问题的过程同时也是包括基层协商在内的各类协商渠道和以基层治理为基础的国家治理体系不断适配的过程。各类协商渠道借助主体嵌入、组织下沉、联合行动等机制创新向基层延伸，对于发挥协商民主的治理效能、促进协商民主体系与国家治理体系互嵌具有重要意义。

参考文献

布成良，2014，《论人民团体在我国协商民主中的属性和内容》，《中共天津市委党校学报》第6期。

陈国权、皇甫鑫，2021，《功能性分权与中国特色国家治理体系》，《社会学研究》第4期。

陈家刚，2022，《协商民主与全过程人民民主的实践路径》，《中州学刊》第12期。

程香丽，2023，《西方协商系统与中国协商民主体系：系统分析框架下的比较及启示》，《比较政治学研究》第1期。

谷志军、曾林妙，2024，《全过程人民民主制度的体系化建构：一个结构层次视角》，《深圳社会科学》第6期。

《关于加强人民政协协商民主建设的实施意见》，2015，人民出版社。

郭定平，2022，《国家治理现代化的政党逻辑：比较的视野》，复旦大学出版社。

郭红军，2024，《社会主义协商民主及其体系构建探论》，《理论学刊》第3期。

韩莹莹、廖嘉豪，2024，《政协协商制度化：演进历程、结构功能与动力机制》，《公共治理研究》第5期。

韩志明，2018a，《基层协商民主的过程性叙事及其反思》，《河南社会科学》第6期。

韩志明，2018b，《理性对话与权利博弈：政协协商与基层协商的比较分析》，《探索》第5期。

韩志明，2023，《过程即是意义——协商民主的过程阐释及其治理价值》，《南京社会科学》第12期。

侯东德、郑银，2019，《人民政协在社会主义协商民主体系中的地位与作用》，《中共中央党校（国家行政学院）学报》第2期。

《基层协商民主典型案例选编》，2015，人民出版社。

李蕊，2018，《人大协商：内涵、理论与要素》，《经济社会体制比较》第4期。

林尚立，2007，《公民协商与中国基层民主发展》，《学术月刊》第9期。

林尚立，2016，《论以人民为本位的民主及其在中国的实践》，《政治学研究》第3期。

马奔、程海漫、李珍珍，2017，《从分散到整合：协商民主体系的构建》，《中共中央党校学报》第2期。

马雪松，2014，《论国家治理体系与治理能力现代化制度体系的功能建构》，《南京师大学报》（社会科学版）第4期。

马雪松，2020，《人民政协专门协商机构制度建设的国家治理逻辑》，《理论探讨》第2期。

马雪松、陈虎，2022，《人民政协凝聚全过程共识的民主意蕴、制度优势与治理效能》，

《理论探讨》第6期。
马雪松、冯源，2024，《协商式监督：人民政协民主监督的责任逻辑、制度体系与实践路径》，《河南师范大学学报》（哲学社会科学版）第5期。
马雪松、刘乃源，2012，《秩序状态、权力结构、行为背景：政治制度本质属性的规范分析》，《湖北社会科学》第1期。
钱牧，2022，《政协协商在协商民主体系中的独特地位和作用：专门性、示范性和引领性》，《社会主义研究》第3期。
秦立海，2008，《民主联合政府与政治协商会议：1944—1949年的中国政治》，人民出版社。
宋雄伟、陈若凡，2023，《中国特色协商民主体系研究的战略定位与主要议题：一个分析框架》，《北京行政学院学报》第3期。
孙德海，2018，《中国特色社会主义协商民主发展研究》，人民出版社。
谈火生，2017，《“定期协商”的制度变迁：从双周座谈会到双周协商座谈会》，《学海》第3期。
谈火生、于晓虹，2016，《社会组织协商的内涵、特点和类型》，《学海》第2期。
谈火生、于晓虹，2017，《中国协商民主的制度化：议题与挑战》，《华中师范大学学报》（人文社会科学版）第6期。
王浦劬，2013，《中国协商治理的基本特点》，《求是》第10期。
韦农·波格丹诺，2011，《布莱克维尔政治制度百科全书》，邓正来译，中国政法大学出版社。
魏晓文、郭一宁，2015，《论政党协商与政协协商的互动关系》，《社会主义研究》第5期。
习近平，2014，《在庆祝中国人民政治协商会议成立65周年大会上的讲话》，人民出版社。
习近平，2024，《在庆祝中国人民政治协商会议成立75周年大会上的讲话》，人民出版社。
新华社，2024，《中国共产党第二十届中央委员会第三次全体会议文件汇编》，人民出版社。
薛澜、赵静，2017，《转型期公共政策过程的适应性改革及局限》，《中国社会科学》第9期。
燕继荣，2013，《协同治理：社会管理创新之道——基于国家与社会关系的理论思考》，《中国行政管理》第2期。
杨华、袁松，2018，《中心工作模式与县域党政体制的运行逻辑：基于江西省D县调查》，《公共管理学报》第 1 期。
张力伟，2023，《观念、结构、行动：协商治理的核心要素论析》，《学习与探索》第 7 期。
张贤明，2020，《全过程民主的责任政治逻辑》，《探索与争鸣》第 12 期。
张贤明，2023a，《民主治理与协商治理：基层治理现代化之道》，《行政论坛》第 1 期。
张贤明，2023b，《社会主义协商民主的价值定位、体系建构与基本进路》，《政治学研究》第 1 期。
张贤明，2024，《人大协商：协商民主在人大制度中的实践》，《探索与争鸣》第 8 期。
《中国共产党第二十届中央委员会第三次全体会议文件汇编》，2024，人民出版社。
《中国共产党政治协商工作条例》，2022，人民出版社。
中华人民共和国国务院新闻办公室，2021，《中国的民主》，人民出版社。
周光辉，2011，《当代中国决策体制的形成与变革》，《中国社会科学》第 3 期。

基层政协委员履职行为的类型学研究

——以 P 市 X 区为例

郭道久　李哲诚*

摘　要　政协三大固有职能与广泛凝聚共识的新时代新任务，引导着基层政协委员既在本地广纳言路，又在本界别精耕细作。但实际上，基层政协委员是否有效平衡了两者关系？实证研究的匮乏使这一疑问尚无回答。基于此，本文确定“公共性-专业性”的分析框架，并辅以对某市辖区 2022~2024 年政协委员提案的分析结果作为描述性内容。分析发现，基层政协委员履职形成了“身份型”“联络型”“技术型”“复合型”四种行为模式。本文由此建议应坚持全面履职导向、鼓励多类型行为模式涌现、强化履职能力建设。

关键词　政协委员　履职行为模式　公共性　专业性

党的二十届三中全会指出，“健全深度协商互动、意见充分表达、广泛凝聚共识的机制，加强人民政协反映社情民意、联系群众、服务人民机制建设”。[①] 基层政协委员在新时代肩负广泛凝聚共识的新任务，需密切联系服务群众，深入了解民情、充分体察民意、广泛集中民智。从发挥自身界别优势进行的深度履职，到身处新时代，超越自身界别、就近履行职能，参与基层协商的广度履职，学界已有相当数量的理论与实践研究并对“一专多能”的委员工作进行了系统总结。然而，基层政协委员的多重身份，

---

* 郭道久，南开大学周恩来政府管理学院副院长、教授、博士生导师，主要研究方向为中国政府与政治、政党政治；李哲诚，南开大学周恩来政府管理学院博士研究生，主要研究方向为中国政府与政治。

① 《中共中央关于进一步全面深化改革 推进中国式现代化的决定》，http://www.npc.gov.cn/npc/c2/c30834/202410/t20241017_440083.html，最后访问日期：2025 年 5 月 10 日。

以及委员自身的有限精力，使其在处理自身总体职能与具体职能的关系上容易出现失衡，学界有关这一失衡问题的研究亦尚付阙如。基于此，本文尝试以区级政协委员及提案作为研究对象，探究基层政协委员公共性与专业性的关系，发现履职过程中“广纳言路”与“深耕细作”失衡的现实表征，继而针对现有问题提出应对之策，以期厘清政协委员履职的目标范围与决断依据的辩证关系，引导政协委员履职工作向深向好发展。

一　问题提出与文献回顾

在近代政治代表理论纷争中，代表的“行为模式”是指政治代表基于不同层次的标准，逐渐形成的一套稳定的行事方式。如曼斯布里奇认为，政治代表基于对选民预期偏好的追求，对政党宗旨和原则的忠诚，抑或对少数群体的关注，形成了预期型代表、自主型代表或代理型代表等类型（Mansbridge，2003）。政协委员作为一定意义上的政治代表，其行为模式，或者说“履职行为模式”呈何种形态，需进行探讨。从人民政协相关的法规性、政策性文件的规定来看，几无“政协委员履职行为模式”的用法，似乎界定政协委员的角色模式、回答其如何完成自身使命的问题存在困难。不过，放眼学界，通过梳理国内外已有文献可以发现，对于政协委员角色与功能定位、政协委员履职行为模式的研究，已主要形成了三种学术观点。

第一种观点是在对人民政协进行整体性把握与讨论的基础上，认为政协机关功能不强，政协委员仪式性角色明显。董明（2015）指出，人民政协出现了主体偏差、功能虚化、过程幽暗的问题，政协委员亦未能履行作为政治代表应有的协商、“依法吵架”职能。姚认为新中国成立以来，人民政协顺应时代潮流进行了贴合实际的改革，但其陷入了改革的“泥潭”（quagmire）（Yew，2016）。这类研究从政协机关与政协委员的协商结果出发，一定程度上观照了彼时的政协委员“没有组织保障，缺乏组织性”（李君如，2007），而最终形成的作用弱化问题；但这些研究并没有实证研究支撑，且时间都较早，存在历史局限性，需要当前学界借助实际数据进行批判性发展。

第二种观点认为随着社会利益逐渐多元，政协委员作为自己界别的专家及代表，在某些特定方面开始贡献作用。阎小骏首先通过对某县级政协提案工作的全面梳理，指出人民政协制度在中国政治中已发挥了比以前更重要的作用（Yan，2011）。Yu 通过对 648 份全国政协提案的分析，提出了“有限表达”（bounded articulation）的概念，认为尽管程度尚不深入，但是人民政协已成为一个更为实质性的政治工具，为广泛的经济和社会利益群体提供了利益发声渠道（Yu，2015）。陈明璐通过对某县级政协的考察，认为私营企业家通过参与政协活动，与地方政府之间形成了良性互动：政协可以提供政策批评、个人或团体利益表达甚至集体行动的空间（Chen，2018）。有些学者同样对企业家加以关注，吕鹏（2013）提出了“财绅政治”的概念，以概括私营企业主被选入政协的某些特征：成为政协委员的企业家即成为“财绅”，一如“士绅”，其需借助这一身份在稳定中国社会方面发挥作用。除此之外，周艳坤等通过分析 2013 年至 2015 年间 160 个城市的 457 份政协环保提案，认为后者有效帮助了环保各项指数的提升，因此，人民政协参与公共治理有助于政府更有效地应对关键问题，政府在制定公共政策时应密切关注政协提案（Zhou et al.，2019）。这些研究聚焦特定方面，对政协委员的履职予以肯定；但这些研究或多或少都回避了政协委员“不敢代表”“不会代表”（林芳，2009）的问题，即不敢在自己界别发声、不会去自觉加强与所在界别群众之间的联系。同时，在回答政协委员履职模式这一问题上，当前研究仍然缺少系统性思考。

第三种观点立足新时代，总结了人民政协肩负新使命后，政协委员们向“多面手”的发展趋势。超越前述观点对政协委员专业性的单一强调，谈火生、侯昕饶（2023）认为人民政协的代表机制是“复合型代表机制”，即政协委员既是利益代表，反映群众诉求，又是意见、社会视角的代表，能突破地域空间上的横向区隔，将特定群体的多元认知通过人民政协的制度化通道带入决策过程，促成高效决策。薛红焰（2021）认为政协委员内含公民个人角色、具体界别角色和社会政治角色，因而其既要履行公民责任，又要承担委员责任；既要肩负界别责任，又要强化社会政治责任。然而，对于全能型政协委员的期待，是否符合现实逻辑呢？杨爱珍（2014）指出，“政协委员如果醉心于‘高大全’的全面涉及，说到底也是一种‘假大空’的表现形式”，对全能型委员的追求并不利于协商民主的开展。

从前述文献回顾可以看出，现有研究在一定程度上把握了政协委员从形式履职到切实履职的发展，为厘清政协委员的履职模式问题提供了参考和启发，但其仍存在值得进一步探讨的空间。从研究内容来看，聚焦政协委员完成代表使命的研究，较多关注积极、正面的履职形象，而较少讨论履职的短板与不足，以及其进一步的影响，理论建构方面的解释性研究则更少见。从研究方法来看，现有研究大多是从人民政协履职的必要性、问题、完善路径等方面进行总体归纳的规范研究，实证研究相对匮乏。立足政协政治协商、民主监督、参政议政的传统职能与新时代建言资政、凝聚共识的新使命，政协委员兼顾两者履行使命亦是应有之义。而实际中，基层政协委员是否有效平衡了两者关系？实证研究的匮乏使对这一问题尚无明确回答。基于此，本文基于前期走访结果，尝试以 P 市 X 区 2022~2024 年政协委员提案为考察对象，尝试在“公共性-专业性”框架下划定政协委员履职模式，以期进一步定义在中国特有的政治体制下，政协委员作为政治代表，与界别群众之间的互动关系，挖掘代表理论的本土化研究。

二　基层政协委员履职行为的理论建构

从选举型代表，到发现选举失灵后讨论的非选举型代表，再到当代包括雷菲尔德等学者在内进行的划分代表行为模式的类型学研究，代表理论的争论核心（Rehfeld，2009），大多落在穆勒所总结的“受托人-代理人”（trustee-delegate）问题上，即“选举产生的代表是选民的代理人，还是选民的受托人”。类似地，皮特金（2014）也讨论了代表的“遵命”（mandate）还是“独立”（independence）问题，也即政治代表究竟是应当按自己选民所想的意愿去做，接受其意愿、利益的限制，还是应当自由地按照其认为最好的方式，去增进选民的福祉。

放眼政协委员的履职模式，这一争辩又可划归为两个方面的具体问题。一是“公共性”问题。基层政协委员的公共性在于其履职时，能够秉持全局视野与责任担当，不仅深耕自身专业领域的履职内容，更勇于跨越界限，关注社会多元需求。面对政协“专门协商机构”的新定位，基层政协委员需要超越自身界别事务，在自己的居住地、本职工作单位履行职能。这就要求其超越个人专业、个人职业的局限，将履职范围延伸至更广泛的社会领域。在人民呼唤与需要之处，积极发声、主动作为，用实际行动践行委员职责，为社会和谐与发展贡献自己的力量。二是“专业性”问题。基层政协委员的专业性在于其在建言资政方面能否找准问题、对症下药，并且提出解决问题的思路、给出操作化方案的履职行为。基层政协委员在各自界别中，往往能更自然地融入并深耕，凭借深厚的专业知识与丰富的实践经验，更有效地获取并整合关系资源。这种独特的优势使他们能够更精准地把握界别内的实际需求与问题，进而充分发挥专业能力，提出更具针对性、建设性的提案或撰写专报，从而实现专业性，为社会发展贡献智慧与力量。

从前文的文献回顾亦可发现，关于政协委员角色与履职行为模式的讨论也可划归为“公共性”与“专业性”两方面的争论，即基层政协委员应该优先代表自己行业界别的利益，还是代表界别群众乃至辖内群众的利益；基层政协委员在进行履职活动时，是应当完全基于自身专业能力，做出自主的意志决断，还是从群众实际利益出发，跳出自身专业，而更多进行跨界履职。根据这两方面的判别结果，我们便可大体确定基层政协委员的履职行为模式。由此看来，判别政协委员的履职行为模式，一个有效的办法便是先通过公共性与专业性两大指标对委员的履职行为进行判别，进而确定其履职行为模式。根据这两个变量，本文便可划分出如下四种类型的政协委员履职行为模式（见图1）。

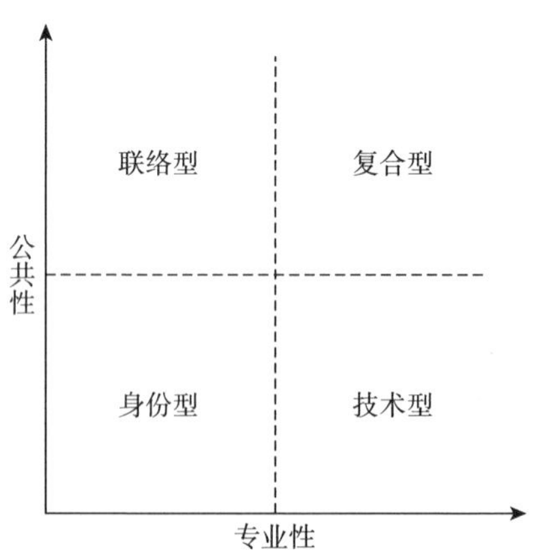

图1　政协委员履职行为模式的四种类型

初步确定委员履职行为诸模式后，本文的基本思路是以前期走访获得的政协委员职业来源及提案为总体资料，判断各提案在公共性和专业性两方面的偏好，以此进一步验证政协委员的履职行为模式。

三　基层政协委员履职行为的数据分析

为尝试解读基层政协委员履职行为模式，本研究利用前期走访调研成果，收集了中国人民政治协商会议P市X区委员会第十届第一次会议至第三次会议（2022~2024年）所收到的提案，以及对应提案人的全职职务。提案的数据处理与分析主要包括三个步骤：第一步为划定委员范围，本文仅选取三年间提交了大于等于两份提案的委员作为研究对象；第二步为编码，本文根据对象委员所有提案的受众范围及委员的全职职务，来确定一项提案的公共性与专业性，由此，本文划定了来自85位委员的238份提案，并进行逐一编码；第三步为整合，根据上一步的结果，对前述编码进行整合，对公共性与专业性两变量进行散点图分布分析。

对公共性、专业性的具体编码步骤如下。在公共性方面，根据该提案代表群众利益的程度，赋予1、0.5或0的编码。在专业性方面，根据提案与提案人的全职职务相关度，赋予1、0.5或0的编码。为减少编码过程的误差，本研究采取了多人重复编码。研究团队内的三位成员对每份提案逐一编码，三位编码者的结果相同率较高，编码结果具有较高的可信度；编码值不同的案例按照少数服从多数原则，确定最后的编码值。

在此特举数例，并绘制表1，以对编码过程作进一步说明。G委员为X区妇幼保健计生服务中心主任、民进X区总支委员会主委，其在2024年政协P市X区委员会十届三次会议上提交了《关于推进养老服务运营管理 打造健康养老服务体系的提案》。可以看到，该提案是对全区养老工作的建议，因此具有强公共性，赋值为1；此提案与提案人职务相关，因此具有强专业性，赋值为1。Y委员为P市某商贸公司总经理，其在2024年政协P市X区十届三次会议上提交了《关于优化XX城营商环境的提案》。此提案仅是针对某一特定商圈提出的意见建议，但考虑到该商圈是民众夜间活动的主去处，对商圈的扶持能够间接惠及民生，因此公共性赋值为0.5；此提案立足委员自身经验，且与提案人职务高度相关，因此具有强专业性，赋值为1。B委员为P市某建筑公司总经理，其在2022年政协P市X区十届一次会议上提交了《关于抗击极端天气的提案》。此提案并非从大多数公众真实需求出发，因此公共性较弱，赋值为0；此提案字数有限，未展现曾进行过调研的线索，且与政协委员全职职务的关联度不高，因此专业性较弱，赋值为0。

表1 基于公共性与专业性的部分提案编码

提案人	提案	职业	编码	
			公共性	专业性
G委员	《关于推进养老服务运营管理打造健康养老服务体系的提案》	X区妇幼保健计生服务中心主任、民进X区总支委员会主委	1	1
Y委员	《关于优化XX城营商环境的提案》	P市某商贸公司总经理	0.5	1
B委员	《关于抗击极端天气的提案》	P市某建筑公司总经理	0	0

在对提案逐条编码后，第二步在于借助每位委员在数年间的多份提案，对其公共性与专业性进行整合，最终确定委员的履职行为类型。整合的方法参考刘乐明（2020）对人大代表履职行为的研究，其在文章中提出对所有议案的数值进行求和，再除以该代表的议案数量，即可获得公共性数值 V_{PUB} 与专业性数值 V_{PRO}。基本公式如下：

$$V_{PUB} = (a_1 + a_2 + \cdots + \alpha_n)/n$$

$$V_{PRO} = (a_1 + a_2 + \cdots + \alpha_n)/n$$

例如，如表2所示，F委员在三年间共提交了5份提案，我们将每条提案的编码值按如上公式计算，便得出该委员的公共性与专业性数值分别为0.8与0.4。

表2 多提案委员（F委员）代码整合示意表

提案人	提案	职业	公共性	专业性	V_{PUB}	V_{PRO}
F委员	《关于X区SL街小学上下学时间交通拥堵的提案》	P市某国有企业文工团干部	1	0	0.8	0.4

续表

提案人	提案	职业	公共性	专业性	V_{PUB}	V_{PRO}
F委员	《关于P市艺术教培行业举步维艰情况的提案》	P市某国有企业文工团干部	0	1	0.8	0.4
	《关于规范共享单车管理的提案》		1	0		
	《关于推进中小学艺术教育发展的提案》		1	1		
	《关于加强我市快递、外卖行业交通安全管理的建议》		1	0		

确定上述思路后，本文对样本内238份提案进行了分析，并形成了如图2所示的基于公共性与专业性两个变量的85位委员评分的散点分布情况。从图2可以看出，数据分布总体呈现矩形的样态；从各分区来看，政协委员们的行为模式集中落在左上、右上、右下区，又以左上、右上最为集中，左下区的落点则较少，说明X区联络型委员、技术型委员、复合型委员的数量占据优势，偶有身份型委员出现。

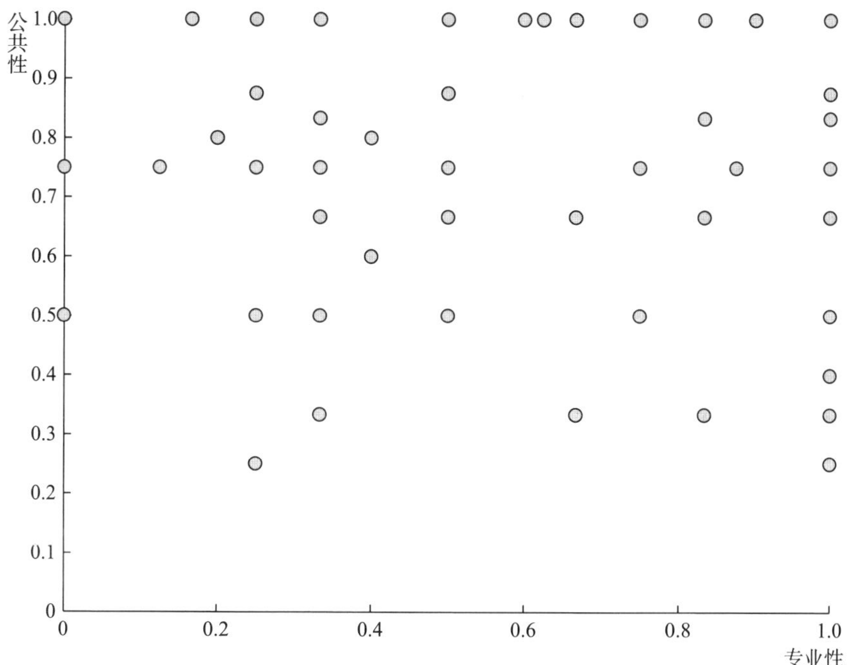

图2　X区政协委员履职行为模式散点分布

四　基层政协委员履职行为的类型阐释

从前述结果可以看出，复合型履职行为模式在X区涌现较多，但身份型、技术型、联络型也有体现。若参考对人大代表概念溯源与辨析的讨论，对人大代表实质的讨论，主要包括代表性、责任性、回应性三个维度（郎友兴、余恺齐，2018）。那么这三个维度，在基层政协委员履职行为模式这一议题中，则表现为“与群众的联系程度”“权力行使的尽责程度”“群众利益的回应程度”等三个向度。在这三个向度上的不同站位，决定了不同类型基层政协委员的履职行为模式。

（一）身份型

身份型履职行为模式是指在履职过程中，未能充分发挥其应有的社会联系与行业引领作用，缺乏与群众的广泛沟通及对行业的深入参与，履职行为仅停留在“身份”层面，未能有效发挥其联系基层和深耕专业的职能。在基层政协委员履职行为的类型划分中，身份型履职行为模式主要体现为在专业性与公共性两个维度上均相对薄弱的状态。

这类履职行为模式对外呈现为缺乏对具体民意诉求的系统梳理与回应机制。尽管在政协活动中能够保持基本出席率，但实质性参与程度有限，参与方式单一，鲜少主动承担调研、撰写提案、参与协商等核心任务。在履职过程中，这类履职行为模式更倾向于维持“在场状态”，而非追求“贡献效果”。在议题表达和建议建构方面，身份型履职行为模式多数依赖于个人经验、普遍性认知或借助他人材料，提出的意见和建议往往可行性不强，难以对具体政策形成影响。更为重要的是，缺乏对群众具体利益问题的关注，从而使这一履职行为模式下的履职结果很难与公众需求之间形成有效对接。

综上，身份型履职行为模式反映出一种履职动机不足、参与方式消极、行为结果有限的低效状态。其存在既有体制内评价与激励机制不健全的结构性原因，也与委员个体履职意识不强有关。

（二）联络型

联络型履职行为模式的核心特征在于在专业知识的深度掌握与政策建构能力上相对薄弱，但在社会交往、信息传递与群众联络方面展现出显著优势。以字释义，这一模式更多侧重于“联络”，即通过高频度的人际互动与信息反馈，发挥民情感知、问题传递、舆情汇聚等基础功能，从而构成协商民主运行中不可忽视的行为维度。

此类履职行为模式往往高度依赖现实社会关系网络。通过对接基层社区、行业团体或界别群众，其行为路径体现出强烈的实践取向和现实敏感度。联络型履职行为模式的关键机制，在于主动靠近社会、贴近民意，借助日常接触或参与活动形成较为稳固的互动关系网络。由此带来的广泛接触面，使其能较为准确地捕捉社会中某些特定群体的诉求与反映，有助于在一定程度上弥合制度与社会之间的距离。这种模式在问题导向和现实聚焦层面具有天然优势，所反映的议题往往贴近实际生活、回应当下关切，具备较强的情境真实性与群众代表性。因此，联络型履职行为模式为政协协商与基层协商提供了可感知的“基层温度”，在夯实人民政协的社会基础与增强民主广泛性方面具有现实意义。

另外，联络型履职行为模式的建构路径主要依托经验判断与生活实践，缺乏系统的知识支持与技术工具支撑，在问题剖析与路径设计上往往表现为直观、感性甚至碎片化的特点。该模式下，基层政协委员在履职过程中，关注重点多集中在表象问题与个案诉求，难以就结构性难题或系统性议题展开深入分析，导致行为结果常停留在情感诉求或问题呈现阶段，缺乏可供决策参考的系统建议与操作方案。此外，其提出的问题虽然具有可视性与现场性，但因论证不足、逻辑松散而影响其在协商平台中的话语效力。

可以看到，联络型履职行为模式以其现实导向与亲民路径，在人民政协履职体系中构成了重要一环。其行为动因强调社会感知、行为路径依赖群众互动，行为结果突出情境再现与问题呈现。虽然在专业化建言与技术路径设计方面存在明显短板，但其在联系社会、整合信息、传达民意方面的独特功能，使其在全过程人民民主实践中占据了重要位置。此类履职行为模式有助于不断夯实政协制度的群众基础，增强其制度生命力与公共影响力。

（三）技术型

技术型履职行为模式强调扎实的专业基础和对参政议政职能的深刻理解。该模式体现出强烈的问题意识与严谨的科学态度，能够从纷繁复杂的社会现象中抽丝剥茧，识别那些关乎民生福祉、影响地方发展的关键议题，并通过深入剖析，力求知其然更知其所以然，从而形成了典型的“领域深耕”履职特征。然而，这种履职行为模式因过于聚焦专业领域，在公共性维度上表现相对薄弱。

“领域深耕”所体现的技术型履职行为模式，在反映群众声音的表现上则仍有进一步拓展的空间。依托深厚的学术背景与专业能力，该履职行为模式具备扎实的理论功底，善于站在行业前沿识别趋势与潜在问题，并在政协平台上提出具有前瞻性与创新性的提案。尽管这些议题往往难以引发广泛的社会关注，但其对推动某些领域的制度建设与文化传承具有深远意义。例如，体现该模式的 W 委员，作为文教事业领导干部，曾提交《关于高标准建设三馆，提升城区文化品质的建议》《关于重视做好地名保护传承工作的建议》等提案。这些内容并非源于直接的民意呼声，而是在长期专业实践与调研基础上提出的理性建议。

总体而言，技术型履职行为模式在政协履职中表现出高度的专业性和严谨性。其优势在于能提出具备科学依据、可行性强的行业发展方案，体现出较高的政策转化能力。然而，因其行为逻辑过于专业导向，易忽视辖内群众的实际关切，在回应民众利益方面存在一定程度的不足。

（四）复合型

复合型履职行为模式体现出政协履职实践中公共性与专业性的双重优势，是全面履职理念的集中体现。该履职行为模式兼具深厚的专业素养与广泛的社会联结能力，既在特定领域中具备高度的判断力和解决能力，又能有效回应群众关切、服务公共利益。它突破了单一履职路径的局限，以复合型能力结构支撑政协履职的多维展开，表现出高度的系统性和协调性，成为人民政协作为专门协商机构发挥作用的重要支撑性力量。

在复合型履职行为模式下，履职实践不局限于本行业、本系统的“专业闭环”，而是通过广泛的社会接触与沟通实践，不断拓展议题来源的社会基础与协商路径的群众根基。此模式下的履职行为往往强调“问题导向”与“群众导向”的结合，即在发现问题与构建议题的过程中，既依赖专业知识的敏锐洞察，也重视民众经验的真实性和问题的现实性。比如，在涉及公共资源配置、生态环境治理、社区治理等领域，复合型履职行为模式能够实现技术层面可行性与社会层面接受度之间的有机衔接，增强协商建议的社会适应性和政策落地性。

此外，复合型履职行为模式也体现出履职中的高度尽责精神。这种尽责并非形式性参与，而是体现在以知识体系为支撑的理性协商、以调查研究为基础的建言资政、以问题解决为导向的沟通协调。此类模式中的履职行为通常具有明确的行动路径与结果导向，体现出从问题识别、路径设计到推进落实的完整逻辑链条。在此过程中，专业能力不仅服务于学术性论证，更直接作用于对社会痛点的识别与应对，体现为协商建言的深度、广度与精准度。

复合型履职行为模式还以回应性强作为显著特征之一。回应不仅仅表现为议题选择上的贴近民情，更体现在处理复杂利益关系中所展现出的协调能力与执行力。这种模式强调在不同主体间寻求最大共识，尤其是在多方参与、诉求多元的协商场景中，能够利用政协平台进行有效沟通与资源整合，提升协商建议的可操作性与后续推动力。例如，在城市更新、基层治理等议题中，复合型履职行为模式往往能够统筹专业视角与社区声音，通过建立协同机制，推动多部门联合行动，增强政策回应的针对性与可感受性。

总的来看，复合型履职行为模式代表了政协履职能力建设的理想状态，其关键特征是跨界联通能力与专业技术能力的融合。它不仅实现了“建言有据”“协商有效”“反映真实”的多重目标，还能在实际操作中体现高度的制度责任感与社会使命感，是实现政协履职现代化、促进治理体系优化的重要行为路径。

五 基层政协委员履职类型的政策启示

（一）高屋建瓴坚持全面履职导向

习近平总书记提出“要加强委员队伍建设，教育引导委员懂政协、会协商、善议政，守纪律、讲规矩、重品行”（习近平，2021：267）。在探讨如何有效提升基层政协履职能力、服务国家治理体系和治理能力现代化进程的背景下，坚持公共性与专业性兼备的复合型履职行为模式引导方向，无疑是一项具有前瞻性与现实意义的政策倡议。这一模式不仅体现了对履职路径的高质量要求，也是政协组织增强整体效能的重要抓手，旨在推动形成一种既深谙民情、又具有专业判断力的履职行为范式，为国家发展注入持续动能。

应制定并实施一套全面而系统的履职能力提升方案，该方案需以培育复合型履职行为模式为核心。这要求政协机关在设计培训内容时，兼顾公共性与专业性两方面：既要涵盖公共政策、社会治理、民生福祉等领域，以强化履职者的社会责任感与公共意识，又要涉及经济、法律、科技、文化等专业知识体系，以增强其行业洞察与议题识别能力。政协机关可通过与高校、研究机构、行业组织等深度合作，邀请专家学者为履职者提供多层次、高质量的知识输入，确保履职行为模式在知识结构上既具广度又有深度，支撑其履职实践的多样性与复杂性。

应搭建多元化交流平台，以促进复合型履职行为模式的形成与内化，推动跨领域、跨学科的互动交流，拓宽履职视野。具体方式包括组织专题研讨、圆桌论坛、实地调研等，使不同履职取向的实践者在交流中融合理念、共享经验、共同进步。同时，应充分利用现代信息技术，建设政协履职者的线上协作平台，提升沟通效率，促进信息共享，进一步推动履职行为的系统性与专业性发展。

应建立健全正向激励机制，对具备明显复合型行为特征、在公共性与专业性方面均有突出表现的履职实践予以表彰和激励，使其发挥榜样引领作用。政协机关还可进一步完善履职保障措施，包括提供必要的研究经费、信息资料、法律支持等，以助力各类履职行为模式在调研、提案、协商等具体环节中更加深入体现。这不仅有助于激发履职积极性与创造力，也将在组织内部营造崇尚学习、强化实践、追求卓越的履职文化，持续提升政协履职行为模式的整体质量。

（二）因地制宜鼓励多类型履职行为模式涌现

在顶层设计上，应坚持全面履职导向，鼓励多种政协履职行为模式并存共生，形成多元协同、各展所长的良性生态。面对基层现实的复杂多样，必须精准施策、因地制宜，尤其是在地方政协机关层面，需立足实际，着眼问题导向和群众满意度目标，着力培育专业性强、公共性优、结构多样的履职行为类型，积极推动政协履职行为的良性演化。

地方政协机关应深入开展调研，精准识别本地经济社会发展特征、界别群众的现实需求，以及不同履职行为模式的适配条件和潜在价值。这不仅需要关注政协履职者的知识结构与专业背景，也要注重其履职行为模式中所体现的公共参与意愿、社会责任意识与创新能力。唯有精准匹配履职模式与地方实际，才能确保政协在基层真正发挥“协商于民、协商为民”的制度优势。

在履职行为模式的培育上，地方政协机关应坚持问题导向，聚焦经济社会发展中的重点难点问题。为此，地方政协机关可通过定期组织专题调研、界别协商、民主监督等，使各类履职行为模式在具体问题中不断优化其路径，提升履职的实践张力和现实回应力。同时，应完善提案反馈与跟踪机制，确保不同履职行为模式所产出的结果得到有效回应，使履职行为者切实感受到其投入的价值，从而增强其参与热情与责任感。

在推动复合型履职行为模式发展的过程中，还应注重其对群众服务能力的强化，包括增强其在沟通协调、政策理解、矛盾化解等方面的能力，使其能在各类协商议题中既体现专业判断，又保持与群众需求之间的有效衔接。政协机关可以通过组织专题培训、经验交流、案例分享等方式，促进履职行为模式向更高层级演化，推动其在专业与公共之间实现更优耦合。同时，也可引导履职行为模式向公益服务、社会参与等维度扩展，通过志愿服务、社会关怀等形式增强履职行为模式的社会黏性，提升群众对政协工作的感知度与满意度。

在积极鼓励多样化履职行为的同时，也应防范象征性参与行为的泛化。象征性参与所映射的身份型履职行为模式虽外表合规，实则影响政协工作的真实成效，损害政协制度形象。地方政协机关应从思想政治建设入手，引导履职行为形成正确的政治认同、履职态度与群众立场，夯实履职行为的制度基础。同时，应建立健全科学合理的履职评估体系，将履职行为的实际参与度、问题回应力与群众评价纳入绩效考核，对表现突出的行为类型予以正向激励，对流于形式、缺乏实效的行为倾向及时干预和调整，营造奖优罚劣、鼓励实干的良好履职生态。

（三）脚踏实地强化履职行为模式的能力建设

推进人民政协履职能力现代化，基层政协机关应着眼于履职行为模式层面的优化与提升，真正发挥履职行为作为政协制度运作“基本单元”的关键作用。在多类型履职行为模式并存的现实语境下，基层政协机关应主动作为，因势利导，围绕专业性与公共性“双强”的履职导向，构建一套系统化、分层次、可转化的履职能力提升机制，推动履职行为从单一化向复合化转型，从形式参与向实质履职跃升。

首先，应强化对履职行为中“象征性参与”现象的识别与治理。身份型履职行为模式往往以身份象征性取代实质性履职，影响了政协制度整体效能。政协机关应通过日常监督、履职评估和动态管理，及时识别行为偏空、缺乏参与实质的倾向性履职路径，推动其向实质参与型行为转化，切实激活履职行为的内在动力与外部约束力。

其次，应根据履职行为模式的特征差异，有针对性地开展能力建设工作。对于联络型履职行为模式，政协机关应强化对其制度参与路径的引导，围绕群众议题的收集、表达和转化机制，提供调研、协商、监督等实践平台，提升其在协商表达中的系统性和策略性，促使其由“反映者”向“建构者”转型。对于技术型履职行为模式，应通过跨领域议题设置、交叉界别协同、案例型协商议程等方式，引导其在保持专业优势的同时增强对社会公共议题的回应力，逐步弥合专业导向与群众关切之间的张力。

最后，基层政协机关还应以复合型履职行为模式为引领目标，系统推动履职行为能力的融合发展。这意味着要建立更加综合、开放的能力培养机制，整合专业培训、调查研究、案例研讨等多种方式，引导履职行为模式逐步具备“公共性”与“专业性”的双重特质，实现由单向用力向双轮驱动的转变。与此同时，应建立健全履职能力提升的正向激励机制，将履职行为的实际表现、行为转型的成效等纳入委员履职档案和绩效评价系统，真正形成“积极履职有回报、消极履职要引导”的制度环境。

参考文献

董明，2015，《角色与功能：人民政协与现代国家治理体系的互动互构》，《浙江社会科学》第 5 期。

汉娜·费尼切尔·皮特金，2014，《代表的概念》，吉林出版集团有限责任公司。

郎友兴、余恺齐，2018，《中国人大代表概念溯源与辨析》，《人大研究》第 4 期。

李君如，2007，《人民政协与协商民主》，《特区实践与理论》第 2 期。

林芳，2009，《论政协委员的利益代表性》，《中共福建省委党校学报》第 10 期。

刘乐明，2020，《全国人大代表个体属性与履职行为模式实证分析》，《深圳大学学报》（人文社会科学版）第 2 期。

吕鹏，2013，《私营企业主任人大代表或政协委员的因素分析》，《社会学研究》第 4 期。

谈火生、侯昕饶，2023，《人民政协复合型群体代表机制探析》，《教学与研究》第 6 期。

习近平，2021，《论中国共产党历史》，中央文献出版社。

薛红焰，2021，《新时代政协委员的角色定位和责任担当》，《中国政协理论研究》第 2 期。

杨爱珍，2014，《政协委员的“代表性缺失”及其解决途径》，《新视野》第 5 期。

Chen, M. 2018. *Inside the Flower Vase: A Report on Private Entrepreneurs' Political Participation in a County-level People's Political Consultative Conference. Local Elites in Post-Mao China*. London: Routledge.

Mansbridge, J. 2003. "Rethinking Representation," *The American Political Science Review* 97 (4): 515-528.

Rehfeld, A. 2009. "Representation Rethought: On Trustees, Delegates, and Gyroscopes in the Study of Political Representation and Democracy," *American Political Science Review* 103 (2): 214-230.

Sagild, R. A., and Ahlers, A. L. 2019. "Honorary Intermediaries? The Chinese People's Political Consultative Conferences in Theory and Practice," *China Perspectives* (2): 9-16.

Yan, X. 2011. "Regime Inclusion And The Resilience Of Authoritarianism: The Local People's Political Consultative Conference In Post-Mao Chinese Politics," *The China Journal* (66): 53-75.

Yew, C. P. 2016. *The Chinese People's Political Consultative Conference: Co-opting Social and Political Forces in a One-Party State*. Yang L, Shan W. *Governing Society in Contemporary China*. Singapore: World Scientific.

Yu, B. 2015. "Bounded Articulation: An Analysis of CPPCC Proposals, 2008-12," *Journal of Chinese Political Science* 20 (4): 425-449.

Zhou, Y., et al. 2019. "The Role of Chinese People's Political Consultative Conference in Environmental Governance: Evidence from Environmental Proposals," *Sustainability Accounting, Management and Policy Journal* 11 (5): 963-982.

·政治文化·

社会冲突的双重关注模型研究：动态、批评和启示[*]

孔凡义[**]

摘　要　双重关注模型经历了从福莱特的冲突管理模式到布莱克和莫顿的冲突管理策略，再到托马斯、拉希姆和普鲁特围绕关注自我和关注对方两个维度展开的五种冲突处理策略，以及梁国和布鲁的创造性发展，已日趋成熟。在双重关注模型中，文化、性别、权力等因素会对人们的冲突策略选择产生影响。人们的冲突策略选择偏好集中于合作、妥协和回避三类。双重关注模型对中国社会矛盾化解具有启示意义：明确自身的定位、考虑对方的利益、寻找双方共同利益、充分考虑文化差异、视情境选择策略和结合实际构建冲突管理技能培训体系。

关键词　双重关注模型　冲突　合作　妥协　回避

矛盾与冲突是转型社会中不可避免的话题之一。人类社会的矛盾和冲突是普遍且永恒存在的，小到个体与个体之间的争执，大到国与国之间的纠纷与争端。正因如此，社会矛盾化解策略就显得极为重要，而双重关注模型恰好为我们指引了一个方向，为我们化解社会矛盾提供了一个新的视角。双重关注模型围绕关注自我和关注对方两个维度展开，包含五种典型的冲突处理策略。国外关于双重关注模型的研究成果丰硕，而国内对其关注明显不足。本文通过梳理双重关注模型的发展脉络，对其存在的问题展开批评，研究其给中国社会矛盾化解带来的启示。

---

*　本文为国家社会科学基金重大项目“全过程民主与基层社会治理研究”（项目编号：21ZH032）的阶段性成果。

**　孔凡义，武汉大学马克思主义学院教授、博士生导师，武汉大学信访制度研究中心主任，主要研究方向为基层治理与党的建设。

一 双重关注模型的发展脉络

双重关注模型围绕关注自我和关注对方两个维度展开，是衡量人们对人际冲突反应的个体差异的主要方法。福莱特最初描述和发展了冲突管理模式，确定了三种主要方式——支持、妥协、整合，以及两种次要方式——回避和压制。她认为冲突的发生是由于个人思想和观念的差异（Follett，1940）。布莱克和莫顿在他们的管理方格理论中提出用二维管理方格来解释管理者如何处理涉及冲突的行为，将管理者关注的重点作为其中的两个维度，分别是管理者在面对冲突时对生产关注程度的高低和对员工关注程度的高低（见图1），在此基础上提出了人际冲突模式（策略）的五种类型：解决问题、缓和、强迫、回避和分享（Blake and Mouton，1964）。后来，布莱克和莫顿将他们的管理方格重新命名为冲突方格（见图2），从而将管理网格理论从适用于人际关系的冲突扩展到所有的社会冲突管理（Blake and Mouton，1970）。

霍尔认为，通过考虑两个方面可以很好地管理冲突，即关注个人目标和关注人际关系（Hall，1969）。托马斯对布莱克和莫顿提出的管理方格理论重新进行解释和完善，提出冲突管理的二维模式，即关注自己和关注对方（见图3），将冲突处理模式分为五种类型：整合、主导、回避、妥协和迁就（Thomas，1976）。拉希姆采用了和布莱克、莫顿以及托马斯相似的方式，即沿着关心自我和关心他人两个基本维度提出了处理人际冲突的五种策略类型（Rahim，1986）。此外，拉希姆还开发了拉希姆组织冲突量表（ROCI-II），用它来评估五种独立的冲突解决策略（Rahim，1986）。

普鲁特在他的双重关注模型（见图4）中排除了妥协策略，认为妥协策略是一种消极策略，因此在他的模型中冲突解决策略只包括让步、问题解决、回避和争斗（Pruitt，1983）。科尔斯曼和沃尔弗特在研究青少年如何解决与同龄人的冲突时，基于普鲁特的双重关注模型，并参考了汉默克的四因素解决方案，将冲突管理五种策略中的整合策略和妥协策略合并为“合作”（见图5），即包含的冲突策略为合作、争吵、迁就和回避（Colsman & Wulfert，2002）。

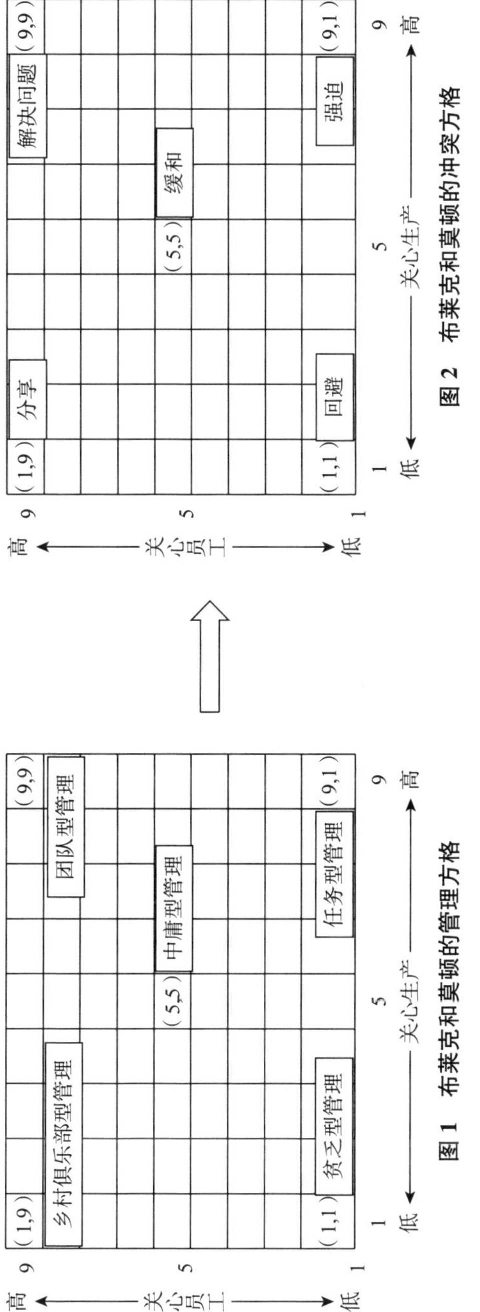

图 1　布莱克和莫顿的管理方格

图 2　布莱克和莫顿的冲突方格

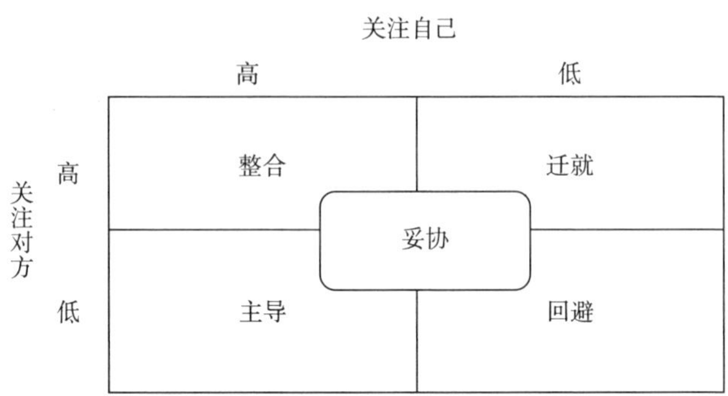

图 3　托马斯的双重关注模型

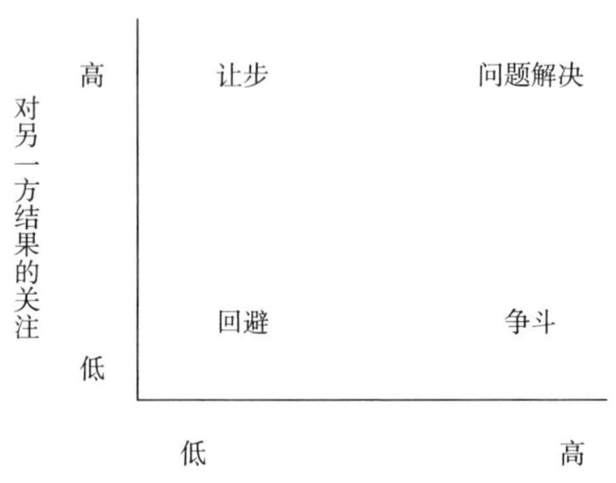

图 4　普鲁特的双重关注模型

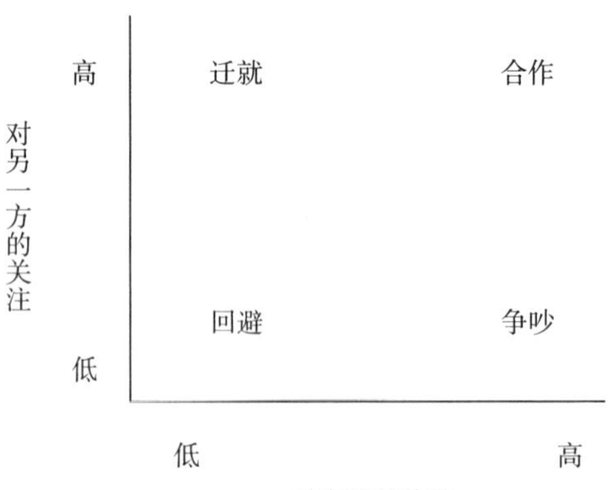

图 5　科尔斯曼和沃尔弗特的双重关注模型

总的来说，对于双重关注模型，大多数冲突策略的研究是基于布莱克和莫顿的开创性工作，他们将冲突策略分为两个非排他性维度：对生产的关注和对员工的关注。之后学者沿着这条线提出了类似的维度，如对自己的关注的渴望和满足他人关注的渴望（Thomas & Kilman，1974）、关心自己的结果和关心他人的结果（Pruitt，1983）、关心自己和关心他人（Rahim，1986）。虽然不同的学者使用了不同的标签，但相同之处都在于围绕关注自我和关注对方两个维度展开，主要包含的策略类型不外乎主导（强迫/竞争）、乐于助人（适应）、回避、整合（合作/解决问题）和妥协（让步）。其中，主导策略是指对自己高度关注而对他人关注不足的冲突处理行为。相比之下，乐于助人策略是低度关注自己、高度关心别人。回避策略则对自己和他人的关注度都很低。整合策略既注重对自己的关注，也注重对他人的关注。而妥协策略是适度的，即对自己和对他人的关注程度不高也不低。

二　双重关注模型的冲突策略分类

关于双重关注模型的冲突策略分类，不同学者分别从二维视角和三维视角展开，主要有以下几大类（见表 1）。

第一类，福莱特、布莱克、莫顿、拉希姆以及托马斯等人基于二维视角，从对自我的关注和对对方的关注两个维度，将冲突策略划分为五种：整合、乐于助人、主导、回避、妥协（Follett，1940；Blake and Mouton，1964；Thomas，1976；Rahim and Bonoma，1979）。普鲁特在《社会冲突：升级、僵局及解决》一书中将冲突策略分为四类：争斗、让步、问题解决、回避。其中回避策略包含两种形式，即不作为和撤退（Pruitt，1983）。普鲁特与前面几位学者的划分标准基本接近，唯一不同的在于，普鲁特认为妥协策略是一种消极策略，因此在他的策略分类中，妥协策略被排除在外。

第二类，尤韦马等人将冲突策略分为七类，即强迫、回避、协调、妥协、问题解决、过程控制和对抗(Euwema et al.，2003)。人际冲突是一种复杂的情况，在这种情况下，对自身目标、与他人的关系、他人的目标（Sorenson，1999）以及短期和长期目标的不同动机与关注直接影响了行为表现，因此该研究在已有对冲突行为分析的五种类型的基础之上增加了两种主动行为：过程控制和对抗。这样做的主要原因是，有人批评五种策略划分法没有充分体现冲突行为的相对自信的模式。过程控制是针对主导程序的，包括设定议程和游戏规则；对抗是指通过提出冲突问题来要求关注自己的不满的直接行动（Euwema and Van de Vliert，1994；Van de Vliert et al.，1995）。

第三类，西方的双重关注模型强调对冲突结果的关注，而结合中国实际，梁国等认为中国人在人际关系的处理中更强调和谐。因此，他们发展出一种具有中国特点的双重动机的人际和谐模型。在此基础上，梁国等从三维视角出发，创造性地将西方的双重关注模型和中国冲突处理的双重动机的人际和谐模型相结合，形成了冲突策略的综合模型（Leung et al.，2002）。其中，三个维度分别是“个人目标的重要性”，该维度的价值范围包括大和小；“对关系内在价值的关注”，用高和谐度增强与低和谐度增强来衡量；“对自我关系利益的需求”，用高避免分裂和低避免分裂来衡量。最终，他们整合出八种不同的冲突方式：建设性外交、迁就、建设性争议、让步性顺从、表面顺从、回避、破坏性对抗和忽视（Leung and Brew，2009）。

第四类，李欣等人在指出梁国和布鲁的冲突策略的综合模型不足之处的基础上，对该模型做了进一步的完善。他们对中西方视角的处理更加对称，保留了双重动机的人际和谐模型与双重关注模型所包含的四个维度，即增强和谐、避免分裂、关注自己和关注对方，初步形成了一个二维的4×4综合模型，再通过整理和筛掉重复、冗余的组合，最终形成了一个3×3模型，包含九种冲突策略：赞成-回应、自我牺牲、自我支配、欺骗性顺从、建设性平衡、相互妥协、被动延迟、主动回避、破坏性对抗（Li et al.，2018）。

表1　基于双重关注模型的冲突策略分类

视角	作者	种类	具体类别
二维视角	普鲁特	四类	让步、问题解决、回避、争斗
	福莱特、布莱克、莫顿、托马斯、拉希姆和布洛马	五类	整合、乐于助人、主导、回避、妥协

续表

视角	作者	种类	具体类别
二维视角	尤韦马	七类	强迫、回避、协调、妥协、问题解决、过程控制、对抗
	李欣、维尔纳·沃玛、谢佩红	九类	赞成-回应、自我牺牲、自我支配、欺骗性顺从、建设性平衡、相互妥协、被动延迟、主动回避、破坏性对抗
三维视角	梁国、布鲁	八类	建设性外交、迁就、建设性争议、让步性顺从、表面顺从、回避、破坏性对抗和忽视

资料来源：根据对已有文献中冲突策略的分类整理而成。

三　影响冲突策略选择的因素

（一）文化差异影响冲突策略选择

基于双重关注模型，学者从文化因素考虑，探究其对人们选择冲突策略的影响。研究结果显示，无论是在同一文化、相近文化还是跨文化环境下，文化差异对冲突策略都有不同程度的影响。

1. 同一文化的冲突策略差异

张立青基于双重关注模型，运用实证研究法探讨了中国台湾地区与菲律宾华人群体在商务谈判中的策略差异。研究发现，尽管两个群体同属于中原文化圈，但他们在文化适应过程中形成的认知差异仍显著影响冲突策略选择。菲律宾华人在冲突策略维度上表现出更高的迁就与回避倾向，而中国台湾地区样本则更多采用竞争策略；在合作与协商策略的使用频率上，两组样本并未呈现显著差异（Chang，2010）。此外，张立青还将该研究进一步扩展至印尼华裔群体与中国台湾地区样本的比较分析（Chang，2010），以学生群体为调查对象的实证数据显示：双方在合作策略的偏好上具有一致性，但在策略细分维度存在显著分野——印尼华裔学生更倾向选择迁就与回避策略，而中国台湾地区学生则更倾向选择竞争与协商策略。张立青通过双重关注模型着重探讨了在跨文化谈判行为中，文化本源与在地化适应共同形塑策略选择的作用机制，为理解海外华人群体在谈判互动中的行为差异提供了理论解释。

2. 相近文化的冲突策略差异

丸山浩树（Hiroki Maruyama）等通过比较中国、日本和韩国三个邻近的亚洲国家的文化，考察冲突管理策略发展的差异。冲突管理的双重关注模型被用来探究3岁和5岁儿童在分歧与资源争夺两种不同的冲突情境中更喜欢使用哪种策略。研究结果如下。第一，对于分歧，三个国家的3岁儿童都喜欢支配策略；为了争夺资源，3岁儿童在不同的文化中有不同的策略偏好。第二，无论文化如何，在这项研究中观察到的3岁和5岁儿童的策略偏好基本上不同于年龄较大的学生（Maruyama et al.，2015）。

3. 跨文化的冲突策略差异

梁国等通过两个实证研究对中澳跨文化进行考察，探究跨文化如何影响冲突策略。研究一发现，避免解体与增强和谐是两种截然不同的和谐因素，其中，避免解体对冲突回避具有正向影响，对冲突情境下的谈判具有负向影响。研究二考察了和谐因素与中澳两国不同冲突方式的关系。与澳大利亚人相比，中国人在避免解体与增强和谐两个方面的得分较高。避免解体与回避、支配呈正相关关系，与整合呈负相关关系；增强和谐与妥协、整合呈正相关关系。增强和谐与妥协的关系比与避免解体的关系更强。对中国人而言，避免解体与妥协和顺从呈正相关关系，对澳大利亚人而言则相反（Leung et al.，2011）。霍尔特、德沃的研究结果显示：个人主义文化比集体主义文化更倾向于选择强迫作为冲突方式；集体主义文化比个人主义文化更倾向于退缩、妥协和解决问题的方式（Holt and DeVore，2005）。

（二）性别差异影响冲突策略选择

霍尔特、德沃的研究表明，无论在何种文化背景下，女性都比男性更倾向于认同妥协的使用。在个人主义方面，男性比女性更倾向于使用强迫策略；在组织角色方面，男性比女性更倾向于选择上级的强迫方式（Holt and DeVore，2005）。纳尔逊等的研究结果显示，男性谈判代表更强势，而女性谈判代表更乐于助人，在某种程度上更倾向于妥协（Nelson et al.，2015）。

（三）权力影响冲突策略选择

纳尔逊等考察了权力如何影响冲突策略，研究结果显示：与权力较小的对手相比，权力较大的谈判者更多采用合作、顺从和回避策略，这在一定程度上挑战了权力和男子气概之间的普遍联系（Nelson et al.，2015）。

四 冲突策略选择偏好分析

通过梳理双重关注模型的实际应用案例可以发现，冲突策略选择偏好集中在合作、妥协和回避三类。其中，合作策略的选择往往会产生最令人满意的结果，所以也是最常采用的冲突策略；竞争策略往往产生不好的结果，因此在冲突管理中几乎很少被使用。

（一）偏好策略一：合作

邓艾兹、格林汉姆认为，冲突管理的双重关注模型可以准确描述在传教环境中冲突是如何处理或处理不当的，与强迫、迁就和回避相反，合作在传教冲突中通常会产生最令人满意和最具建设性的结果（Dunaetz and Greenham，2018）。有研究表明，根据双重关注模型，随着对另一方关注的增加，角色清晰度更高的士兵在更大程度上使用问题解决策略（Nobel et al.，2009）。古德温的研究探讨了审计师在解决与客户有关财务报表问题的纠纷时所采用的冲突管理策略。审计人员表示，他们主要使用整合策略来解决纠纷。妥协和支配的策略使用程度较低，而妥协和避免的策略很少使用（Goodwin，2002）。格里夫和布鲁恩的研究旨在探讨对婚姻满意度的影响最为显著的冲突管理方式。结果显示：合作冲突管理方式与婚姻满意度及配偶对婚姻冲突管理的满意度均有较强的相关性。相比之下，当夫妻一方或双方采用竞争性冲突管理方式时，婚姻满意度最低（Greeff and Bruyne，2011）。尤韦马等人通过对处理标准化冲突的 103 名荷兰护士经理的观察，研究了七种冲突行为对实质性和关系性冲突结果的影响。结果表明，解决问题、面对和强迫对关系结果较为重要（Euwema et al.，2003）。

（二）偏好策略二：妥协

索伦森通过对59家家族企业的调查分析，得出结论：合作、适应和妥协策略对家庭和企业产生了更好的结果；竞争策略对其造成相对负面的结果。高水平的合作有助于产生对家庭和企业的积极结果，高水平的妥协和迁就有助于产生对家庭的积极结果（Sorenson，1999）。有学者研究了斯里兰卡商业建筑部门的冲突管理策略，研究结果显示，妥协是该行业最常见的冲突管理策略，这种策略使双方都能获得一定程度的满意度；强迫型（权威）获得了第二名，而顺从型（乐于助人）和回避型分别获得了第三和第四名（Gunarathna et al.，2018）。贝特勒等人探究了处于职业活动年龄的年长者（45~65岁，相对于年轻人而言）在人际冲突中更喜欢使用的策略。基于双重关注模型，该研究结果显示，与年轻人相比，年长者具有更强的情绪能力及更强的感知、理解和调节自己与他人情绪的能力，情绪能力强的参与者在人际冲突中使用更多的问题解决和妥协策略（Beitler et al.，2018）。

（三）偏好策略三：回避

卡瓦纳通过在护士的工作场所考察护理冲突以及冲突的本质，发现在护理冲突中回避是最常用的冲突管理策略，而竞争则是最不受欢迎的（Cavanagh，1991）。

总的来说，解决问题是冲突处理过程中最为理想的策略，也是在实际运用中最受青睐的。但很多情况下，并不总能达成合作进而解决问题，而是需要冲突双方各让一步，达成“退而求其次”的合作，即妥协。在冲突非常激烈的情况下，双方倾向于选择回避策略，待情绪平复之后再继续谈判。

五　对西方双重关注模型的批评

西方的双重关注模型围绕两个维度形成了五种冲突策略，为解释冲突双方因对己方和对方不同程度的关注而可能采取的策略提供了有力的分析框架，但学界对双重关注模型本身也存在批评的声音。

第一，双重关注模型反映的冲突策略不能涵盖所有可能出现的情况。双重关注模型描述的是，在一个 2×2 的矩阵中有五种冲突策略（Pruitt，1983）。按照这种方式设计，矩阵中每个维度分别设置低、中、高三个取值范围，分别代表对自己和对方冲突结果有着低、中、高程度的关注。从数学角度来思考，将每个维度划分为三个值的范围会产生九种可能的组合，而不是大多数学者所认同的五种确定的组合（Li et al.，2018）。因此，该模型包含的冲突策略不够全面。

第二，双重关注模型的限制性强，难以有效推广。在该模型中，对自己的关注和对他人的关注以一种过于简单的方式来衡量，即要么高要么低，忽略了其中可能出现的更为复杂的情况，不具有一般性和普遍性，难以推广（Thomas，1990）。以回避策略为例，“对自己和他人的低度关注”的情况比“回避”这样的单一标签所能呈现的情况要复杂得多。再者，该模型以对双方冲突结果的关注为核心，即对于冲突双方选择冲突策略的预测仅限于双方具有相同谈判取向的情况下，不能适应所有复杂的冲突情境，难以解释冲突双方存在不同动机取向情况下的冲突策略选择（Thomas，1990）。该模型同样难以解释高度关注对方（伴侣关系）的谈判者为何难以达成互惠的结果（Fry et al.，1983）。

第三，对双重关注模型中妥协策略的探讨存在争议。一些学者认为妥协策略比回避策略和支配策略更接近整合策略，认为妥协是整合策略的弱化版本（Van de Vliert and Kabanoff，1990）。但普鲁特在他的双重关注模型中排除了妥协策略，他认为妥协策略是一种消极的问题解决策略（Pruitt，1983）。妥协策略是一种偷懒式的消极对待冲突处理的方式，甚至可以说根本无益于解决问题，也不可能达成双方的互惠。但考虑到现实情况的复杂性，如果无法达成友好合作，或者在其他冲突策略失败的情况下，双方都乐于各让一步的话，妥协仍然不失为一个可选的备用策略（Thomas & Kilman，1974；Rahim，1986；La Valley and Guerrero，2012）。

第四，单一地看待每一种独立的冲突策略。传统中大多数理论家使用双重关注模型中对自己的关注和对他人的关注两个维度来描述冲突行为的五种策略，即主导、适应、回避、整合、妥协。由这些问题引起的行为方式被呈现为独特且独立的，换言之，个体在社会矛盾化解过程中仅使用一种冲突策略（De Dreu and Van de Vliert，1997）。但实际上，人际冲突是综合而复杂的情况，不能将其简单化，更不能只用单一的维度来分析。因为人们通常不会在冲突期间只表现出单一的风格，而是多种行为的组合（De Dreu and Van de Vliert，1997）。普鲁特也曾强调，在大部分冲突情境中，各种冲突处理策略都会被组合使用或依次轮番使用，人们几乎很少只使用一种策略（Pruitt，1983）。

综上所述，双重关注模型和它所包含的五种冲突处理策略具有一定的局限性，无法面面俱到，还需要对该模型加以改造和完善，在实际操作中根据现实复杂的冲突情境和冲突双方的动机取向加以综合运用。

六　双重关注模型在中国的发展

双重关注模型在中国的发展离不开香港中文大学的梁国教授和法国的弗朗西斯·布鲁所做出的贡献，其发展大致经历了如下三个阶段。

（一）第一阶段：创造——双重动机的人际和谐模型

梁国认为，减少敌意是中国社会处理冲突的一个重要目标。他通过研究发现，与秉持个人主义的美国民众相比，秉持集体主义的中国民众更喜欢讨价还价和调解。中国受试者更倾向于将冲突中的过程控制和决策控制委托给中间调解方，他们认为调解和讨价还价更能减少冲突双方之间的敌意（Leung，1987）。之后梁国等人又提出将“增强和谐”与“减少敌意”两个概念同时使用（Leung et al.，1992），但是他们发现“减少敌意”的目标只有在激烈的冲突当中才会比较明显，所以为了弥补这个缺陷，他们提出用“避免分裂”的概念来解释集体主义者在轻度冲突情况下的冲突处理策略（Leung et al.，1992）。梁国将“避免分裂”与“增强和谐”分别定义为“避免会使关系紧张并导致其弱化和溶解的行为”和“参与假定会加强互动者之间关系的行为”（Leung，1997）。于是，梁国等根据中国的实际情形，发展出一种带有中国特色的冲突策略模型，即双重动机的人际和谐模型，这个模型围绕“增强和谐”和“避免分裂”两个维度展开（Leung et al.，2002）。布鲁选择了梁国双重动机的人际和谐模型的两个维度，即“作为工具的和谐”与“作为价值的和谐”（Brew，2007）。布鲁回到了梁国最初运用的“避免分裂”与“增强和谐”的二分法，提出了四种不同的冲突策略：建设性争论、破坏性对抗、建设性外交与缓和（见图6）。

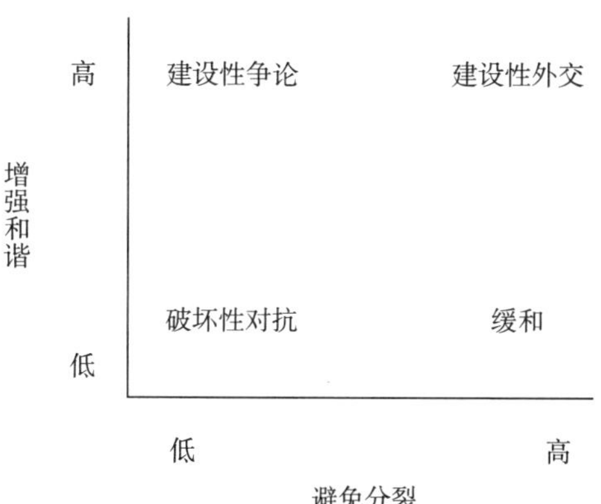

图6　梁国和布鲁双重动机的人际和谐模型

（二）第二阶段：融合——冲突策略的综合模型

布鲁是第一个将西方的双重关注模型和梁国的双重动机的人际和谐模型结合起来的人。梁国和布鲁合作将双重动机的人际和谐模型与西方的双重关注模型再结合，提出了冲突策略的综合模型。在整合之后的模型中，梁国和布鲁选择保留了双重动机的人际和谐模型的两个维度，即“避免分裂”和“增强和谐”，同时将西方双重关注模式的两个维度简化为一个带有调整标签的单一维度（Leung and Brew，2009）。

换言之，融合之后的冲突策略的综合模型有三个维度：第一个维度是“个人目标的重要性”，该维度的价值范围包括大和小；第二个维度是“对关系内在价值的关注”，用高和谐度增强与低和谐度增强来衡量；第三个维度是“对自我关系利益的需求”，用高避免分裂和低避免分裂来衡量。基于这三个维度，梁国和布鲁（Leung and Brew，2009）提出了八种不同的冲突方式：建设性外交、迁就、建设性争议、让步性顺从、表面顺从、回避、破坏性对抗和忽视（见图7）。

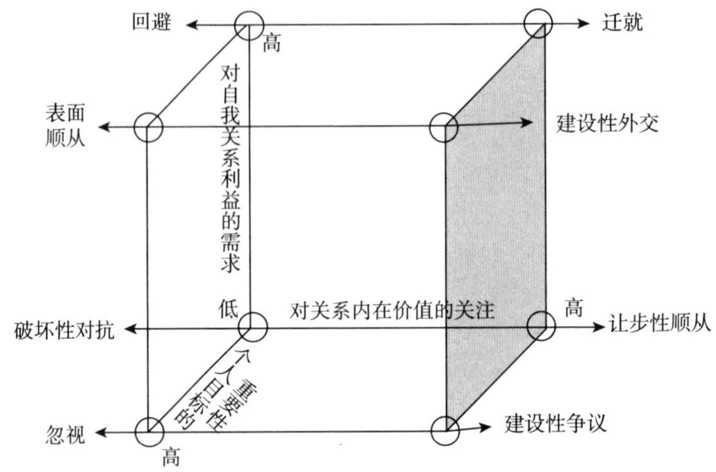

图 7　梁国和布鲁冲突策略的综合模型

注：建设性外交——高，高，高；迁就——低，高，高；建设性争议——高，高，低；让步性顺从——低，高，低；表面顺从——高，低，高；回避——低，低，高；破坏性对抗——低，低，低；忽视——高，低，低。

（三）第三阶段：完善——冲突策略的 3×3 综合模型

李欣等人发现梁国和布鲁的冲突策略的综合模型存在两点不足。第一，在他们的综合模型中，梁国在对待西方的双重关注模型时，选择将其两个维度简化为一个带有调整标签的单一维度；而对待中国的双重动机的人际和谐模型时，则没有加以调整和删减，仍然保留了原来的两个维度，这是不对称地对待西方和中国的模型。第二，他们将国外的双重关注模型的五种冲突策略和自己创造的双重动机的人际和谐模型的四种策略整合在一起，本来应该形成九种策略，但实际上在他们的综合模型中，只有最终三个维度的八种冲突策略，并不能涵盖原有两个基础模型的九种可能的冲突策略（Li et al.，2018）。

基于这两个缺陷，李欣等（Li et al.，2018）发展了冲突处理行为的综合模型。首先，他们选择运用布鲁（Brew，2007）的对称方法来重新整合西方和中国的冲突策略模型。更具体地说，他们的研究保留了双重动机的人际和谐模型与双重关注模型所包含的四个维度，初步形成了一个二维的 4×4 模型（见图 8）。其次，考虑到 4×4 模型中的 16 种冲突策略组合可能有重复、冗余或是没有意义的，他们通过整理和筛选，消除已有组合中出现重复的情况，最终形成了一个 3×3 模型，包含九种冲突策略（见图 9）。

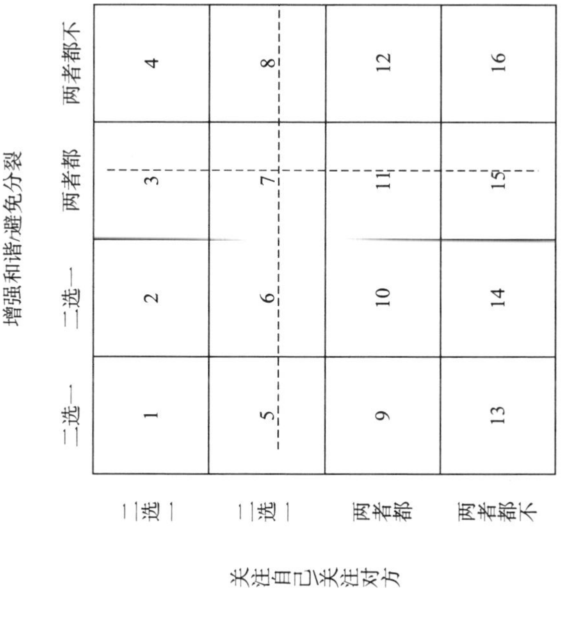

增强和谐/避免分裂

关注自己\关注对方	二选一	二选一	两者都	两者都不
二选一	1	2	3	4
二选一	5	6	7	8
两者都	9	10	11	12
两者都不	13	14	15	16

图 8　4×4模型

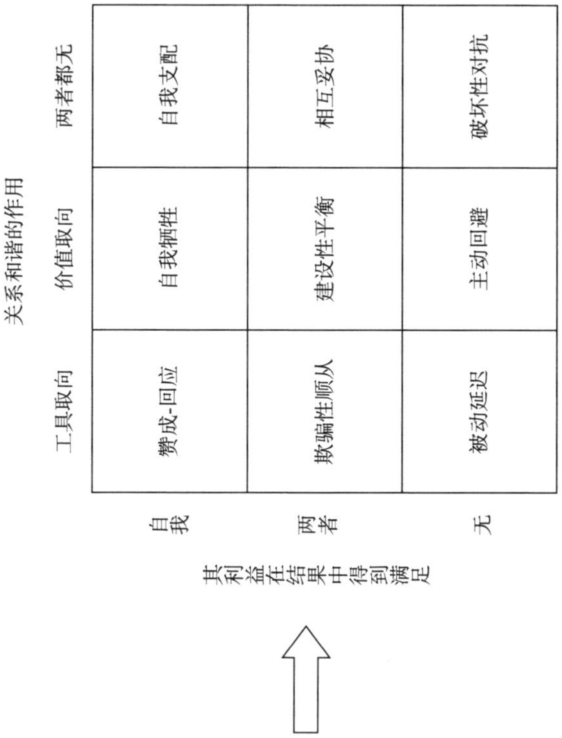

关系和谐的作用

其利益在结果中得到满足	工具取向	价值取向	两者都无
自我	赞成-回应	自我牺牲	自我支配
两者	欺骗性顺从	建设性平衡	相互妥协
无	被动延迟	主动回避	破坏性对抗

图 9　3×3模型

七　对中国社会矛盾化解的启示

（一）明确自身的定位

奥利本·诺贝尔等人做过这样一项研究，在双重关注模型的框架内，评估角色清晰度和对对方目标的关注对士兵与战区内当地居民的谈判的影响。研究结果显示，角色清晰度与士兵问题解决行为、他们对伊拉克对手的信任以及达成相互满意的协议呈显著正相关关系。角色清晰度可以调节对对方的关注对士兵问题解决行为的影响（Nobel et al.，2009）。这项研究启发我们，在社会矛盾化解过程中，要明确自己和对方在冲突中所处的位置，由此才能知道应该采取什么样的态度和策略，这也是双重关注模型发挥作用的关键。如果己方占有绝对优势，那么可以选择强迫策略；如果冲突双方处于势均力敌的状态，那么需要采取整合策略或者妥协策略。双方如有合作意愿，即可实现共赢；采取妥协策略，就需要双方做出让步，双方都不愿意妥协，则需要进一步提出解决方案，积极地走向合作。很多人在面对冲突时不知道如何处理，就是因为不清楚自身的定位，不知道应该采取什么样的策略。

（二）考虑对方的利益

双重关注模型围绕关注自我和关注对方两个维度展开，这就告诉我们，在社会矛盾化解过程中不能仅仅考虑自身的利益，忽视甚至损害对方的利益。如果冲突的双方都只是一味地关注自身的利益，那么谈判的过程很可能陷入僵局，单从时间成本来看，会造成不小的损失；假设双方都用“零和博弈”的思维来对待矛盾和冲突，其结果只会是两败俱伤，毫不利己。尤其是在中国这样一个人情社会中，人与人之间的关系显得尤为重要。在社会矛盾化解过程中考虑对方的利益，不至于使双方的关系陷入僵局，可以为双方关系的持续友好发展奠定基础。即使在冲突不可化解的情况下，也应让冲突双方先冷静下来，请第三方介入并进行调解。因此，冲突双方在社会矛盾化解过程中关注自身的同时，也要尽可能地学会换位思考，考虑对方的利益。

（三）寻找双方共同利益

马克思提出人的本质是一切社会关系的总和（马克思、恩格斯，2012：56），人与人之间是由各种关系联系到一起的，这是毋庸置疑的。所以冲突的双方之间看似不可能存在共同利益，实际上却有着千丝万缕的联系。只不过在激烈的矛盾冲突的情况下，双方容易被眼前和局部的利益迷惑，看不到长远利益和整体的发展，从而忽视了共同利益。一方面，冲突双方要实现意识上的转变，即充分认识到冲突过程中双方是可能存在共同利益，而非不可调和的；另一方面，冲突双方应当互相了解、分析对方的利益需求，由此判断对方的利益需求和己方在多大程度上可以实现融合，以及明确己方从整体和长远发展的角度出发可以为了双方共同利益做出多大程度的让步。在明确冲突双方共同利益的情况下，社会矛盾化解就是朝着维护和实现双方共同利益的方向发展，进而达成“双赢”而非导致“零和”。

（四）充分考虑文化差异

北京大学的马戎教授在普鲁特的《社会冲突》译版序言中指出，要在矛盾双方之间尽可能寻找共同的文化基础和价值准则，虽然不同的文化和民族之间存在差异，但是可以从中找寻基本的价值认同（马戎，2004）。从不同之处找寻共同点，为矛盾双方的冲突解决提供了可能性。本文非常赞同马戎教授的观点。在此基础之上，本文认为在冲突双方之间找寻共同价值准则的同时，也要充分考虑到双方的文化差异，并尊重这种差异。从国内来看，中国是一个地大物博、幅员辽阔的国家，各民族文化异彩纷呈；从国际来看，世界各国在文化认同和价值观念等方面存在巨大差异。因此无论是单从一个国家内部来看，还是放眼整个世界，文化差异是我们在社会矛盾化解过程中不能忽视的重要因素。因此，本文认为，在社会矛盾化解过程中，既要努力寻找冲突双方的共同价值准则，也要充分考虑双方的文化差异。

（五）视情境选择策略

双重关注模型认为冲突策略大致有五种，分别是主导、适应、回避、整合和妥协。从理论和思维角度看，整合是兼顾冲突双方利益的一种最好的选择。对已有的实际应用案例进行整理分析发现，整合策略确实是最常采用的冲突解决策略。此外，妥协、回避和适应策略也在社会矛盾化解过程中被采纳。妥协策略可以被看作“中配版”的整合策略，强调冲突双方各退一步，以满足双方的要求；相应地，回避策略则可以被看作“低配版”的整合策略，在处理不太重要和不稳定的冲突时，回避可能是相当有效的（Rahim and Bonoma，1979）。在双方冲突非常激烈的时候，适当的回避不失为一种缓和关系的策略，但长期的回避并不可取。适应策略又叫作“乐于助人”，这种策略看似不可能被采取，却可以被看作一种“以退为进”的策略。所以总的来说，没有哪一种冲突策略是“万金油”，在社会矛盾化解过程中应当根据具体情况选择策略。

（六）结合实际构建冲突管理技能培训体系

乔斯等的研究通过将双重关注模型的原则转化为实践，证明如果工人要以整合的方式管理冲突，那么他们需要学习一套基本的社会矛盾化解技能，包括情绪调节技能、人际沟通技巧和解决问题技巧（Leon-Perez et al.，2015）。这项研究告诉我们，冲突管理技能是可以学会的。既然是可以习得的，也就意味着可以在冲突出现之前对人们进行基本的冲突管理技能的培训，以指导中国社会冲突管理实践。可以借鉴国外的已有经验，并结合中国社会的实际加以运用，进而形成一整套冲突管理技能培训体系，这套体系需要教会受训者在实际生活和工作中如何避免冲突的发生，以及面对冲突应该采取什么样的管理策略，让人们在冲突管理过程中有章可循、有计可施。

八　总结

本文围绕双重关注模型的动态研究这一问题，梳理了相关领域的文献，展现了该模型的内容演变和实际应用。双重关注模型从早期福莱特的“3+2”冲突管理模式发展到托马斯、拉西姆和普鲁特从关注自我和关注对方两个维度展开的五种冲突策略，再到梁国和布鲁的创造性发展，将西方的双

重关注模型和双重动力的人际和谐模型相结合，已日趋完善。双重关注模型的实际应用比较广泛。在双重关注模型中，文化、性别、权力等不同影响因素下的策略选择各有不同，冲突策略偏好集中在合作、妥协和回避三类。此外，本文进一步结合中国实际探讨了双重关注模型对中国社会矛盾化解的启示，即明确自身的定位、考虑对方的利益、寻找双方共同利益、充分考虑文化差异、视情境选择策略和结合实际构建冲突管理技能培训体系，以指导中国社会冲突管理实践。

参考文献

马克思、恩格斯，2012，《马克思恩格斯选集》（第一卷），人民出版社。

马戎，2004，《民族社会学——社会学的族群研究》，北京大学出版社。

Beitler, Lena A., Sonja Scherer, and Dieter Zapf. 2018. "Interpersonal Conflict at Work: Age and Emotional Competence Differences in Conflict Management." *Organizational Psychology Review* 8 (4): 195-227.

Blake, R. R. and J. S. Mouton. 1964. *The Managerial Grid*. Gulf Publishing Company Press.

Blake, R. R. and J. S. Mouton. 1970. "The Fifth Achievement." *The Journal of Applied Behavioral Science* 6 (4): 413-426.

Brew, F. P. 2007. "Harmony and Controversy: The Yin and Yang of Conflict in East Asian and Western Cultures." in James Liu (eds.), *Casting the Individual in Societal and Cultural Contexts*. Seoul: Education Science Publishing.

Cavanagh, S. J. 1991. "The Conflict Management Style of Staff Nurses and Nurse Managers." *Journal of Advanced Nursing* 16 (10): 1254-1260.

Chang, Lieh-Ching. 2010. "The Negotiation Styles of Overseas Chinese: A Comparison of Taiwanese and Indonesian Chinese Patterns." *African Journal of Business Management* 5 (20): 8079-8087.

Colsman, M. & Edelgard Wulfert. 2002. "Conflict Resolution Style as an Indicator of Adolescents' Substance Use and Other Problem Behaviors." *Addictive Behaviors* 27: 633-648.

De Dreu, C. K. W. and Van de Vliert, E. 1997. *Using Conflict in Organizations*. London: Sage Publications.

Deutsch, M. 1949. "A Theory of Cooperation and Competition." *Human Relations* 2 (2): 129-151.

Dunaetz, David R. and Ant Greenham. 2018. "Power or Concerns: Contrasting Perspectives on

Missionary Conflict." *Missiology: An International Review* 46 (1): 67-85.

Euwema, Martin C., Evert Van de Vliert, and Arnold B. Bakker. 2003. "Substantive and Relational Effectiveness of Organizational Conflict Behavior." *The International Journal of Conflict Management* 14 (2): 119-139.

Euwema, M. C. and Van de Vliert, E. 1994. "The Influence of Sex on Managers' Reactions in Conflict with Their Subordinates." in A. Taylor and J. Beinstein Miller (Eds.), *Gender and Conflict*, pp. 119-140. New York: Hampton Press.

Euwema, M. C., Van de Vliert, E., and Bakker, A. B. 2003. "Substantive and Relational Effectiveness of Organizational Conflict Behavior." *International Journal of Conflict Management* 14 (2): 95-116.

Follett, M. P. 1940. "Constructive Conflict." in H. C. Metcalf and L. Urwick (eds.), *Dynamic Administration: The Collected Papers of Mary Parker Follett.* American Journal of Nursing. London: Taylor and Francis.

Fry, W. R., Firestone, I., and Williams, D. 1983. "Negotiation Process and Outcome of Stranger Dyads and Dating Couples: Do Lovers Lose?" *Basic and Applied Social Psychology* 4 (1): 1-16.

Goodwin, Jenny. 2002. "Auditors' Conflict Management Styles: An Exploratory Study." *ABACUS* 38 (3): 378-405.

Greeff, Abraham P. and Tanya De Bruyne. 2011. "Conflict Management Style and Marital Satisfaction." *Journal of Sex & Marital Therapy* 26 (4): 321-334.

Gunarathna, Chathuri, Rebecca Jing Yang, and Nirodha Fernando. 2018. "Conflicts and Management Styles in the Sri Lankan Commercial Building Sector." *Engineering, Construction and Architectural Management* 25 (2): 178-201.

Hall, J. 1969. "Conflict Management Survey: A Survey of One's Characteristic Reaction to and Handling of Conflicts Between Himself and Others." Teleometrics, Houston: TX.

Holt, Jennifer L. and Cynthia James DeVore. 2005. "Culture, Gender, Organizational Role, and Styles of Conflict Resolution: A Meta-analysis." *International Journal of Intercultural Relations* 29 (2005): 165-196.

La Valley, A. G. and Guerrero, L. K. 2012. "Perceptions of Conflict Behavior and Relational Satisfaction in Adult Parent-child Relationships: A Dyadic Analysis from an Attachment Perspective." *Communication Research* 39 (1): 48-78.

Leon-Perez, Jose M., GuyNotelaers, and Jose M. Leon-Rubio. 2015. "Assessing the Effectiveness of Conflict Management Training in a Health Sector Organization: Evidence from

Subjective and Objective Indicators." *European Journal of Work and Organizational Psychology* 25 (1): 1-12.

Leung, K. 1987. "Some Determinants of Reactions to Procedural Models for Conflict Resolution: A Cross-National Study." *Journal of Personality and Social Psychology* 53 (5): 898-908.

Leung, K. 1997. "Negotiation and Reward Allocations Across Cultures." in P. Christopher Eorley, *New Perspectives on International Industrial and Organizational Psychology*, pp. 640-675. The New Lexington Press.

Leung, K. and F. P. Brew. 2009. "A Cultural Analysis of Harmony and Conflict: Toward an Integrated Model of Conflict Styles." in R. S. Wyer, C. Y. Chiu and Y. Y. Hong (eds.), *Understanding Culture: Theory, Research and Application*, pp. 411-428. New York Publication.

Leung, K., Frances P. Brew, Zhi-Xue Zhang, and Yan Zhang. 2011. "Harmony and Conflict: A Cross-Cultural Investigation in China and Australia." *Journal of Cross-Cultural Psychology* 42 (5): 795-816.

Leung, K., P. T. Koch, and L. Lu. 2002. "A Dualistic Model of Harmony and Its Implications for Conflict Management in Asia." *Asia Pacific Journal of Management* 19 (2-3): 201-220.

Leung, K., Y. Au, J. Fernández-Dols, and S. Iwawaki. 1992. "Preference for Methods of Conflict Processing in Two Collectivist Cultures." *International Journal of Psychology* 27 (2): 195-209.

Li, Xin, Verner Worm, and Peihong Xie. 2018. "Towards an Integrative Framework of Conflict-handling Behaviour: Integrating Western and Chinese Perspectives." *Asia Pacific Business Review* 24 (1): 22-36.

Maruyama, Hiroki, et al. 2015. "Cultural Difference in Conflict Management Strategies of Children and Its Development Comparing 3 and 5 Year Olds Across China Japan and Korea." *Early Education and Development* 26 (8): 1210-1233.

Nelson, Noa, Ilan Bronstein, Rotem Shacham, and Rachel Ben-Ari. 2015. "The Power to Oblige: Power, Gender, Negotiation Behaviors, and Their Consequences." *Negotiation and Conflict Management Research* 8 (1): 1-24.

Nobel, Orly Ben-Yoav, Donald Campbell, Sean T. Hannah, and Brian Wortinger. 2009. "Soldiers' Negotiations in Combat Areas: The Effects of Role Clarity and Concern for Members of the Local Population." *International Journal of Conflict Management* 21 (2):

202–227.

Pruitt, D. G. 1983. "Strategic Choice in Negotiation." *American Behavioral Scientist* 27 (2): 167–194.

Putnam, L. L. and Wilson, C. E. 1982. "Communicative Strategies in Organizational Conflicts: Reliability and Validity of a Measurement Scale." in *M. Burgoon* (*Ed.*), *Communication Yearbook* 6, pp. 629–652. New York Publication.

Rahim, M. A. 1986. *Managing Conflict in Organizations*. New York, NY: Preager.

Rahim, A. and T. V. Bonoma. 1979. "Managing Organizational Conflict: A Model for Diagnosis and Intervention." *Psychological Reports* 44 (3c): 1323–1344.

Sorenson, Ritch L. 1999. "Conflict Management Strategies Used by Successful Family Businesses." *Family Business Review* XII (2): 133–146.

Thomas, K. W. 1976. "Conflict and Conflict Management." in Walter C. Borman, Daniel R. Ilgen, Richard J. Klimoski and Irving B. Weiner (eds.), *Handbook of Industrial and Organizational Psychology*. Wiley.

Thomas, K. W. 1990. "Negotiation Behavior and Outcomes: Empirical Evidence and Theoretical Issues." *Psychological Bulletin* 108 (3): 515–532.

Thomas, K. W. & Kilmann, R. H. 1974. *Thomas–Kilmann Conflict Mode Instrument*. Tuxedo, N. Y.: Xicom.

Tjosvold, D. 1990. "The Goal Interdependence Approach to Communication in Conflict: An Organizational Study." in M. A. Rahim (*Ed.*), *Theory and Research in Conflict Management* 15–27. Bloomsbury Publishing.

Van de Vliert, E. and Kabanoff, B. 1990. "Toward Theory–based Measures of Conflict Management." *Academy of Management Journal* 33 (1): 199–209.

Van de Vliert, E., Euwema, M. C, and Huismans, S. E. 1995. "Managing Conflict with a Subordinate or a Superior: Effectiveness of Conglomerated Behavior." *Journal of Applied Psychology* 80 (2): 271–281.

灌输·信号·说服

——思想政治教育政治社会化效果的实验研究*

胡　悦　孙宇飞　汤　霓**

摘　要　思想政治教育是贯穿我国基础教育和高等教育的重要环节，也是进行政治社会化、引导塑造公民人生观和价值观的重要途径。然而，目前对思想政治教育的研究仍主要集中于教育理念与方法探讨，对其是否有效、有何作用以及如何作用等议题存在争议，也缺乏系统研究和实证证据。本文从政治学视角理解思想政治教育的政治宣传和引导功能，结合政治心理学和政治传播学理论，搭建“灌输-信号-说服”机制框架。在此基础上，本文通过针对高等职业院校的6000人规模问卷实验，对思想政治教育的作用机制和效果进行因果意义的实证检验。实验结果表明，思想政治教育不仅能够使被调查者了解国家发展成就、感受国家维护社会稳定的强大能力，还能有效激发说服机制，通过令被调查者认识到国家拥有提供公共服务和促进国家认同的软实力增强其对国家的支持。此外，研究发现，思想政治教育效果受到实施方式影响；实验中“课程思想政治”模式效果系统性优于“思想政治课程”，更能够显著提升被试的政治合法性感知水平。实验研究发现，深化理解政治社会化的实现路径的因果机制，也为思想政治教育改革提供了理论依据和实证参考。

关键词　思想政治教育　政治社会化　问卷实验　高等职业教育

*　本文系国家自然科学基金面上项目（项目编号：72374116）、清华自主科研项目（项目编号：2024THZWJC01）的阶段性成果。

**　胡悦，清华大学政治学系长聘副教授，主要研究方向为政治心理、语言政治、政治传播等；孙宇飞，清华大学政治学系博士研究生，主要研究方向为政治心理；汤霓，教育部职业教育发展中心副研究员，主要研究方向为政治传播。

一 引言

政治合法性理论认为，政权的稳定不仅依赖于物质资源的有效配置，而且依赖于公众对政权的心理认同与支持（伊斯顿，1965）。为实现这一目标，政府通常通过有针对性的政治社会化过程塑造公众的政治态度和行为，强化对政权的规范性和认知性支持。政治社会化是政权维持合法性、获得公众支持的关键手段之一，具有广泛的信息覆盖、持续的信息传播以及对公民心理深度影响的特点（Dukalskis and Gerschewski，2017）。通过直接影响民众对政府的偏好或信念，从而改变他们的政治行为，政治社会化能够强化民众对现有体制的认同，从而为政治合法性提供支持（Huang and Cruz，2022）。在非西方选举民主制度的政权中，政治社会化的影响尤为重要（Bleck and Michelitch，2017）。

关于政治社会化对民众政治合法性感知的影响路径，现有的研究主要关注灌输机制和信号机制两个方面。灌输机制被视为政治社会化发挥作用的主要手段。无论是经典理论（Lasswell，1927；Lippmann，1922；White，2000）还是最新的实证研究（Guriev and Treisman，2020；Pan et al.，2020；Rozenas and Stukal，2019），都认为政治社会化能够通过灌输手段和持续的信息传播，说服公民理解政府或其政策的优点，直接塑造公众对政权正当性和有效性的认知，从而增强公民对政权的支持。然而，当社会化内容与公众实际经验出现明显偏差或缺乏实质说服力时，这一直接灌输效应往往受限。鉴于传统灌输机制的局限性，近年来政治学领域兴起了从更广泛视角探讨政治社会化作用机制的信号理论（signaling theory）。信号理论认为，政府的政治社会化不仅试图直接改变公众内心的态度，而且通过持续的信息传播与高强度呈现，向公众展示政权所拥有的强大治理能力与资源掌控能力（Huang，2015，2018）。在这一视角下，即使公众未完全接受政府传播的具体内容，也可能感知到政权强大的治理能力，从而在行为决策中产生自我约束，避免公开表达异议或进行集体反抗。因此，信号理论揭示了政治社会化如何在公众心理之外，通过行为上的结构性约束为政治合法性提供稳定支撑。尽管信号理论拓展了传统灌输机制的解释边界，但现有研究对信号机制涉及的国家能力往往局限于强制性能力的展示，忽视了国家非强制性能力（如濡化能力、再分配能力、统领能力等）的信号传递作用。这种对国家能力内涵的简化处理，限制了我们对政治社会化更深层次效应的理解。

思想政治教育课程是中国政治社会化的重要组成部分。中国共产党在革命、建设、改革各个历史时期都高度重视思想政治建设。从革命时期的陕北公学，到新中国成立后在中学开设“中国革命常识”“共同纲领”等课程，再到改革开放后中共先后出台了多个关于学校思想政治工作的文件，对思想政治教育建设提出了明确的要求，不断推动思想政治教育改革。在互联网普及的新形势下，在线教育因其教学灵活性、低教育成本和优质资源的共享性等优点，成为思想政治教育的重要支撑（原铭泽等，2020）。然而，这也对思想政治教育的内容、媒介和形式提出了新的挑战，“上思政课不能拿着文件宣读，没有生命、干巴巴的”（艾四林、吴潜涛，2022）。面对新的社会变化和复杂多变的国际形势，习近平总书记提出“把思政小课堂同社会大课堂结合起来”（艾四林、吴潜涛，2022）。因此，如何利用互联网和在线教育的优势，有效地开展新时代大思想政治课，是当前亟待解决的重要问题。

本文旨在从认同增强、能力感知和课程喜好三个维度，探究中国思想政治课对学生政治支持的影响。认同增强是灌输理论的核心目标，旨在通过社会化内容加强公众对政权的情感认同；能力感知源于信号理论，关注公众对国家能力尤其是强制性和非强制性能力的感知；课程喜好则代表了学生群体对不同教学方式政治社会化的接受程度。具体而言，本文主要关注两个研究议题：第一，公众通过思想政治课的学习，能够具体感知到哪些方面的国家能力？第二，什么内容和形式的思想政治课对公众的政治社会化最有效？

基于此，本文通过使用在中国开展的在线调查实验获得的独特数据集，结合析因实验设计与回归分析检验灌输理论和信号理论的国家能力感知之间的关系，提出一个具有整合性的政治社会化影响框架。在此基础上，本文基于内容和形式两个方面，从认同增强、能力感知和课程喜好三个维度尝试回答“如何讲好思想政治课”这一时代命题。本文不仅对理论研究做出重要贡献，还对现实治理具有重要价值。从理论角度来看，本文通过整合灌输理论和信号理论，为理解政治社会化影响公民行为的机制提供了新的研究视角和补充解释。在社会变迁和国际形势复杂多变的背景下，统一思想和增强公众的舆论支持显得尤为重要。本文通过实证研究，深入探讨在中国特定的社会和政治背景下，政治社会化和思想政治教育的治理效果。

二　政治社会化对政治合法性认知的影响路径：灌输机制与信号机制

政治社会化是一种国家政权为达成特定政治目标而设计的策略性信息传播过程，其核心在于通过向公众传递具有方向性、倾向性乃至导向性的叙事框架与符号体系，塑造社会成员的政治态度与政治行为，从而增强民众对政治合法性的认同。在此过程中，政府往往并非仅依赖事实层面的呈现，而是通过议程设置与价值重塑，将自身的执政能力、政策绩效和社会愿景以特定方式呈现给民众。在既有研究中，学者从灌输机制（educational mechanism）与信号机制（signaling mechanism）两条理论路径出发，对政治社会化如何影响公众加以分析。这两类机制分别在微观和宏观层面发挥作用，借由截然有别的作用逻辑与路径，深刻影响社会政治态度的形成与变迁。

灌输机制主张，国家通过教育、媒体与社会化机构，将自身有利的价值观、知识系统与政治叙事内嵌于社会认知结构中，从而塑造公众对政权正当性与有效性的看法。基于此，社会化旨在通过持续且系统的内容输送，使公众逐渐接受特定政治与社会价值观，并对政府产生信任与认同（Jowett and O'Donnell，2018）。在早期研究中，有关灌输机制的主导观点侧重于有意识的态度转变过程：政府利用信息垄断与引导，为公众提供关于特定议题的知识、数据与政策诠释，从而影响受众对该议题的理解与态度转换（Chaffee，2021；Prior and Lupia，2008）。然而，后续研究表明，个体原有信念和价值取向的改变常常并非易事，因为公民对政治信息的接收与处理受到诸多认知偏差与先入为主的价值框架限制。这一现实促使学者深入探讨灌输机制在潜意识层面的影响路径，即社会化不必通过直接推翻受众的固有观点，而可经由微妙的情绪唤起、注意力转移和信息编码方式的变化，在不经严谨审思的条件下影响民众的态度选择（Chong and Druckman, 2007）。潜意识影响路径的研究发现对于灌输机制的理解有深刻启示。Chong和Druckman（2007）指出，当公众对特定议题的关注度与思考动机不足时，社会化的力量便可在无意识层面发挥潜移默化的作用。这种“润物细无声”的社会化影响方式，为理解灌输机制的多层次与多维度作用提供了坚实的经验基础。

然而，灌输机制的有效性在现实治理情景中也饱受解释有限性的质疑。Huang（2015）等学者强调，灌输机制的前提是社会化内容需在逻辑与事实层面具备充分的可信度与说服力。当社会化信息充斥着明显的虚假成分或与公众切身经验严重背离时，其效应将大打折扣。即使社会化本身缺乏实质可证的内容或难以说服人心，政权也愿意付出高昂代价维持此类传播。这一现象从另一个角度指向了信号机制的潜在作用逻辑。研究者意识到，政治社会化的目标并不总是直接改变公众的内在偏好或深层态度，而可能更为间接且策略化。在这一机制中，社会化不仅是一种信息传递，而且是一种象征与标志，以显示政府在资源动员、信息控制与舆论塑造等方面的强大能力（Huang, 2015, 2018）。这种机制的逻辑是，即使民众对社会化内容本身并不认同或不信任，社会化的高强度呈现和无所不在的铺陈，也会使公众意识到国家机器背后的权力与威慑力。在一个信息管控严密的政治生态中，公众在感受到执政者强大的社会控制能力后，往往会重新评估反抗带来的潜在代价与风险，从而减弱对政府的挑战意愿与行动可能性。Huang（2015）采用博弈论模型与实证调查，系统阐述了信号机制的内在逻辑与效应。国家在社会化上投入大量资源且不断重复官方叙事，不仅传递其对公共领域的掌控，而且在无形中拉高公众反抗的成本预期。此时，社会化所产生的并非直接的教育效果，而是结构性的权力展示。当公众在社交网络、媒体渠道、公共空间中对官方信息的影响无从逃避时，国家的力量即刻以信息符号的形态确证自身。简单而言，信号机制强调通过展示国家强大的传播能力与资源支配力，强制性地构建一个不利于异议表达与组织的环境，使公众的合作者、潜在反对者与中间观察者对挑战政权望而却步。

两类机制在影响公众政治态度与行为的路径上各有侧重。灌输机制较为关注个体层面的态度重塑：通过信息供给、知识储备与价值系统的灌输与潜在形塑，使个体更倾向于支持现有政权、领导者与政策方案（Peisakhin and Rozenas，2018）。在这一层面上，政治社会化的作用类似于一个长期且隐性的政治社会化过程。与之相对，信号机制则偏向集体层面的权威性展示与战略威慑，使公众在理性计算与风险评估中因预期成本过高而不愿公开表达反对。这意味着，信号机制并非直指公众的内心态度，而是通过塑造外部情境与结构条件间接引导行为选择（Huang and Cruz，2022）。

总而言之，政治社会化既可通过灌输机制在个体层面逐步形塑与潜移默化地改变态度，也可通过信号机制在群体层面彰显国家实力，从而在行为选择与集体行动中形成外在制约。前者强调政治社会化如何被内化为个体的认知资源与价值导向，后者则关注政治社会化作为国家能力的“扩音器”，对公共领域的氛围塑造与风险感知产生系统性的影响。这两种机制并非相互排斥，而是作为互补的理论视角，共同阐明政治社会化在现代社会中所扮演的复杂与多维角色。

三　教学方式与教师呈现对学习者影响的效果和机制

随着互联网技术的迅猛发展，在线教育日益成为高校思想政治教育及会议精神传达的重要实践平台，这得益于在线教育灵活多样的教学组织方式、成本相对低廉的优势，以及优质教育资源跨地域共享的特性（原铭泽等，2020）。尽管在线教育的发展逐渐成熟，但其仍面临一些固有难题，学习者的自主性不足、课程完成率较低、师生及同学间互动欠缺等问题日益突出，对教学质量和学习效果构成了新的挑战（汪基德等，2014）。在此背景下，如何在在线思想政治课程中有效激发教师的积极性、主动性和创造力，通过精心设计且具有策略性的教师呈现提升学生的参与度和认知水平，已成为当前研究的重点关注方向。

所谓教师呈现，指的是在在线教学场景中，教师通过多种媒介形式和表达方式参与课程内容、教学过程及学习环境的构建，包括文字阐述、音频讲解、视频影像的直观展示，以及借助即时通信工具、在线论坛和虚拟课堂进行的交流互动。教师呈现对学习者的影响通常从社会临场感增强互动体验、认知负荷调控信息处理效率、注意力吸引与保持，以及学习者个性化偏好与实际效果的差异等多个视角进行研究与分析（Kizilcec et al.，2014；原铭泽等，2020）。然而，现有研究多聚焦一般教学情境下教师呈现对学习效果的影响，较少根据课程类型的知识特性和教学目标进行细化分析，因此难以揭示教师呈现在不同情境中的差异化作用机制与效果。课程类型在很大程度上决定了教师呈现的实现路径及其有效性。对于注重思维训练、深度理解和创造性应用的课程（如跨学科通识课、专业研讨课或实验创新课），多样化的教师呈现方式能够提供更丰富的信息输入和情境引导，激发学生主动思考，促进知识的长期内化和迁移应用。在这类课程中，采用增强社会临场感和注意力聚焦的策略，往往能推动学生实现更高层次的认知加工和探究行为，从而显著提升学习成果。对于以思想政治教育为代表的“硬教育”课程，其核心目标更多在于通过知识灌输和价值共识的构建实现意识形态教育和政治认同的强化。这类课程的逻辑和特性决定了其重点并非培养深层认知技能，而是促使学生记住并接受特定的价值观、政策理念或公共道德规范。因此，在这种“告知—接受”模式的教学场景中，优化教师呈现虽能在一定程度上提高学生对内容的注意力和浅层认知水平，但对学习效果的影响可能较为有限。换句话说，在线思想政治教育中的教师呈现能够强化课程的政治意义和价值引导，使学生更直观地感受到国家话语和权威的临场感，但在知识习得和长期可迁移的学习成效方面，其作用相对有限。

四　研究框架与假设

既有研究为探讨政治社会化的影响机制奠定了有益基础，但仍有进一步推进的空间。传统的灌输机制侧重通过“硬社会化”的灌输路径影响公众态度，而信号机制则在此基础上提出，即使社会化内容缺乏直接的说服力，政权也可借由展示其资源控制能力和信息灌输的强制性，将社会化转化为对公众反抗倾向的“劝退”手段（Huang，2018）。然而，信号机制对国家能力的刻画仍不够细致：其逻辑虽强调公众能在社会化中感知到国家强大的资源调配与信息强化能力（Huang，2015），但尚未明确界定这种能力在公众认知结构中所对应的具体内涵。除强制性能力之外，公众能否通过政治社会化感知到其他类型的国家能力？

此外，政治社会化的实施方式多元而复杂，不仅限于内容层面的知识型教学与社会化型教学，还包括近年来中国政府力推的实践型教学，即课程思想政治教学模式。课程思想政治教学模式强调通过实践参与和体验学习提升学习者对国家制度、政策绩效与价值体系的直观理解和认同。在此背景下，不同类型的思想政治课（知识导向、社会化导向、实践导向）在增强公众的国家认同、国家能力感知及对思想政治课本身的偏好度方面，孰能产生更为显著与持久的影响？与此同时，在线教育的快速发展使远程教学日益成为思想政治教育的重要形式。在这种教学模式下，教师的不同呈现方式是否会对思想政治教育的效果产生影响，也成为亟待厘清的实证问题。

图1总结了思想政治教育的两种政治社会化机制。在此基础上，本文聚焦以下两个研究问题：首先，学习者在接受思想政治课教学后，将具体感知到国家哪些层面的能力？其次，哪种内容与形式的思想政治课更能有效增强学习者的政治认同、国家能力感知及对思想政治教育本身的偏好？

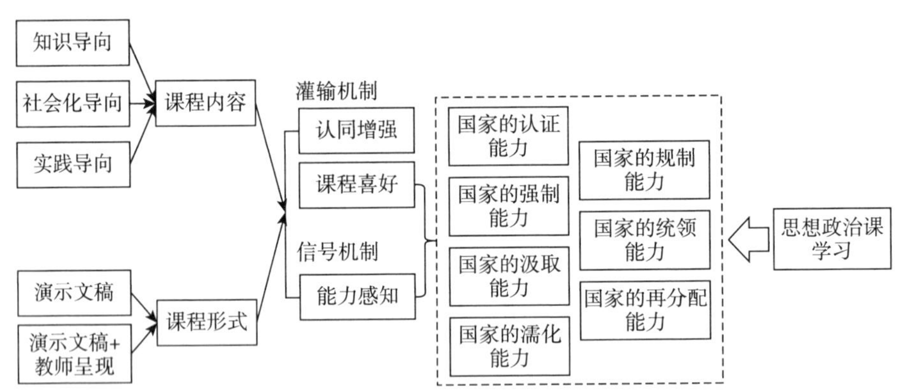

图1　思想政治教育的两种政治社会化机制

对于这两个问题，基于既有理论，本文提出以下假设。

假设1.1：思想政治课教学能使公众感知到国家的强制能力。

假设1.2：思想政治课教学能使公众感知到国家的非强制能力。

假设2.1：社会化导向的思想政治课在强化公众国家强制能力的感知方面更有效。

假设 2.2：实践导向的思想政治课在强化公众的国家非强制能力的感知方面更有效。

假设 2.3：不同的教师呈现方式在在线思想政治教育教学的整体上没有显著差异。

通过对以上假设的检验，本研究希望为整合灌输机制与信号机制提供一个更系统与精细的研究框架，并为政策制定者与教育实践者在优化思想政治教育策略与教学模式时，提供具有实证依据的决策参考。

五　研究设计

本研究所使用的数据来自教育部职业教育中心研究所于 2021 年 6 月通过网络调查平台实施的“高等职业学校在线教育问卷调查”。调查共收集了 6090 份在读高职学生的问卷，剔除答题用时过短的无效问卷后，最终获得 6030 个有效样本。受调查成本和条件所限，本研究数据并非源于严格意义上的随机抽样调查。然而，样本覆盖了除港澳台及新疆、西藏外的全国 29 个省份的 97 所高等职业院校（以下简称“高职院校”）。从样本在各地区的分布来看，其总体分布与各省份职业教育在校生规模大体相符，基本体现了高职院校在不同年级、专业及教学水平方面的差异性。

本研究选择高等职业院校的学生作为研究对象，主要基于“最不可能案例”（Least Likely Case）的设计考量。政治社会化研究常采用“最不可能案例”来检验某一机制的有效性，即在最不可能的环境下，如果政策干预仍然有效，则其在其他环境中的效果可能更好。相较于普通本科高校，高职院校在思想政治教育方面的资源投入相对较少、学生接受度相对较低。高职院校面临师资力量不足、课程体系相对薄弱、学生整体学术兴趣较低等挑战，这使思想政治教育的实际效果可能受到更多现实因素的制约。本文的研究对象——高职院校学生，正是思想政治教育可能最难发挥作用的群体之一。如果在这样一个群体中，思想政治教育仍能增强其国家认同、提升政治支持度，那么在资源充足的普通高校中，思想政治教育的影响可能更为显著。

（一）实验设计

本研究采用基于调查问卷的析因实验设计。通过向不同被调查者展示六种不同类型组合的思想政治课教学视频作为干预手段，本研究旨在比较被调查者在“课程内容”和“教师呈现方式”两个干预维度下，在“认同增强”、“能力感知”以及“课程喜好”三种课程效果上的差异。在问卷中对被调查者施加随机干预，可有效平均化个体层面上的混淆因素，对干预因果效应进行更为准确的推断（Egami and Imai，2018）。

具体而言，本研究选取“十八大以来的历史性成就”这一现实存在的课程主题作为内容基础，并为被调查者提供六种不同的思想政治课程内容和呈现形式，以观察不同干预条件下的政治社会化效果。笔者将思想政治课程内容分为三类：知识导向、社会化导向和实践导向。其中，知识导向侧重以清晰且结构化的形式展示“十八大以来的历史性成就”中的核心知识点，以期通过灌输机制影响态度与行为；社会化导向基于对中国共产党党史学习教育领导小组办公室指导录制的“国史讲堂”系列理论视频之“党史微课”中关于“十八大以来的历史性成就体现在哪些方面”的相关素材进行适当修改，以期通过强调执政能力的信号机制对公众态度产生影响；实践导向则呼应近年来国家所倡导的“大思想政治课”理念，将思想政治社会化与实践知识和专业知识学习相结合，从而通过实践教育路径施加干预。

为检验干预设计的有效性并减少模拟偏差带来的影响，本研究在施加干预后向不同干预组被试分别询问“该视频是否与学校一般课程风格/新闻联播风格/职业教育知识类似”的问题。结果显示，各干预组在上述问题的回答上与实验设定的课程特征有较高的一致性（见表1），这在一定程度上证明了干预模拟设计的有效性。

表1 实验干预与被试感知一致性水平

干预类型	一致性
知识导向	0.85
社会化导向	0.91
实践导向	0.96

笔者将在线思想政治教育的教师呈现分为“传统式宣讲”和“互动式教育”两种形式。传统式宣讲是指教师在课堂上以演示文稿为主进行教学，而互动式教育则是指教师在课堂上与学生进行互动，通过提问、讨论等方式激发学生的学习兴趣和积极性。教师呈现方式与上述思想政治教育内容交叉共形成六种干预状态，实验将被试随机分成六组，分别在给定的不同情景下回答问卷问题，从而实现了在无法提前确定被试情况的前提下保证实验干预的随机性。具体而言，首先，我们向所有被试展示下列引导语：“请认真观看下列思想政治课视频，观看后，请您回答相应问题。”接下来，通过情景视频干预对被试随机施加刺激，六种干预类型和样本覆盖率如表 2 所示。

表 2　思想政治课的六种干预类型和样本覆盖率

单位：%

干预类型	样本覆盖率
第一组（知识导向，演示文稿）	16.14
第二组（社会化导向，演示文稿）	16.5
第三组（实践导向，演示文稿）	16.77
第四组（知识导向，教师呈现）	17.04
第五组（社会化导向，教师呈现）	16.75
第六组（实践导向，教师呈现）	16.81

（二）变量设计

在结果变量的测量上，笔者呈现干预情景后从认同增强、能力感知和课程喜好三个影响维度系统选择和测量了一系列反映思想政治教育教学效果的因素。在认同增强方面，笔者测量了被试对中央政府施政的满意程度和信任程度；在能力感知方面，笔者根据王绍光（2008）提出的国家能力分类对被试受到不同类型思想政治课干预后的七类国家能力感知进行测量，具体测量题项如表 3 所示；在课程喜好方面，实验还询问了各干预组的被试对刚刚学习的思想政治课的喜好程度。此外，笔者还控制了性别、年龄、年级、政治面貌、专业、班级规模、对所在学校的喜好程度等被试的个体特征变量，以准确识别干预效应（Egami and Imai，2018；Gaines et al.，2007）。

表 3 七类国家能力感知的测量

国家能力类别	测量题项
认证能力	统计民众和社会信息的能力
强制能力	维护社会稳定的能力
濡化能力	促进社会团结，增强民众国家认同的能力
汲取能力	向社会获取资源（包括税收等）的能力
统领能力	领导中央各部委和地方政府的能力
规制能力	管理社会组织和市场主体的能力
再分配能力	提供社会福利的能力

六 分析结果

对于第一个问题，本研究首先借助回归分析，检验了学生接受思想政治课教学后国家能力的具体感知情况。除王绍光（2008）提出的国家能力之外，综合国家能力得分是笔者借助主成分分析提取的衡量学生综合国家能力感知的变量，回归结果如图 2 所示。

回归结果显示，思想政治教育学习对被试的国家能力感知存在显著且差异化的影响，其中对综合国家能力感知、强制能力感知和濡化能力感知的影响尤为显著。具体而言，思想政治教育显著提升了学生对国家综合能力的整体认知水平，同时强化了对国家强制能力的感知，即通过思想政治课的学习感知到国家在维护社会稳定方面的强大能力。值得关注的是，思想政治教育学习不仅增强了学生对国家强制能力的感知，还显著增强了学生对国家濡化能力的感知。换句话说，通过思想政治课的学习感知到国家在促进社会团结和增强民众国家认同方面的强大能力，在既有研究中这一认知过程被认为主要通过灌输机制实现。而对于国家认证能力、规制能力、汲取能力、统领能力和再分配能力等维度，回归结果并未体现出显著影响。

这一实证结果揭示了思想政治教育作为政治社会化工具在提升国家能力感知方面的双重效应：一方面，通过信号传递机制，强化学生对国家强制能力的认知，思想政治教育在一定程度上降低了公众的反对和抗争意愿；

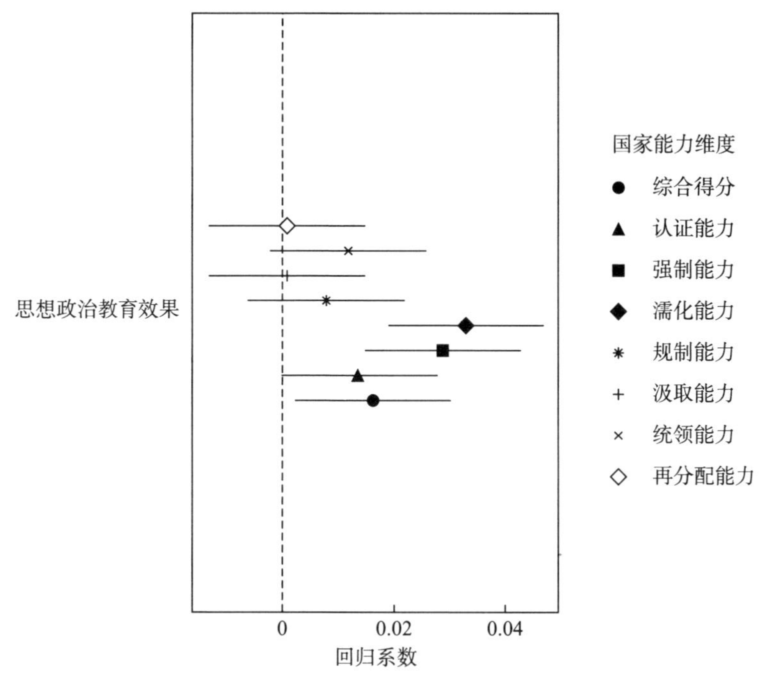

图 2　思想政治教育对不同国家能力感知的影响

另一方面，学生能够感受到国家在提供公共服务与促进国家认同方面的软实力，从而增强了对国家的支持与认同。这表明，政治社会化不仅能够提升公众对国家硬实力的认知水平，还能够产生促进国家认同的软效应。

在此基础上，实验通过六种不同的刺激条件，深入检验了三类思想政治教育课程内容及两种教师呈现方式对教学效果的影响。根据回归分析结果，我们将“知识导向”与“传统式宣讲”作为思想政治课程内容及教师呈现形式的基准组，采用析因实验设计与回归分析方法，系统评估了不同教学呈现方式与课程内容对学生在“国家能力感知”、“政治支持”、“政治信任”和“课程喜好”四个维度上的影响（见图 3）。

研究结果表明，在课程内容方面，结合学生专业背景的实践导向型显著提升了学生在“国家能力感知”、“政治支持”、“政治信任”以及“课程喜好”四个指标上的水平。在教师呈现方式上，不同的教师呈现方式对思想政治教育教学效果的四个维度的影响差异并不显著。这一发现显示出传统宣讲式教学在传递基础知识方面依然具有稳定的效果，尤其是在确保学生

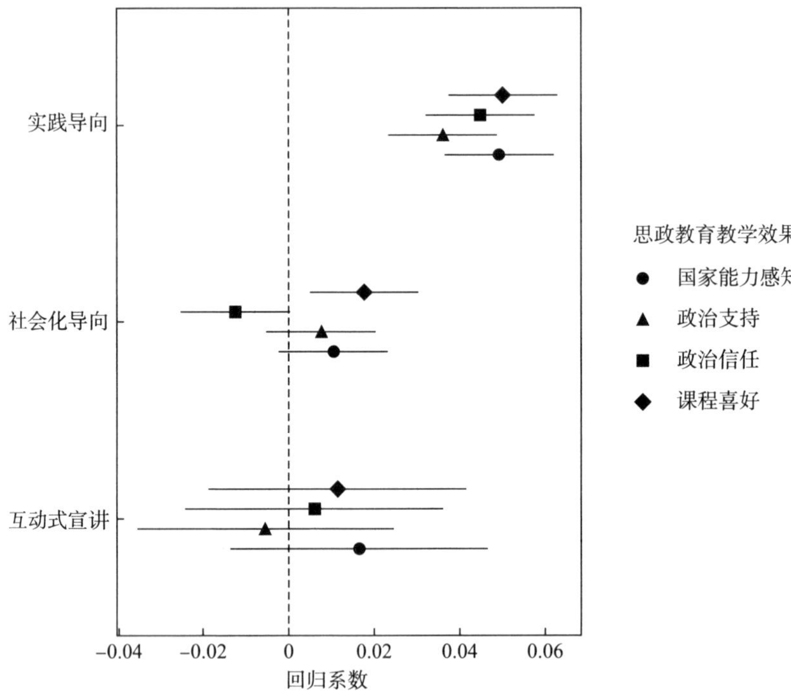

图 3　思想政治教育教学效果的影响因素

掌握核心概念和理论框架时具有较高的效率。而互动式教育虽然通常被认为能够提升课堂参与度，但在思想政治课这一具体语境下，其效果并未优于传统宣讲式教学。这可能与课程性质密切相关。对于注重思维拓展、深度理解与创造性实践的课程，多样化的教学呈现方式能够提高长期的知识内化与迁移能力。然而，对思想政治教育类的“硬教育”课程而言，即便教师通过各种优化策略提升学生对课程内容的注意与表面理解水平，也不一定能显著促进认知结构的深度转化。

在此基础上，研究还关注了不同类型思想政治教育对不同维度国家能力感知的差异化影响。如图 4 所示，和其他课程类型相比，实践导向型课程，即“课程思想政治”，无论是对于软性的国家能力（濡化能力）还是硬性的国家能力（强制能力），都有显著提升。

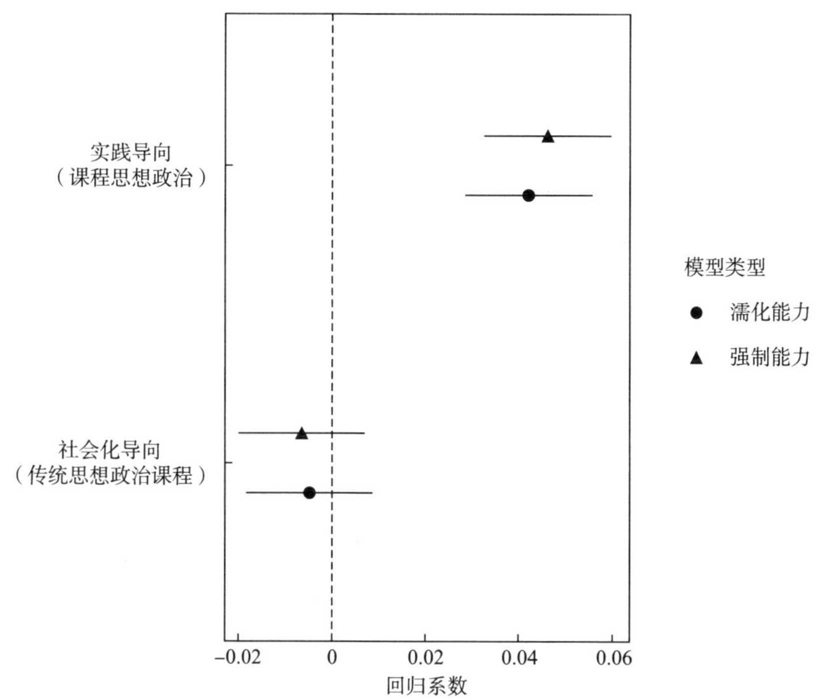

图 4　不同类型思想政治教育对不同维度国家能力感知的影响

七　总结和讨论

本文基于在中国开展在线调查实验获得的独特数据集，运用析因实验与回归分析方法，从政治社会化研究中常用的灌输机制与信号机制双重框架出发，对思想政治课这一典型的政治社会化工具对民众政治合法性感知的影响效果和作用路径进行了较为系统的探讨，提出了一个整合性的政治社会化影响框架，对思想政治教育在政治社会化过程中的作用机制进行了系统的实证检验，深入审视了“如何讲好思想政治课”这一时代命题。

实验结果表明，思想政治教育不仅能够通过持续的信息传播，直接塑造公众对政权正当性和有效性的认知，从而增强公民对政权的支持，即通过灌输机制来实现政治社会化的效果，还能够提升学生对国家强制能力（如维护社会稳定）的感知，使被试了解国家发展成就、感受国家维护社会稳定的强大能力，检验了信号机制的有效性。这表明灌输机制和信号机制并非相互独立、相互割裂，而是共同作用于政治社会化过程。在此基础上，研究进一步发现，思想政治教育的影响并不局限于这两种机制，而是额外激发了一种说服机制（convincing mechanism），即通过塑造对国家软实力的认知，促使学生在心理层面主动接受和认同国家政治体系，从而增强对国家的支持。这一发现超越了传统的政治社会化理论框架，丰富了对政治社会化塑造个体政治态度的认识。

从理论层面来看，本研究对既有政治社会化理论做出了重要补充。传统研究主要关注两种机制：灌输机制和信号机制。灌输机制认为，国家通过持续的信息传播，使个体接受特定政治价值观，并逐步内化政治忠诚；信号机制则强调国家通过政治社会化过程传递其强大的治理能力，使公众即使不完全认同政府，也因感知到国家的强大控制力而调整自身行为。本研究的实验结果表明，这两种机制在思想政治教育过程中并非彼此割裂，而是相互交织，共同影响受众的政治态度。在思想政治教育环境中，灌输机制帮助学生构建关于国家治理与发展成就的系统认知，信号机制则通过强化国家能力形象，使学生形成对国家稳固性的认知。

更重要的是，本研究提出的说服机制突破了既有的理论框架，揭示了思想政治教育不仅能够塑造公众的政治态度，还能够通过增强公众对国家软实力的理解，使其主动认同国家的政治合法性。这一发现不仅丰富了政治社会化工具增强民众政治合法性感知的作用路径，还回答了一个理论与实证之间的困惑：传统的政治社会化理论往往关注国家强制能力感知对民众的“威胁”效果，但大量实证数据表明，排除社会期望偏差后，中国民众对国家治理能力与合法性依然保持着充足的信心和较高的认同水平（Tang，2018；Cunningham et al.，2020；Dickson，2016）。本研究提出的说服机制表明，思想政治教育不仅仅是一种单向的信息传递，而是能够有效引导公众形成对国家能力的积极认知，使其产生主动的政治支持。与传统灌输理论不同，说服机制并非单纯依赖重复性信息输入，而是通过政治传播中的认知加工过程，使受众自主建构对国家的支持态度。本研究的实证数据表明，即使在思想政治教育资源相对有限的高职院校，学生也能够通过思想政治教育形成对国家治理的主动认同，这也有力回应了现有研究对政治社会化说服作用有效性的质疑（Bleck & Michelitch，2017；Carter and

Carter, 2021)。政治社会化不仅能强化国家治理的权威形象，而且能在公众心中构建一个兼具统摄力、凝聚力和回应性的国家治理形象，从而在长期的社会建构中夯实国家的合法性基础。

从实践层面来看，本研究发现，不同的思想政治教育方式对政治社会化产生的效果存在显著差异。课程思想政治模式比传统思想政治课程更具实效性，能够显著增强学生对国家能力的感知，并提升其政治合法性感知水平。这表明，思想政治教育的效果不仅取决于内容本身，还与教学方式密切相关。更具实践导向的教学模式，如案例分析、社会实践、职业相关的政治教育，能够更有效地增强认同感，并提升政治信任程度。由此，深化思想政治课程教学改革，最大限度地发挥思想政治课在政治社会化和价值引导上的成效，必须从内容设计、课程实践与学习者体验的多方协同入手，激发学生的内在认同动力和现实关切。

参考文献

艾四林、吴潜涛，2022，《高校马克思主义理论学科发展报告（2020）》，人民出版社。

汪基德、冯莹莹、汪滢，2014，《MOOC 热背后的冷思考》，《教育研究》第 9 期，第 104~111 页。

王绍光，2008，《民主四讲》，生活·读书·新知三联书店。

伊斯顿，戴维，1965，《政治生活的系统分析》，王浦劬译，华夏出版社。

原铭泽、王爱华、尚俊杰，2020，《在线教学中教师该不该出镜？——教师呈现对学习者的影响研究综述》，《教学研究》第 6 期，第 1~8 页。

Bleck, Jaimie and Kristin Michelitch. 2017. "Capturing the Airwaves, Capturing the Nation? A Field Experiment on State-Run Media Effects in the Wake of a Coup." *The Journal of Politics* 79 (3): 873-889.

Carter, Erin Baggott and Brett L. Carter. 2021. "Propaganda and Protest in Autocracies." *Journal of Conflict Resolution* 65 (5): 919-949.

Chaffee, Steven. 2021. "Mass Media Effects: New Research Perspectives." In *Communication Research Half-Century Appraisal*, pp. 210-241. University of Hawaii Press.

Chong, Dennis and James N. Druckman. 2007. "Framing Public Opinion in Competitive Democracies." *American Political Science Review* 101 (4): 637-655.

Cunningham, Edward, Saich, Tony, and Turiel, Jesse. 2020. "Understanding CCP Resilience: Surveying Chinese Public Opinion through Time." Ash Center for Democratic Governance and Innovation, July.

Dickson, Bruce. 2016. *The Dictator's Dilemma: The Chinese Communist Party's Strategy for Survival*. Oxford: Oxford University Press.

Dukalskis, Alexander and Johannes Gerschewski. 2017. "What Autocracies Say (and What Citizens Hear): Proposing Four Mechanisms of Autocratic Legitimation." *Contemporary Politics* 23 (3): 251-268.

Dunsworth, Qi and Robert K. Atkinson. 2007. "Fostering Multimedia Learning of Science: Exploring the Role of an Animated Agent's Image." *Computers & Education* 49 (3): 677-690.

Egami, Naoki and Kosuke Imai. 2018. "Causal Interaction in Factorial Experiments: Application to Conjoint Analysis." *Journal of the American Statistical Association*.

Gaines, B. J., J. H. Kuklinski, and P. J. Quirk. 2007. "The Logic of the Survey Experiment Reexamined." *Political Analysis* 15 (1): 1-20.

Guriev, Sergei and Daniel Treisman. 2020. "A Theory of Informational Autocracy." *Journal of Public Economics* 186: 104158.

Huang, Haifeng. 2015. "Propaganda as Signaling." *Comparative Politics* 47 (4): 419-437.

Huang, Haifeng. 2018. "The Pathology of Hard Propaganda." *The Journal of Politics* 80 (3): 1034-1038.

Huang, Haifeng and Nicholas Cruz. 2022. "Propaganda, Presumed Influence, and Collective Protest." *Political Behavior* 44: 1789-1812.

Jowett, Garth S. and Victoria O'Donnell. 2018. *Propaganda & Persuasion*. SAGE Publications.

Kizilcec, René F., Kathryn Papadopoulos, and Lalida Sritanyaratana. 2014. "Showing Face in Video Instruction: Effects on Information Retention, Visual Attention, and Affect." In *Proceedings of the SIGCHI Conference on Human Factors in Computing Systems*, pp. 2095-2102. ACM.

Kleinke, Chris L. 1986. "Gaze and Eye Contact: A Research Review." *Psychological Bulletin* 100 (1): 78.

Lasswell, Harold D. 1927. "The Theory of Political Propaganda." *American Political Science Review* 21 (3): 627-631.

Lippmann, Walter. 1922. *Public Opinion*. New York Publications.

Pan, Jennifer, Zijie Shao, and Yiqing Xu. 2020. *The Effects of Television News Propaganda: Experimental Evidence from China*. Rochester, NY: Social Science Research Network.

Peisakhin, Leonid and Arturas Rozenas. 2018. "Electoral Effects of Biased Media: Russian Television in Ukraine." *American Journal of Political Science* 62 (3): 535-550.

Prior, Markus and Arthur Lupia. 2008. "Money, Time, and Political Knowledge: Distinguishing Quick Recall and Political Learning Skills." *American Journal of Political Science* 52 (1): 169-183.

Rozenas, Arturas and Denis Stukal. 2019. "How Autocrats Manipulate Economic News: Evidence from Russia's State-Controlled Television." *The Journal of Politics* 81 (3): 982-996.

Sweller, John. 1994. "Cognitive Load Theory, Learning Difficulty, and Instructional Design." *Learning and Instruction* 4 (4): 295-312.

Tang, Wenfang. 2016. *Populist Authoritarianism: Chinese Political Culture and Regime Sustainability*. Oxford: Oxford University Press.

Tang, Wenfang. 2018. "The 'Surprise' of Authoritarian Resilience in China." *American Affairs* 2 (1): 101-117.

White, James D. 2000. "After the Propaganda State: Media, Politics, and 'Thought Work' in Reformed China." *China Review International* 7 (2): 507-510.

全球公共部门领导力研究的知识概貌与发展转向

原　珂　耿　旭　张莉娜[*]

摘　要　自新公共管理运动伊始，政府的有效管理越发成为国内外研究的热点。近年来，有效的公共部门领导力逐渐成为公共部门领导理论领域的学者讨论的新议题。国内关于公共部门领导力的研究逐渐增长，但呈现整体分散和局部不精的态势。此外，由于缺乏中国情景化的探索，学者对公共部门领导力的相关概念和发展演变没有形成清晰的认知，尤其是在公共价值理论兴起的当下，难以发挥公共价值理论的指引作用。在此基础上，本文从纵向历史视角出发，结合国外公共部门领导经典理论基础，梳理公共部门领导力的发展历程，总结相关议题，并对新时代下公共部门领导力的价值取向进行深入分析。最后，立足中国公共部门领导实践情境与研究进展，本文指出我国公共部门领导力研究的未来发力点，以期为我国公共部门领导力的发展提供借鉴。

关键词　公共部门领导力　公共价值　公共服务动机

一　引言

无论在哪个时代，公共部门领导理论的发展都离不开公共部门领导力的研究，“公共管理中没有什么比领导力更重要、更有趣、更神秘的了”（Lambright & Quinn，2011）。在新时代，随着互联网与大数据的迅速发展，

* 原珂，对外经济贸易大学国家对外开放研究院、政府管理学院教授，博士生导师，对外经济贸易大学“惠园优秀青年学者”，主要研究方向为公共政策与城市治理；耿旭，深圳大学机关事务研究院研究员、政府管理学院副教授、硕士生导师，主要研究方向为组织与绩效管理、公共政策与服务；张莉娜，深圳大学政府管理学院研究生，主要研究方向为行政管理与改革。

公众的主体意识和参与治理的意愿不断增强，传统公共部门领导模式面临更加复杂的挑战。公共部门领导力的研究因此变得更加迫切，并在推进国家治理体系和治理能力现代化中发挥着不可或缺的作用。为适应新时代新任务新要求，2018 年 5 月，中共中央办公厅印发了《关于进一步激励广大干部新时代新担当新作为的意见》，明确对新一代领导力以及领导学科的建设进行了再探讨，进一步强调构建中国特色领导科学体系、加强中国领导力建设的重要性。党的二十大和党的二十届三中全会强调不断提高领导干部的政治判断力、政治领悟力、政治执行力，为新时代公共部门领导力建设指明了方向。

国内学者在西方公共部门领导理论的基础上，逐渐关注公共部门领导力研究，并基于中国公共部门实践情境展开探索。总体来看，国内早期研究多集中在领导的职责、成功领导者的要素等方面（方吉第，1983）。从 20 世纪 90 年代开始，研究逐步转向领导风格情景化与文化适应性，并对公共部门的领导类型展开了广泛讨论（李育辉等，2019）。21 世纪以来，随着管理实践的发展，学者越发关注公共环境的外部责任，并一再强调：明确清晰的理论模型与公共部门复杂环境中的具体实践结合，将为公共部门领导力研究提供新的发展路径（陆黎、何英，2020）。尽管国内学术界在该领域取得了一些进展，但仍存在诸多不足，包括研究主题分散、研究方法单一、理论建构薄弱等，尤其是在倡导公共价值的当下，缺乏中国情境的公共价值领导理论框架（王学军、曹钶婕，2019）。

相较而言，西方国家对于公共部门领导的研究较早，积累了大量的研究成果。鉴于此，本文从全球视角出发，梳理国外公共部门领导力的概念界定、发展历程及核心议题，探讨理论研究的主要特点和趋势。本文主要聚焦公共价值理论引领下的公共领导力前沿发展，结合中国实际提出研究建议，以期为构建具有中国特色的公共部门领导理论提供借鉴。

二　公共部门领导力的概念界定和发展历程

（一）公共部门领导和公共部门领导力

首先，公共部门领导理论与私营部门领导理论的学术界限并不清晰，难以进行严格区分。其次，领导这一行为本身具有复杂性。它既受个人学习能力和发展弹性的驱动，也受组织多样性和制度环境的影响。因而，学者普遍承认公共部门领导概念具有多面性，并偏重从不同视角进行界定，主要包括四个视角。第一，从政治问责角度来看，公共领导是一种以高效和合法的方式提供组织目标结果的过程。这一过程强调公共领导者对组织目标的高效执行，同时鼓励下属向利益相关者（如政治家、公民和非政府组织）解释并说明其行为，下属表现出对道德行为和公共价值观的责任承诺（Mulgan，2000）。第二，从领导者能力角度入手，有效的公共领导是提供有效结果的过程。这一定义关注实际执行工作的结果和质量，同时这也是私人部门领导的普遍观点（McCall，1988）。第三，从外部环境入手，公共领导是不断调整组织与环境融合的过程，这一定义聚焦公共部门领导环境的宏观层面，注重组织在必要宏观层面的改变。然而，随着民主问责制的弱化，许多公共部门研究者对这一定义的适用性提出怀疑（Katzenbach & Smith，2015）。第四，在新公共治理范式下，认为公共组织不再是社会管理的唯一主体，而是与公共组织与私人部门、公民等利益相关者共同构建伙伴关系的参与者。这一视角下，公共领导被界定为通过寻求与不同利益相关者合作来解决治理中的复杂的社会问题，并激发下属对社会负责的行为过程（Perry et al.，2010）。

从综合视角来看，越来越多的学者提出了一种广泛的观点，认为公共领导是一个涵盖政府所有部门的过程，并延伸到非营利组织以及关注公共问题的其他性质组织和团体网络中。其中，公共领导综合模型最具代表性（见图1）。该模型将各种领导理论和方法结合起来，更好地解释了公共领导及其对追随者的影响。

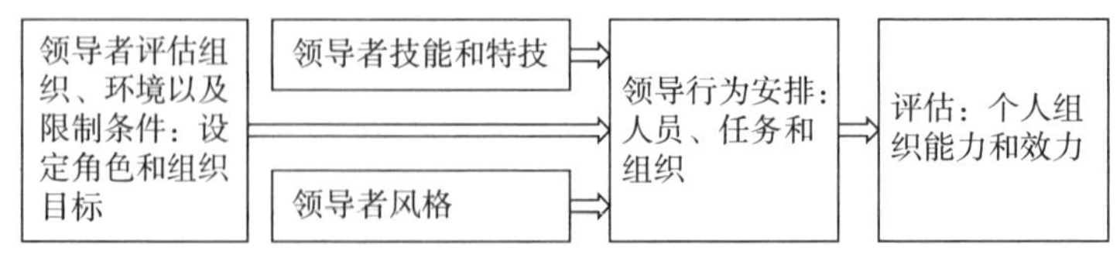

图1 公共领导综合模型

资料来源：Van Wart，2003。

相对于公共领导的概念，领导力是一个更具普遍意义的学术性概念，一般是指“领导人是否能发挥作用、会多大程度转化为实际作用以及何时发挥作用的问题”（Amarant，2005）。一些学者认为，领导力是一个道德过程，在这个过程中，领导者和追随者以互惠互利的方式互动。一些学者呼吁更加关注公共价值，公共部门领导力被定义为以共同利益为导向，以增进社会福祉；还有学者认为领导力是一种关系性的集体现象，可以存在于个人及群体和网络中（Getha-Taylor et al.，2011）。总的来说，主流领导力研究正逐渐和创造公共价值联系起来，公共部门领导力被界定为以共同利益为动机、以创造公共价值为目的的过程。

（二）公共部门领导力研究的发展演变

公共部门领导力研究与公共部门领导理论的发展密切相关，并呈现理论发展越来越重要的趋势。20 世纪 40 年代，公共部门领导理论刚刚起步，最早的研究聚焦官员自由裁量权的争论以及提高政府领导力的方法探讨。这一阶段的公共部门领导理论研究领域比较宽泛，研究类型比较松散，而对于公共部门领导力的研究也并没有形成独立的理论探讨领域。

20 世纪 50~60 年代为公共部门领导力研究发展的过渡时期，学者提出了一系列关于行政领域“优秀领导力”的研究。同时，这也是公共领导力理论分支开拓的重要背景。在此基础上，对公共部门领导力的实证研究逐渐兴起，为探索公共领导人动机变化提供了一种有根据的评估方法。其他讨论的主题还包括公共部门领导的影响力和社会权力的变迁等（Altshuler，1965）。然而，到了 20 世纪 70 年代，公共部门领导理论的研究趋于停滞，该领域少有重要出版物或具有影响力的文献。

20 世纪 70~80 年代，公共领导力研究成为公共部门领导理论研究的一个独立分支。随着新公共管理运动的不断发展，公共部门失败成本将会增加以及对采取行动效率要求提升等新变化迫切需要实践界和学术界发展新领导理论。这一时期的学术界对公共部门领导的变革转型展开了大量讨论，明确呼吁“需求是巨大的，研究机会是多方面的”（Van Wart，2003）。尽管在早期发展阶段，部分学者认为领导力仅仅是一个口头禅，但从这一时期开始，大部分研究者将研究聚焦领导力研究，推动其逐渐成为公共部门领导理论研究的一个独立分支。这种变化形成的原因主要有两个方面。一方面，公共部门领导研究作为一门显学的重要性逐渐凸显。在充满挑战的、复杂的政治环境以及共享权力的决策背景下，需要解决的、相互关联的问题日益增多，顾客导向的价值理念需要一个更加包容的公共部门领导理论和模型，这要求领导人更加关注政策的一致性，并亟须合适的领导力理论来指导公共部门不断适应社会需要。另一方面，随着公共部门的迅速变化，公共领导力的意义也在随之变化。学者认为，公共领导者及其能力的性质对于能否提升公共组织的效率以及能否落实问责制等至关重要。

进入20世纪90年代，公共部门领导力逐渐成为整个公共部门领导理论中不可或缺的一部分。随着对新公共管理实践的反思，讨论的重点逐渐转向行政人员的自由裁量权、外部责任以及如何在具体条件下提升领导效能。这一时期的研究集中在领导能力的构成和提升方面，特别是如何通过培养领导者的关键能力来推动组织创新和政策制定（Hunt et al.，1999）。例如，研究如何提高公共部门的创造性和管理能力、探讨地方和国家政策制定者与公众领导人能力、强调领导者应具备的要素（对公众问题的关注及公共服务价值观的界定）等。对领导能力的关注与主流领导理论的演变密切相关。这一时期，学术界倾向于采用综合的观点和模式来代表公共部门领导理论的研究，力求克服以往理论碎片化和研究重点狭隘化的缺点。这一整合被视为公共部门领导力研究的重要进步，尽管相关文献中涉及的尚少（Van Wart，2003）。理论与实践的结合成为这一阶段的显著特征。随着社会问题的涌现，西方公共部门纷纷主动制定新的公共政策和计划，以识别风险、采取紧急行动，包括提高行动的透明度并接受公共绩效问责制等。例如，1997~2010年，英国工党政府面向学校、国民健康保险制度（NHS）以及地方议员不断推动建立新的领导方式。2009年，美国推出近8000亿美元预算的《美国复苏和再投资法案》（ARRA），呼吁联邦主管在一系列职能部门及公共和私营部门之间建立网络。这些经验不仅凸显了领导人的关键作用，而且表明公共领导在提高组织效能和推动社会发展的过程中发挥了重要作用。这一时期的理论成果为公共部门领导理论体系奠定了坚实基础，并进一步巩固了领导力研究的核心地位。

三 公共部门领导力研究的核心议题

综合分析当前公共部门领导力研究文献，发现对公共部门领导力研究主要聚焦三个核心议题：一是在发展变化中明晰和不断调整对公共部门领导力研究的内容要素；二是探讨公共部门领导力的作用；三是对公共部门领导力进行评估。

（一）公共部门领导力的内容要素

当前对公共部门领导力的研究主要包括领导者自身能力要素以及领导力的发展过程要素两个方面。领导者自身能力要素的讨论核心集中在影响领导者领导能力发展的因素上。公共部门领导力研究的支持者希望最终培养出优秀的领导者，以期他们能主动营造积极的领导环境，并在社会道德准则上有所作为。在早期研究中，学者关注领导者的人格特质，试图通过将其持久性人格概念化来总结影响领导能力的关键特质。然而，随着学术研究的深入，他们逐渐发展出一套定量和定性的指标来测量和评估领导者的人格及其自身特征。这些与领导能力直接相关的特征通常包括个人经验、技能、个人品质、自我发展等维度。此外，从个人外部拓展的维度来看，领导能力又包括个人的人际关系及其社交机制。综合学者的研究，本文把公共部门领导者自身能力要素分为个人经历、领导技能、个人品质、自我发展以及人际关系机制五个维度（见表1）。

表1 公共部门领导者自身能力要素

领导力	特点	研究来源
个人经历	重视领导者的工作经历、担任过的职位、家庭环境与领导力的相关性，认为个人经历与领导学习经验及技能有关	Bettin & Kennedy, 1990; Zacharatos et al. 2000; Hirst et al., 2004
领导技能	强调不同时间点需要的技能不一样；详细解释技能定义；人际技能提上日程；对自我身份与自我技能的认知和调节很重要	Mumford, Marks et al., 2000; Mumford, Zaccaro et al., 2000a; Marshall-Mies et al., 2000; Mumford, Zaccaro et al., 2000b; Sternberg, 2008; Lord & Hall, 2005

续表

领导力	特点	研究来源
个人品质	注重领导者的性格；注重领导者的严谨性	Strang & Kuhnert，2009；Mumford et al.，2000
自我发展	注重对领导者的培养；注重领导者对不同组织层的不同元素的培养	Ely et al.，2010；Reichard & Johnson，2011
人际关系机制	创造积极的学习环境很重要；培养领导和追随者之间的关系	Scandura & Lankau，1996；Galli & Müller-Stewens，2012

资料来源：Day et al.，2014。

领导力发展过程关注的是领导者个人变化模式以及影响领导行为发生的环境要素的作用。与领导能力要素的静态研究不同，领导力发展过程研究属于跨时段的纵向研究，交往过程往往是领导力发展的核心。领导力发展过程研究的支持者认为，理解和构建领导者随着时间的推移发生的个人内部和人与人之间的变化模式是很重要的。领导力发展过程理论模型包括情景式技能获取模型、领导力建构-发展理论模型以及把个人人力资本投入与团队合作、社会资本和领导能力发展联系起来的综合模型（见表2）。研究方法的发展更是层出不穷，如早期将战略计划、组织结构和人力资源等要素进行整合，把反馈结果与组织结构联系起来的360°反馈法（Alimo-Metcalfe，1998），20世纪90年代中期兴起的利用复杂工具以及心理测量手段评估个人、他人领导效率和领导过程的自我-他人协议（SOA）、自我叙述法（Ligon et al.，2008）。

表2 领导力的发展过程要素

理论模型	情景式技能获取模型（Kanfer & Ackerman，1989）；领导力建构-发展理论模型（Kegan，1982）；综合模型（Russell & Kuhnert，1992）
研究方法	360°反馈法；自我-他人协定法；自我叙述法
特点	个体被假设在最初的领导效能水平方面有所不同，并且根据不同的情境和经验遵循不同的发展轨迹；对领导者的个人经历、学习情况进行研究；注重时间的跟踪调查
代表学者	Russell & Kuhnert，1992；Day et al.，2004；Reichard and Johnson，2011；Oliver et al.，2011；Gronn & Salas，2004

进入21世纪，学者进一步发现领导能力可在不同时间段通过发展过程

提供多样化资源，开始转向通过系统培养和环境塑造获得特殊领导技能的方法。例如，强调通过动态反馈机制改进领导行为，或者在复杂情境中培养情境适应性领导能力。

（二）公共部门领导力的作用

几十年来，从业人员和学者越来越接受这样的观点：公共管理人员不仅能够而且应该在解决社会问题、回应社会期望、推动社会价值实现等方面发挥领导作用。公共部门领导力的形成是集体、多层次、跨部门的努力结果，是公共价值的体现。为了更好地解决社会问题、回应社会期望、推动公共价值实现，公共部门领导力应该在以下几方面发挥作用。

首先，领导力的发展可以促进公共部门之间或公共部门与外部主体之间的合作。无论是在公共部门协作的初始阶段，还是在协作的结果分配方面，公共部门领导力的培养都促进了公共机构协作能力的提升，是公共部门成功合作的决定性因素（Weber & Khademian，2010）。在现代公共管理环境中，公共部门中领导者的角色已经超越了传统意义的管理者，变得更加多样和复杂。他们需要在授权与谈判者、承包商、专家、经理、调解人、赞助商等角色之间灵活转换，以协调不同利益相关者之间的关系（Aberbach & Christensen，2005）。例如，在多部门协作治理模式中，领导者需要具备跨界合作的能力，以确保资源的有效整合和目标的实现。

其次，公共部门领导力研究有助于公共部门创新能力的提升，以便更好地满足社会需求。在不同类型的公共管理创新中，领导力的性质和作用各不相同，但都不可或缺，包括因政治主导的危机应对而产生的创新、新任命的组织负责人设计的组织转型创新以及一线公务员和中层管理人员发起的自下而上的创新。有关这些创新类型的研究表明，领导力不仅在创新过程中的动员和资源整合方面发挥关键作用，而且在塑造创新文化方面具有不可替代的价值（Crosby & Bryson，2018）。

最后，公共部门领导力的提升能更好地应对社会危机。危机被广泛定义为公开可见的失败，这种失败既包括当前的情形，也包括预期的行为。当公共部门发生危机时，公众希望政治家带头应对。在危机管理中，领导力的作用主要体现在以下方面。当一个公共部门表现不佳时，公众期望通过更换领导层来扭转局势；发展公共领导技能被视为推动地方和国家建设的重要手段，并被纳入国际危机应对的关键战略中。例如，2008 年国际金融危机中，各国政府通过有效领导协调跨部门行动，减少了危机的社会影响。

此外，有学者强调，应对未来挑战需要重新挖掘历史经验，并将其与当前学习相结合。这种对过去经验和未来愿景的融合，使领导者能够更灵活地应对复杂多变的社会危机（Satterwhite et al.，2016）。

（三）公共部门领导力评估

在公共部门领导力评估领域，研究经历了从定量评估到定性研究并行发展的过程。随着理论与方法的不断演进，研究者对领导力评估的维度和方法展开了广泛探讨。

在领导力评估研究初期，客观主义思想主导研究范式，量化测量方法成为主要手段。客观主义者认为，社会世界的科学研究应该基于基本假设和适当方法，而量化方法则适用于检验普遍规则和模式。因此，许多研究者采用定量指标来评估公共部门领导力的不同类型和效能。20 世纪 90 年代中期，领导力评估中的“自我-他人协议（SOA）”方法开始兴起，其主要关注领导者对自身领导力的评价以及他人对其领导行为的反馈。同时，很多学者建议对领导力开展评估时对领导力进行分类，并建议使用量化分析工具进行分析，如多项式回归方法、强调识别关系结构的社交网络分析法、360°反馈法以及注重参与者意见思想收集的 Q 方法学。量化研究一度成为公共部门领导力评估的主要研究方法。

随着公共部门领导理论的快速发展，量化研究的缺陷逐渐显现，特别是在考察复杂领导行为和内在特质方面。因此，越来越多的研究者开始提倡采用定性研究方法，以弥补量化研究的不足。这一转向主要表现在以下几个方面。一是测量指标的转变。传统量化研究主要关注外在行为指标，而定性研究更加注重通过目的、价值观、内在动力、人际关系和自律等关键属性识别真正的领导力。这种转变使研究能够更深入地了解领导者的内在特质和价值取向。二是方法上的创新。在确定领导者人格属性的基础上，定性研究开发出更多维度的评估方法。研究者通常采用案例研究和访谈研究，如通过深入访谈广泛探讨领导者的特征、行为和动机（Cooper et al.，

2005)。三是重视纵向研究。以真实领导理论为代表的新兴领导理论强调对领导力的纵向研究，主张通过长期跟踪分析领导者的发展过程。这种研究方法需要使用案例分析、质性访谈和叙述分析等手段。

尽管客观主义者和主观主义者对领导力评估的最佳方式长期存在争论，但二者在实际研究中逐渐呈现融合趋势。当前，量化研究仍占主导地位，尤其是在需要大规模数据分析和普遍性结论的研究中。然而，随着理论的不断发展和实践需求的变化，定性研究正成为学术界一个备受关注的新领域。这种融合趋势反映了领导力研究方法的多样化需求。在复杂的公共管理环境中，仅依赖单一方法难以全面评估领导力的多维属性，综合运用定量和定性方法能够更好地揭示领导者的行为动机、发展路径及其对组织和社会的影响。

四　新时代的公共部门领导力：关注公共价值取向

随着21世纪的到来，公共部门领导理论经历了多种形式的变革，尤其是在公共价值取向的推动下，公共部门领导力研究的焦点逐渐转向公共价值的实现。公共服务动机成为公共部门领导力研究的核心前因变量，而组织效能成为公共领导力结果变量的探讨焦点，这一转变标志着公共部门领导理论的新发展趋势。

（一）公共部门领导理论的公共价值取向

20世纪40~90年代，受早期私人部门领导理论影响，公共部门领导理论不断发展和演变。特别是在20世纪70年代之后，受到经济危机以及新公共管理的影响，公共部门领导理论快速发展，逐渐形成一些沿用至今的经典的领导理论模式。其主要核心理论包括：魅力型领导、变革型领导以及仆人型领导等。这些传统的公共部门领导理论与私人部门领导理论一脉相承，并且成为学术界关于该领域研究的主要理论模型。同时，作为过去20年间常被研究的理论，魅力型领导和变革型领导理论为随后的新兴领导理论发展奠定了基础。

进入90年代，随着公共治理和新公共服务理论的发展，公共部门越发强调公共价值导向的领导需求，开启了领导理论的新发展阶段。其中，真实领导理论逐渐成为研究热点。真实领导力作为一种新兴的公共部门领导理论，学者从领导过程角度及领导者本质角度入手，试图界定其内涵。真实领导过程是指从积极的心理能力和高度发达的组织环境中汲取经验的过程，它使领导者及其追随者的自我意识得到增强并使他们调节自己的行为，从而促进积极的自我发展。而真正的领导者被定义为深深了解自己的思想和行为方式，并被他人视为能够意识到自己和他人的价值观、道德观、知识及优点的人（Avolio et al.，2004）。

学者将新兴公共部门领导理论与传统公共部门领导理论的关系视为领导方法的基础（Avolio et al.，2004）。一直以来，新兴公共部门领导理论强调以公共价值为核心，但由于该理论尚处于发展阶段，不同类型之间的划分往往不是那么明确且理论概念之间往往存在交叉。学者以真实领导理论为代表，试图总结和呈现新兴公共部门领导理论与传统公共部门领导理论的不同（见表3）。第一，传统的领导模式是根据领导者和追随者之间的关系，或者基于经济成本效益假设来描述领导者的行为、设定目标和强化行为，从而提供方向性支持，而新的领导理论更加强调公共价值导向，强调对领导能力的培养是为了适应真正的公共需求，强调集体效能和认同。第二，传统公共领导理论认为领导者可以在培养中获得一系列能力，从而完成组织目标。而新兴公共部门领导理论认为对领导力的培养要满足一定的前提条件。如在培养之前必须确保培训内容的真实性、确保培训得到的经验是可以复制和传授的。在满足这些前提条件的情况下，再去选择和决定谁参加培训，这样的过程才是有效的。第三，新兴公共部门领导理论更加关注领导者以及追随者，并认为领导力的发展是一个持续的过程。相比于传统公共部门领导理论注重领导者单个品质要素的发展，真实领导理论更加注重领导力和领导过程的发展，认为领导者可以通过建构积极的组织结构和管理方式来培养真正的追随者。第四，新兴公共部门领导理论认为真实的领导力包含不同领域的元素特征，其视角涉及多个不同层次的领导者和追随者。例如：认为他人导向的积极性情感（如感恩、欣赏）将激励领导者反映出自我超越的价值观（如诚实、忠诚、平等）或以更加内化的方式行事。

表 3 传统公共部门领导理论与新兴公共部门领导理论比较分析

		传统公共部门领导理论	新兴公共部门领导理论
区别	时间背景	20 世纪 40~90 年代，公共部门领导理论不断发展和演变	20 世纪 90 年代以来，公共治理和新公共服务理论兴起
	代表理论	魅力型领导理论 变革型领导理论 仆人型领导理论	真实领导理论
	概念特征	注重领导的效率；更加强调领导的目标和计划性	更加注重公共价值；注重领导能力培养的前提条件和道德性；更关注领导力发展过程
联系	传统公共部门领导理论和新兴公共部门领导理论都与政治环境和政治体制息息相关； 魅力型领导和变革型领导等传统理论是 20 世纪 70 年代到 21 世纪初常被研究的理论； 当下新兴公共部门领导理论也是在传统公共部门领导的基础上发展而来的		

（二）公共服务动机如何影响领导力

目前新兴公共部门领导理论已经引起西方学者的重视，并逐渐与公共领导的实践相结合。在这种背景下，更加注重公共价值、注重领导能力培养的前提条件和道德性以及更关注领导力发展过程等理论趋势驱使领导力具有公共价值和服务属性。

公共服务动机被定义为“一种特殊形式的利他主义或亲社会动机，由来自公共机构的使命的特定性质和价值观激发”（Ritz et al.，2016）。自 20 世纪 90 年代以来，公共服务动机研究一直是公共管理研究领域的一大基石。以佩里和怀斯发表在《公共行政评论》上的文章《公共服务的动机基础》为标志，绩效激励方式的工资制度于 1979 年被引入美国联邦政府，公共服务动机也已被证明是解释领导者如何影响公共部门员工工作表现的关键机制（Perry & Wise，1990）。

学者们从不同的维度探索了公共服务动机的要素。有学者假设，个人的公共服务活动越多，个人就越有可能寻求加入一个公共组织（Perry & Wise，1990）。有学者认为公共管理人员比私营管理人员更重视有意义的公共服务，而且对公共服务的偏好与工作满意度显著相关（Rainey，1982）。也有学者研究表明，虽然各部门对高薪的重视程度没有显著差别，但公共部门雇员对其他外部报酬的重视程度低于私营部门雇员。反过来，内在报酬对于公共部门的雇员比那些受雇于私营部门的雇员更重要。这与公共组织较少依赖功利主义激励的主张是一致的，但他没有支持以前的结论，即财务奖励不是那么重要（Crewson，1997）。部分学者发现，那些希望为政府工作的人更重视工作的社会意义以及与生活质量有关的工作特征，但这并不意味着他们不重视外在工作因素。对于那些想为政府工作的人以及不想为政府工作的人来说，工资、附加福利和晋升机会同样重要。研究结果可以解释为，既支持工作任务的社会意义是一种激励因素，又反驳了寻求公共服务的人对功利激励缺乏关注的说法（Vandenabeele & Hondeghem，2001）。有学者研究表明，公共服务动机通常由四个维度组成，包括：吸引公众参与——希望在工具性动机的基础上从事公共工作并为公共政策进程做出贡献，对公共价值的承诺——出于价值动机而坚持机会平等和道德行为等共同价值观的倾向，同情——基于认同和情感动机对特定群体或需要帮助的人的关心，自我牺牲——将社会利益置于个人进步之上，强调利他和亲社会根源（Kim & Vandenabeele，2010）。

综上所述，公共服务动机的核心价值观与公共价值、利他主义因素相关联。公共部门领导秉持这样一种信念：公务员的动机与私营部门领导人员的动机不同，因而其对领导行为和决策方式的影响也不同，进而在绩效影响因素和激励方式上存在差异。理性选择理论认为，人们的行为完全基于他们的自我利益；相反，公共服务理论认为，人类的行为不仅是由自我关注驱动的，也可以是由利他主义和关心他人的动机驱动的，其目的是为社会做好事。而这种公共价值和利他主义在公共服务的过程中深深地影响着决策者的行为。

（三）公共部门领导力如何影响组织效能

公共部门领导环境及其组织效用一直是西方学术界关注的焦点，学者将公共部门领导作为重要变量，探讨其对组织内部创新与外部公共服务效能的影响。

一方面，部分学者认为公共部门领导理论的发展有助于提升政府的组织创新能力。对此，一些学者特别强调公共部门创新，并研究公共领导如何决定政府创新能力（Kim & Vandenabeele，2010）。组织创新能力的提升又可分为理论创新和实践改革创新。理论创新是指，整体或某个分支的公共部门领导理论发展对政府或者其他公共部门整体组织机制变革的推动。政府的某些改革实施在一定程度上和公共部门领导理论的发展成熟度有关。如前所述，在20世纪90年代开始的公共部门领导理论发展的第三阶段，公共部门领导理论的发展与政府实践密切相关，公共部门领导在组织领导价值、体制变革以及领导方式上进行了极大的创新。

另一方面，公共部门领导理论发展与公共部门内外部效率提升之间的关系得到密切关注。这些研究特别强调内部绩效和外部责任的重要性，这与公共部门理论发展的动机不无关系。第一，公共领导影响公共部门内部绩效指标，其中包括内部效率和财产税征收。虽然也有学者认为公共部门效率并不能反映一个领导者内部管理职能的丰富性和复杂性（如组织的工作包括激励下属、管理文化、参与规划和决策等诸多分支），但是大量实证研究表明，参与内部管理活动所用的时间总与绩效相关（Meier & O'Toole, 2002）。第二，民主价值导向代表着公共部门外部效率的衡量尺度，同时也是公共部门领导理论发挥作用的标尺之一。一般管理专家和公共管理学者都强调管理组织外部环境的重要性，认为公共组织的运作环境受到许多限制（Rainey, 2009）。由此，公共管理者通常会花费相当多的时间来研究他们组织的环境，寻找威胁和提供获得信息与政治支持的机会，并与外部行为者打交道。有关这类研究的文章大多数侧重于对公共领导规范基础的关注以及领导人如何应对政治中日益复杂的道德问题带来的挑战。他们认为，对外部责任的强调不是将一般的领导概念应用于公共部门，而是涉及共同利益、民主价值观和公众信任。

五　研究启示

从整体来看，虽然国外关于公共部门领导力的文献呈现理论、模型和方法各方面的松散性（马佳铮，2011），但大量研究成果为我国公共部门领导理论的发展提供了有益的启示。我国应当立足于公共部门领导的实际环境，冲破现有的领导理论框架，构建符合中国公共部门领导情境的研究议题，发展具有中国特色的公共部门领导理论。

（一）聚焦公共价值和社会责任

早期公共部门领导理论研究主要集中于领导本身，包括领导者领导力的评估、领导能力的提升以及内部组织效率的改革等，而忽略了公共价值观、外部社会责任等公共性方面的研究。随着新公共服务以及公共治理等理论的发展，人们对公共治理下的绩效发展、政府部门及其创新工作有了新的期待，但对外部责任和社会公共价值研究的缺乏以及应对社会需求时的理解不足等使理论研究落后于现实发展。

近年来，国内关于公共部门领导理论的研究逐渐向社会责任、公共价值、道德领导等方面靠拢，公共领导成为颇有影响力的议题之一。然而，从中国的现实需求来看，研究仍远远不够。近年来，基层治理被提上日程，如何实现有效的基层社会的领导也成为学术界的研究议题之一。与此同时，在基层领导实践过程中，官僚主义和形式主义盛行。早在2018年，《人民论坛·学术前沿》杂志针对形式主义问题组织过专门的学术专题讨论，但一直到现在，形式主义之风仍愈演愈烈。中共中央办公厅印发《关于解决形式主义突出问题为基层减负的通知》，指出形式主义问题主要在于干部政绩观错误，而正确的政绩观导向能够激励广大干部担当作为、不懈奋斗。究其根本，形式主义的问题是领导绩效评估和外部责任导向的问题。有学者把我国领导实践中重“痕”不重“绩”、留“迹”不留“心”的现象称为“留痕现实主义”（季乃礼、王岩泽，2020）。我国当前主要以“留痕管理”和“数字”评判绩效，注重显绩，不注重潜绩。在注重公共价值和社会责任的时代，尤其是在与民众切身相关的基层政府治理中，如何树立正确的政绩观、开展有效的领导绩效评估成为重中之重。

纵观公共部门领导理论的演变过程和当代需求，西方关于领导理论的研究一直强调管理过程与公共服务质量的提升，并提出绩效应与公共价值相结合。我国的公共部门领导理论尚未完全跟上时代发展，这要求我们在厘清领导理论发展脉络的基础上，深入探讨中西方领导理论在绩效评估和管理过程方式上的差异，并探索适合中国国情的发展路径。

（二）推动领导激励方式的变革

20世纪90年代以来，我国领导研究经历了从领导特质理论到领导行为关注的转变，更加关注领导过程管理和领导过程激励。有学者指出，随着市场经济的快速发展，广大群众对政府部门的行政效率和服务质量的要求越来越高，提高政府绩效，改善服务质量，就必须调动领导者及其下属的积极性（陶昕敏，2016）。

习近平总书记指出，“当干部就要有担当，有多大担当才能干多大事业，尽多大责任才会有多大成就”（人民日报社，2022）。激励干部担当作为是当前组织工作的重点难点问题，也是广大群众关心的一个问题。近年来，各地各部门认真贯彻落实党中央决策部署，采取多种措施激励干部担当作为，取得了明显成效，但领导的有效激励问题仍成为一个持续性的难点，用人标准落实不到位、基层权责不够匹配、自上而下的激励制度固化、挫伤了领导者的积极性等问题一度得不到解决。

西方学者对领导力的研究不仅关注公共部门领导者自身的能力，还关注领导力的发展过程。与之相对应，对领导激励的研究不仅关注对领导者个人专业能力的培养和奖励，还关注领导者在发展过程中与其下属的关系，关注其管理过程的要素奖励。新兴公共领导理论更加关注领导者及其追随者，并认为领导力的发展是一个持续的过程。相比于传统公共部门领导理论注重领导者单个品质要素的发展，真实领导理论更加注重领导力的发展以及领导过程的发展，认为领导者可以通过建构积极的组织结构和管理方式培养真正的追随者等。同时，他人导向的积极性情感（如感恩、欣赏）将激励领导者反映出自我超越的价值观（如诚实、忠诚、平等）或以更加内化的方式行事，这为我国公共部门领导激励机制的完善提供了很好的思路。

（三）构建中国语境下的领导理论体系

公共部门领导理论的跨国发展并没有形成一个完整的体系，尤其是在公共部门领导方法方面，北美学者主导的理论体系往往不能完全适应中国的实际情况。在借鉴国外理论的同时，我们必须构建适合我国的领导理论体系，中国特色的领导科学和党的领导力研究必须根植于党领导的中国特色社会主义新实践。

领导问责问题是我国领导力研究的一个障碍。由于体制的差异性，西方关于领导问责的研究围绕立法和行政、外部效应、内部规则等核心矛盾展开。而中国的领导实践聚焦领导问责的弹性问题、如何更好地研究领导问责，以推动领导作为和敢于担当。“责任状”“一票否决”成为问责泛化滥用的典型现象，问责甚至成为推卸责任的挡箭牌。西方的责任制、领导责任的研究为我国提供了一定的借鉴和研究的规范性基础，但要想切实解决中国语境下的领导责任问题，还需要结合实践进行进一步探索。此外，对领导力的研究并未形成统一认识，不同政治体系和文化背景下的领导力研究存在显著差异。未来的研究应更多地考虑这些差异，进行跨文化的公共部门领导力比较，从而为中国领导力研究的发展提供更加丰富的理论依据。

（四）关注质性研究方法的运用

随着公共部门领导理论的发展和完善，越来越多的研究者提倡用定性方法来识别领导力评估的基本维度，认为质性研究可以解释更多变量之间的复杂关系。虽然定性研究随着理论的发展和现实的需要越发成为学术界一个新的关注点，但我国在公共部门领导领域的质性研究方法的运用仍显不足。

公共部门领导力研究对质性研究的需要和缺失源于两个方面。一方面，公共部门领导理论区别于私人部门领导理论。相对于私人部门领导理论强调有效领导带来的组织绩效及其量化，公共部门领导理论更加关注价值导向和公共责任问题，而对于外部效益的衡量（如公众满意度、社会公共价值等），往往不能用简单的量化措施替代。另一方面，领导力研究的方法缺失推动质性研究方法的发展。西方学者呼吁不仅要在公共部门领导力研究中增加更多的分析，而且要重新考虑公共部门领导力的各种要素如何共同演变和相互作用。这种呼吁反映了质性研究方法在公共部门领导理论研究中发展的必要性。

如上所述，真实领导理论提倡采用定性和案例研究方法来评估领导力。该理论认为，社会背景提供了促使特定领导方式出现的条件，而领导过程则通过集体归属感再现这一背景。在关注公共价值和社会责任的新时代，我国公共部门领导理论应进一步结合公共管理的环境和背景，聚焦领导过程的演变，并利用质性研究方法深入理解公共部门领导中的复杂现象，从而讲好公共部门领导力研究的中国故事。

参考文献

方吉第，1983，《行为科学在企业管理中的应用——行为科学简介之三》，《理论战线》第 22 期，第 6~8 页。

季乃礼、王岩泽，2020，《基层政府中的“留痕形式主义”行为：一个解释框架》，《吉首大学学报》（社会科学版）第 4 期，第 97~106 页。

李育辉、梁骁、陈美伶，2019，《40 年来中国领导理论研究的回顾与展望》，《中国领导科学》第 1 期，第 47~56 页。

陆黎、何英，2020，《服务型领导理论中国化研究的回顾与建议》，《河南工业大学学报》（社会科学版）第 2 期，第 41~47 页。

马佳铮，2011，《西方公共部门领导力研究述评》，《北京行政学院学报》第 1 期，第 52~56 页。

人民日报社编，2022，《江山就是人民 人民就是江山：习近平总书记系列重要论述综述：2020—2021》，人民日报出版社。

陶昕敏，2016，《论完善公务员激励机制》，《人力资源管理》第 12 期，第 79~80 页。

王学军、曹钶婕，2019，《作为公共领导新趋势的公共价值领导：一个文献述评》，《公共行政评论》第 4 期，第 161~179 页。

Aberbach，J. D. & Christensen，T. 2005. “Citizens and Consumers：An NPM Dilemma.” *Public Management Review* 7（2）：225-246.

Alimo-Metcalfe，B. 1998. “360 Degree Feedback and Leadership Development.” *International Journal of Selection and Assessment* 6（1）：35-44.

Altshuler，A. 1965. “Rationality and Influence in Public Service.” *Public Administration Review* 25（3）：226-233.

Amarant，J. R. 2005. “Leadership for the Twenty-first Century.” *Performance Improvement* 44（5）：45.

Avolio，B. J.，Gardner，W. L.，Walumbwa，F. O.，Luthans，F.，& May，D. R. 2004. “Unlocking the Mask：A Look at the Process by Which Authentic Leaders Impact Follower Attitudes and Behaviors.” *The Leadership Quarterly* 15（6）：801-823.

Bettin，P. J. & Kennedy，J. K.，Jr. 1990. “Leadership Experience and Leader Performance：Some Empirical Support At Last.” *The Leadership Quarterly* 1（4）：219-228.

Cooper，C. D.，Scandura，T. A.，& Schriesheim，C. A. 2005. “Looking Forward but Learning from Our Past: Potential Challenges to Develop Authentic Ieadership Theory and Authentic Leaders." *The Leadership Quarterly* 16 (3): 475-493.

Crewson, P. E. 1997. "Public-service Motivation: Building Empirical Evidence of Incidence and Effect." *Journal of Public Administration Research and Theory* 7 (4): 499-518.

Crosby, B. C. & Bryson, J. M. 2018. "Why Leadership of Public Ieadership Research Matters: And What to do About it." *Public Management Review* 20 (9): 1265-1286.

Day, D. V., Fleenor, J. W., Atwater, L. E., Sturm, R. E., & McKee, R. A. 2014. "Advances in Leader and Leadership Development: A Review of 25 Years of Research and Theory." *The Leadership Quarterly* 25 (1): 63-82.

Ely, K., Boyce, L. A., Nelson, J. K., Zaccaro, S. J., Hernez-Broome, G., & Whyman, W. 2010. "Evaluating Leadership Coaching: A Review and Integrated Framework." *The Leadership Quarterly* 21 (4): 585-599.

Galli, Bilhuber E. & Müller-Stewens, G. 2012. "How to Build Social Capital with Leadership Development: Lessons from an Explorative Case Study of a Multibusiness Firm." *The Leadership Quarterly* 23 (1): 176-201.

Getha-Taylor, H., Holmes, M. H., Jacobson, W. S., et al. 2011. "Focusing the Public Leadership Lens: Research Propositions and Questions in the Minnowbrook Tradition." *Journal of Public Administration Research and Theory* 21 (Suppl. 1): i83-i97.

Hirst, G., Mann, L., Bain, P., Pirola-Merlo, A., & Richver, A. 2004. "Learning to Lead: The Development and Testing of a Model of Leadership Learning." *The Leadership Quarterly* 15 (3): 311-327.

Hunt, J. G., Dodge, G. E., & Wong, L. 1999. *Out-of-the-box Leadership: Transforming the Twenty-first Century Army and Other Top-performing Organizations*. JAI Press.

Katzenbach, J. R. & Smith, D. K. 2015. *The Wisdom of Teams: Creating the High-performance Organization*. Harvard Business Review Press.

Kim, S. & Vandenabeele, W. 2010. "A Strategy for Building Public Service Motivation Research Internationally." *Public Administration Review* 70 (5): 701-709.

Lambright, W. H. & Quinn, M. M. 2011. "Understanding Leadership in Public Administration: The Biographical Approach." *Public Administration Review* 71 (5): 782-790.

Ligon, G. S., Hunter, S. T., & Mumford, M. D. 2008. "Development of Outstanding Leadership: A Life Narrative Approach." *The Leadership Quarterly* 19 (3): 312-334.

Lord, R. G., & Hall, R. J. 2005. "Identity, Deep Structure and the Development of Leadership Skili." *The Leadership Quarterly* 16 (4): 591-615.

Marshall-Mies, J. C., Fleishman, E. A., Martin, J. A., Zaccaro, S. J., Baughman, W. A., & McGee, M. L. 2000. "Development and Evaluation of Cognitive and Metacognitive Measures for Predicting Leadership Potential." *The Leadership Quarterly* 11 (1): 135-153.

McCall, M. W. 1988. "Lessons of Experience: How Successful Executives Develop on the Job." Lexington Books.

Meier, K. J. & O'Toole, L. J., Jr. 2002. "Public Management and Organizational Performance: The Effect of Managerial Quality." *Journal of Policy Analysis and Management* 21 (4): 629-643.

Mulgan, R. 2000. " 'Accountability': An Ever-expanding Concept?" *Public Administration* 78 (3): 555-573.

Mumford, M. D., Marks, M. A., Connelly, M. S., Zaccaro, S. J., & Reiter - Palmon, R. 2000. "Development of Leadership Skills: Experience and Timing." *The Leadership Quarterly* 11 (1): 87-114.

Mumford, M. D., Zaccaro, S. J., Connelly, M. S., & Marks, M. A. 2000a. "Leadership Skills: Conclusions and Future Directions." *The Leadership Quarterly* 11 (1): 155-170.

Mumford, M. D., Zaccaro, S. J., Johnson, J. F., Diana, M., Gilbert, J. A., & Threlfall, K. V. 2000b. "Patterns of Leader Characteristics: Implications for Performance and Development." *The Leadership Quarterly* 11 (1): 115-133.

Perry, J. L., Hondeghem, A., & Wise, L. R. 2010. "Revisiting the Motivational Bases of Public Service: Twenty Years of Research and an Agenda for the Future." *Public Administration Review* 70 (5): 681-690.

Perry, J. L. & Wise, L. R. 1990. "The Motivational Bases of Public Service." *Public Administration Review* 50 (3): 367-373.

Rainey, H. G. 1982. "Reward Preferences Among Public and Private Managers: In Search of the Service Ethic." *The American Review of Public Administration* 16 (4): 288-302.

Rainey, H. G. 2009. *Understanding and Managing Public Organizations*. Jossey-Bass.

Reichard, R. J. & Johnson, S. K. 2011. Leader Self-development as Organizational Strategy. *The Leadership Quarterly* 22 (1): 33-42.

Ritz, A., Brewer, G. A., & Neumann, O. 2016. "Public Service Motivation: A Systematic Literature Review and Outlook." *Public Administration Review* 76 (3): 414-426.

Satterwhite, R., Sheridan, K., & Miller, W. M. I. 2016. "Rediscovering Deep Time: Sustainability and the Need to Re - engage with Multiple Dimensions of Time in Leadership

Studies." *Journal of Leadership Studies* 9 (4): 47-53.

Scandura, T. A. & Lankau, M. J. 1996. "Developing Diverse Leaders: A leader-member Exchange Approach." *The Leadership Quarterly* 7 (2): 243-263.

Sternberg, R. J. 2008. "The WICS Approach to Leadership: Stories of Leadership and the Structures and Processes That Support Them." *The Leadership Quarterly* 19 (3): 360-371.

Strang, S. E. & Kuhnert, K. W. 2009. "Personality and Leadership Developmental Levels as Predictors of Leader Performance." *The Leadership Quarterly* 20 (3): 421-433.

Vandenabeele, W. & Hondeghem, A. 2001. "De Roep Van de Vlaamse Overheid: Arbeidsoriëntaties van Hooggeschoolden in Vlaanderen en het imago van de Overheid." (Publisher Information missing).

Van Wart, M. 2003. "Public-sector Leadership Theory: An Assessment." *Public Administration Review* 63 (2): 214-228.

Weber, E. & Khademian, A. 2010. "Wicked Problems, Knowledge Challenges, and Collaborative Capacity Builders in Network Settings." *IEEE Engineering Management Review* 38 (3): 57-76.

Zacharatos, A., Barling, J., & Kelloway, E. K. 2000. "Development and Effects of Transformational Leadership in Adolescents." *The Leadership Quarterly* 11 (2): 211-226.

乡村振兴促进共同富裕：基本路径与西部任务*

席　恒　凯迪日耶·阿不都热合曼　祝　毅**

摘　要　通过乡村振兴持续缩小城乡居民收入差距是扎实推进共同富裕的关键。乡村振兴通过激发农业农村和农民发展的内生动力，赋能农业农村和农民发展能力，调整城乡居民收入比例，不断缩小城乡居民收入差距和有效提升共同富裕程度。我国西部农村深化巩固脱贫攻坚成效，依托自身比较优势，推动资源转化为资产、能源发展为产业、潜能释放为财富。通过政策调节机制，合理引导经济资源和社会资源要素向西部农村集聚，是未来推动我国西部城乡共同富裕的重要途径。

关键词　城乡差距　乡村振兴　共同富裕　中国式现代化

持续缩小区域、城乡及群体间的收入差距，推动全体人民共同富裕的全面实现，是我国社会主义现代化建设第二个百年奋斗目标实现和中华民族伟大复兴的关键。城乡差距不断缩小，是扎实推进共同富裕最重要的任务。第七次全国人口普查数据显示，我国城镇人口数量为 90199 万人，占 63.89%；农村人口为 50979 万人，占 36.11%。① 没有 5 亿农村人口与 9 亿城市人口的共同富裕，我国第二个百年奋斗目标实现和中华民族伟大复兴就缺乏广泛的社会基础。为此，党的十九大报告首次提出乡村振兴战略。

* 本文系 2018 年国家社科基金重大项目“海峡两岸劳动力流动现状调查与劳动权益保障研究”（项目编号：18ZDA083）和 2021 年国家社科基金社科学术社团重大项目“中国社会保障体系建设与扎实推进共同富裕研究”（项目编号：21STA002）的阶段性成果。

** 席恒，西北大学公共管理学院教授，主要研究方向为社会保障；凯迪日耶·阿不都热合曼，西北大学公共管理学院博士研究生，主要研究方向为社会保障；祝毅，西安石油大学人文学院讲师，主要研究方向为公共政策。

① 《第七次全国人口普查公报》，https://www.gov.cn/guoqing/2021-05/13/content_5606149.htm，最后访问日期：2025 年 5 月 16 日。

《乡村振兴战略规划（2018—2022年）》强调："实施乡村振兴战略是实现全体人民共同富裕的必然选择。"2022年10月，党的二十大报告进一步提出，新时代新征程中国共产党的使命任务之一是全面推进乡村振兴，坚持农业农村优先发展，巩固拓展脱贫攻坚成果，加速推进农业强国建设。依托乡村振兴战略缩小城乡收入差距，是推动农村居民迈向共同富裕的关键路径。

一 乡村振兴：中国式现代化促进共同富裕的重要战略选择

党的二十大报告强调，"全面推进乡村振兴。全面建设社会主义现代化国家，最艰巨最繁重的任务仍然在农村。坚持农业农村优先发展，坚持城乡融合发展，畅通城乡要素流动。加快建设农业强国，扎实推动乡村产业、人才、文化、生态、组织振兴"①。扎实推进共同富裕，实现农村较快发展，核心是农民的增收和区域、城乡发展的平衡问题，二者具有内在一致性（赵志阳等，2024）。乡村振兴战略通过自内而外的农民能力建设与自外而内的政策支持系统相结合，为农村居民的发展问题指明了方向。

改革开放以来，城乡二元体制形成的城乡分割制约了经济要素在城乡之间优化配置。由于农业在国民经济中处于基础地位且经济附加值偏低，加之长期以来受我国以农补工的工业化发展战略的影响，农村居民收入较低，农村地区经济发展相对落后的状态未发生明显改变。改革开放以后，党中央率先在农村地区实施以家庭联产承包制为主的改革，在一定程度上调动了农民的生产积极性，解放了农村生产力。但我国农村地区的改革，依然是农民自主发展的过程，国家对农村、农业和农民的政策投入与经济投入相对有限。直到农业税免除、农村社会保障制度的建立和其他一系列惠农政策的出台，农村的发展才有了一定的物质基础。特别是党中央全力推动的全面脱贫，历史性地解决了我国农村地区的绝对贫困问题，使广大农村地区与全国一起步入小康社会，为我国农村地区的发展奠定了坚实的经济和社会基础。2017年，党中央审时度势，基于我国经济社会发展态势，

① 《习近平：高举中国特色社会主义伟大旗帜 为全面建设社会主义现代化国家而团结奋斗——在中国共产党第二十次全国代表大会上的报告》，https://www.gov.cn/xinwen/2022-10/25/content_5721685.htm，最后访问日期：2025年5月16日。

提出实施乡村振兴战略，为我国农村地区的发展明确了方向。

乡村振兴战略是基于我国城乡发展不平衡、农业农村农民发展不充分实施的农村地区全面振兴计划。一方面，乡村振兴战略以五大维度（产业振兴、人才振兴、文化振兴、生态振兴、组织振兴）为支柱，通过与城镇互促互进、共生共存，推动农业、农村与农民的全面升级、全面进步与全面发展，推进实现中国式现代化；另一方面，乡村振兴战略以促进农业产业发展能力、农村社会发展能力与农民群体致富能力的提升为目标，全面推进实现农业农村现代化，是乡村振兴的本质。基于乡村振兴的本质和特征，乡村振兴对共同富裕存在显著的正向作用，但呈现东部强、中西部弱的特征（杨珂、余卫，2024）。

我国城乡发展不平衡、农业农村农民发展不充分的现实矛盾，是制约我国城乡共同富裕的关键（席恒、王睿，2023）。我国城乡发展不平衡，首先体现在全国范围内，2023 年东部省份与西部省份人均可支配收入比为 1.60（49822 元/31100 元）①。我国西部地区占地面积约为全国的 72%②。截至 2023 年底，西部地区人口为 38223 万人，占全国总人口的 27.1%③。在西部省域内，2023 年西部城镇居民与农村居民人均可支配收入比为 2.48（44066 元/17770 元），说明西部地区及其农村与全国其他地区发展不平衡问题依然严峻。

城乡收入差距过大严重制约中国式现代化的实现进程。城乡发展不平衡表现为城乡资源占有不均衡，城乡居民收入差距长期处于高位，农村长期落后于城市的发展格局没有明显变化（李实，2020）。部分农村居民进入城镇工作以寻求更高的劳动报酬，导致农村耕地闲置，不利于农业可持续发展。同时，过大的收入差距会挫伤农民的生产积极性，激化社会矛盾，影响社会的和谐稳定与全体人民共同富裕的实现。适当的收入差距有利于激发劳动者的积极性，有利于促进经济增长，但当城乡收入差距过大时，

---

① 《居民收入分配格局持续优化，收入结构不断完善》，http://m.thepaper.cn/newsDetail-forwarel.28943049，最后访问日期：2025 年 6 月 8 日。

② 《开创西部大开发格局》，http://www.ce.cn/xwzx/gnsz/gdxw/202110/t20211025_37023838.shtml. 最后访问日期：2025 年 6 月 8 日。

③ 《第七次全国人口普查公报》，https://www.gov.cn/guoqing/2021-05/13/content_5606149.htm，最后访问日期：2025 年 5 月 16 日。

穷者愈穷的“马太效应”会进一步加剧贫富差距，严重制约我国共同富裕的有效推进和中国式现代化的顺利实现。

乡村振兴是我国为解决城乡发展不平衡、农业农村农民发展不充分的现实矛盾而做出的战略选择。乡村振兴的实质是通过农业产业能力、农村发展能力和农民致富能力的全面提升，推动我国“三农”领域整体跃升。第一，通过“五位一体”（产业振兴、人才振兴、文化振兴、生态振兴、组织振兴）战略框架，强化“三农”自主发展能力，是乡村振兴的关键。乡村振兴的主体是农民，乡村振兴的核心是产业，乡村振兴的重点在农村（江维国、伍科，2024）。只有充分激发广大农民的发展积极性和内生动力，才能使乡村振兴具有活力；只有农业产业振兴和可持续发展，才能使乡村振兴具有稳定的产业基础和发展基础；只有农村村容村貌、精神文化和人居环境全面发展，才能使乡村振兴具有可持续发展的动力。第二，通过与城镇互促互进、共生共存，形成城乡互动、要素互补的经济社会发展格局，增强我国农业、农村和农民的融合发展能力，推动农业全面升级、农村全面进步、农民全面发展，是乡村振兴的重要方式。改革开放以来，我国逐步打破城乡割裂的二元体制，生产要素城乡一体化和城乡统筹发展的格局逐步形成，特别是党的十八大以来，我国全面开启了构建城市与乡村融合发展之路。党的十八大部署“加快完善城乡发展一体化体制机制”，党的十九大深化要求“建立健全城乡融合发展体制机制和政策体系”，党的二十大确立“坚持农业农村优先发展，坚持城乡融合发展，畅通城乡要素流通”。城乡融合、要素流动作为中国特色乡村振兴的重要途径，成为我国农业产业能力、农村发展能力和农民致富能力全面提升的重要力量。第三，增强我国“三农”政策促进与调节能力，是乡村振兴、城乡融合促进共同富裕目标实现的重要途径。政策工具作为降低交易成本的制度性保障，通过创设公平竞争环境满足多元主体发展需求，特别是需要强化对弱势主体的权益实现机制，以维护实现社会公平正义。我国政府历来重视从政策视角解决我国城乡发展不平衡、农业农村农民发展不充分的问题，以产业政策兴农业、以经济政策富农民、以社会政策惠农村，已经成为各级政府和全社会的共识。这些多维度、多层次的政策，是我国乡村振兴促进共同富裕目标实现的重要推动力量。

二 共同富裕：中国式现代化过程中城乡差距的不断缩小

共同富裕作为中国式现代化的重要特征，始终贯穿国家现代化发展进程，其核心任务在于持续缩小区域、城乡、不同人群的差距，以达成社会共享发展目标。党的二十大报告明确指出，全体人民共同富裕的现代化道路彰显中国特色社会主义本质属性，推动全体人民共同富裕已被确立为实现中国式现代化的关键路径。然而，长期以来形成的区域差距、城乡差距和不同人群的收入差距，成为我国全体人民实现共同富裕的最大障碍。因而在中国式现代化进程中不断缩小区域、城乡和收入差距，是我国实现全体人民共同富裕的基本任务。

缩小区域、城乡、收入差距，推进共同富裕，一个基础性的问题是如何测度区域、城乡和不同人群的收入差距，进而对区域共同富裕程度、城乡共同富裕程度和不同人群的共同富裕程度进行客观科学评价，并在此基础上探寻区域共同富裕、城乡共同富裕和不同人群共同富裕的推进路径。关于共同富裕的测度，目前学界主要有两种方法。第一，指标法，即对总体富裕程度和发展成果共享程度进行多层次解析，并运用极值法或熵值法构建多项度量指标体系（刘培林等，2021；钞小静、任保平，2022；陈丽君等，2021）。指标法的优点在于能够体现共同富裕概念的丰富内涵，缺点则在于指标体系所涉及的变量较为庞杂，不同指标之间的关系难以界定，且相关指标数据收集、获取难度较大。第二，指数法，即从富裕和共享两个维度构建共同富裕指数，运用不同方法对指数进行运算，求得共同富裕指数。其中，有学者利用线性加权法合成共同富裕指数（孙豪、曹肖烨，2022）或运用科布道格拉斯生产函数用乘数法求得综合指数（万海远、陈基平，2021）。基于对共同富裕内涵的深刻把握，本文将共同富裕概念界定为全体国民总体富裕程度与全体人民共享富裕共同程度的均衡状态，通过差值法将富裕指数与共同指数合成共同富裕指数。共同富裕指数的意义在于，能够客观描述评估某一地区或群体的共同富裕发展水平，并分析其形成原因和影响因素。

基于共同富裕指数测算方法，本文对 2020~2022 年我国区域共同富裕指数、城乡共同富裕指数进行测算，结果如表1所示。2020~2022年，我国地区差距、城乡差距以及不同人群收入差距明显，区域与城乡共同富裕指数均值均达0.5以上，说明我国不同维度的共同富裕程度有一定的发展基础。但是，我国区域和城乡共同富裕指数平均极差值相差较大。在区域与城乡共同富裕指数中，平均差距更大的是城乡共同富裕差距。因此，在全面缩小区域共同富裕差距的同时，着力缩小城乡共同富裕差距，是第二个百年奋斗目标实现下我国扎实推进共同富裕的首要任务。

表1　2020~2022年我国区域与城乡共同富裕指数汇总

	数值	区域共同富裕指数	城乡共同富裕指数
2022年	均值	0.60	0.53
	极大值	0.98	0.93
	极小值	0.39	0.17
	极大值比极小值	2.54	5.47
2021年	均值	0.59	0.52
	极大值	0.97	0.95
	极小值	0.38	0.17
	极大值比极小值	2.55	5.71
2020年	均值	0.57	0.51
	极大值	0.97	0.99
	极小值	0.35	0.17
	极大值比极小值	2.77	5.82
三年均值	均值	0.59	0.52
	极大值	0.98	0.96
	极小值	0.37	0.17
	极大值比极小值	2.65	5.65

资料来源：根据2020~2022年《中国统计年鉴》与《中国劳动统计年鉴》数据计算。

学界普遍运用城乡居民收入倍差，即城市居民平均收入水平与农村居民平均收入水平的比值，来衡量一定区域内城乡居民的收入差距。城乡居民收入倍差法简单易行，但对富裕程度的关注不足。我们在共同富裕指数的基础上，将除港澳台外的31个省（区、市）拆分为城乡两部分进行计算（共62个单位），基于区域共同富裕指数的测算方法，分别对全国各地区的城镇与农村共同富裕水平进行量化评估，随后采用特定区域农村指数与城镇指数的比值作为城乡共同富裕指数（见表2）。该指标既可被用于衡量地区内部城乡发展均衡程度，又能体现不同区域在国家整体城乡共同富裕体系中的差异特征。

在西部地区十二省（区、市）内，共同富裕相关指数差异甚大。从全国范围来看，2020~2022年西部地区十二省（区、市）城乡平均富裕指数倍差为2.65，明显高于全国平均水平（2.38）。从西部地区内部差异来看，2020~2022年西藏城镇平均共同富裕指数为0.74，贵州农村平均共同富裕指数为0.18，西藏城镇平均共同富裕指数是贵州农村平均共同富裕指数的4.11倍。贵州城镇平均共同富裕指数达到0.69，与农村（0.18）形成3.83倍量差；四川城镇平均共同富裕指数为0.61，相当于其农村（0.28）的2.18倍；青海城镇平均共同富裕指数为0.56，是其农村（0.26）的2.15倍。以上分析结果说明，无论是从全国范围还是从西部地区内部来看，西部农村地区共同富裕程度差距巨大。

西部地区城乡共同富裕现状。城乡富裕指数倍差（城乡收入比）最大的省份为甘肃（3.17），2020年甘肃城镇富裕指数（0.442）是甘肃农村富裕指数（0.135）的3.27倍，2021年（0.439，0.139）为3.16倍，2022年（0.447，0.145）为3.08倍；其次是贵州（3.05），2020年贵州城镇富裕指数（0.472）是贵州农村富裕指数（0.152）的3.11倍，2021年（0.476，0.156）为3.05倍，2022年（0.489，0.163）为3.00倍；最后为云南（2.86），2020年云南城镇富裕指数（0.491）是云南农村富裕指数（0.168）的2.92倍，2021年（0.496，0.172）为2.88倍，2022年（0.502，0.180）为2.79倍。从2020~2022年三年平均来看，西部地区中西藏城镇平均共同富裕指数最大，为0.74，为贵州农村平均共同富裕指数（0.18）的4.11倍，反映出西部农村地区发展不足的问题尤为突出。

表2 2020~2022年全国城乡共同富裕指数

地区		城镇平均共同富裕指数	农村平均共同富裕指数	城乡平均富裕指数倍差	城乡平均共同富裕指数倍差
东部地区	浙江	0.65	0.36	2.25	1.81
	天津	0.82	0.38	1.85	2.16

续表

地区		城镇平均共同富裕指数	农村平均共同富裕指数	城乡平均富裕指数倍差	城乡平均共同富裕指数倍差
东部地区	江苏	0.72	0.48	2.42	1.50
	广东	0.83	0.67	2.15	1.24
	福建	0.52	0.37	2.02	1.41
	山东	0.55	0.30	1.90	1.83
	上海	0.57	0.36	2.46	1.58
	河北	0.68	0.49	2.19	1.39
	海南	0.77	0.48	2.15	1.60
	北京	0.82	0.43	2.46	1.91
东北地区	辽宁	0.75	0.53	2.27	1.42
	黑龙江	0.53	0.48	2.11	1.10
	吉林	0.90	0.67	1.93	1.34
中部地区	湖北	0.72	0.47	2.20	1.53
	湖南	0.76	0.25	2.34	3.04
	山西	0.76	0.41	2.23	1.85
	江西	0.70	0.33	2.21	2.33
	安徽	0.89	0.48	2.46	1.85
	河南	0.74	0.35	2.46	2.11
西部地区	甘肃	0.54	0.37	3.17	1.46
	贵州	0.69	0.18	3.05	3.83
	云南	0.55	0.40	2.86	1.38
	青海	0.56	0.26	2.78	2.15
	陕西	0.71	0.45	2.77	1.58
	西藏	0.74	0.39	2.75	1.90
	宁夏	0.58	0.28	2.50	2.07
	内蒙古	0.51	0.38	2.35	1.34
	新疆	0.60	0.29	2.40	2.07
	重庆	0.57	0.46	2.39	1.24
	广西	0.72	0.43	2.20	1.67
	四川	0.61	0.28	2.36	2.18
全国均值		0.68	0.40	2.38	1.80

资料来源：根据2020~2022年《中国统计年鉴》数据计算。

三　乡村振兴促进共同富裕的基本路径

作为中国式现代化的核心内涵，共同富裕体现为在物质财富夯实、精神生活充实及文化供给优化的协同演进中，全民收入分配格局的均衡化渐进发展进程。其核心在于达到国民总体富裕程度与共享程度的动态平衡。这一发展目标具体表现为，在不同时期、地区、职业群体的收入水平持续增长，社会财富总量持续扩张的同时，收入差距逐步缩小，实现做大“财富蛋糕”和分好“财富蛋糕”的统一。实现共同富裕需要把握两个关键维度：一方面在于通过提高不同社会群体的收入水平与创富能力，带动全社会财富总量的增长；另一方面在于调节群体间的收入差距，通过优化资源配置机制强化社会公平基础，从而构建更具包容性的发展格局。而乡村振兴战略正是实现这一目标的重要路径：一方面通过强化农业产业发展动能、激活乡村建设效能、拓宽农民创收渠道三大举措，夯实农村居民增收基础，提高其富裕程度；另一方面依托覆盖城乡统筹的多维政策框架，重点破解城乡居民发展差异难题，通过包容性制度设计提升社会资源跨区域配置效率，进而推动城乡共同富裕格局的构建。

（一）构建“三农”内生发展驱动机制，持续提升农村居民富裕程度

乡村振兴以农民为主体、以产业为核心、以农村为重点场域，关键在于构建“三农”内生发展驱动机制。通过协同推进产业振兴、人才振兴、文化振兴、生态振兴、组织振兴系统工程，培育农业现代化动能、强化乡村多维承载力、拓展农民创收新空间，形成农村居民富裕程度的渐进提升模式。这一进程的战略支点体现在以下方面。首先，以共同富裕目标为价值导向，激发“三农”主体的内生发展动力。新时代农民对美好生活的价值诉求，通过其主动性劳动转化为社会福祉增量，既夯实当代农村民生基础，又培育代际可持续发展的深层动能。其次，构建城乡要素融合配置机制。通过破除要素流动壁垒，既盘活农村闲置资源，又形成城乡要素双向流动的良性循环，在提升资源配置效率中完善社会主义市场经济运行机制。最后，复合型惠农制度框架提供核心政策保障。在我国体制优势下，依托

经济政策聚焦农业提质增效，产业政策引导增收渠道拓宽，社会政策调节收入分配格局，文化生态政策保障发展可持续性，形成多政策协同形成共同富裕目标的实现路径。

（二）赋能农业、农村和农民发展，持续提高农村居民富裕水平

乡村振兴以产业繁荣、生态宜居、乡风文明、治理有效、生活富裕为目标框架，通过五大振兴系统与城乡协同机制联动，驱动农业生产体系现代化、乡村社会整体跃升、农民群体全面发展。其本质在于依托城乡要素重组与制度创新，破解当前农业产能待优化、乡村发展待提速、农民创收待突破的瓶颈，构建城乡共同富裕水平提升机制。具体实施路径包括以下几个方面。

首先，以要素激活为突破点，通过城乡市场互通机制释放土地、劳动力等要素潜能，培育特色产业集群，增强产业就业辐射效应，形成农民增收的多元化支撑体系。以市场驱动为核心机制，借助全国统一大市场建设提高资源配置效率，通过产业升级提升农业全要素生产率，同步强化乡村经济内生增长动能。以制度创新为保障基础，通过产权制度改革激活要素价值，依托产业链延伸提升农业附加值，最终实现农村居民财富积累与城乡发展差距的有效弥合。

其次，通过体制赋能促进组织化与协作化发展，壮大新型农村集体经济，提高农村经济实力、农民收入水平及区域农民共同富裕程度，构成乡村振兴实现共同富裕的关键路径。组织化建设有助于优化生产资源配置，而多元主体协同参与的协作机制则能形成更高效的利益联结，共同提升生产经营效益。在现行农村集体产权框架下，经济合作组织与专业机构通过实践积累分工协作的成熟经验、特色产业培育、土地集约经营及“一乡一业”“一村一品”等产业集聚模式为集体经济创新提供实现载体。这种基于集体协作的制度设计，通过成员间的优势互补与协同行动，不仅增强了群体归属感与凝聚力，而且从机制层面阻断了贫困现象的代际延续。新型农村集体经济的持续发展，既为盘活集体资产创造了有利条件，也为构建区域联动的共同富裕格局提供了制度保障。

再次，通过技术手段强化发展动能，运用现代产业体系、农业生产技

术及数字信息技术，驱动农业现代化转型与乡村治理体系优化，提升产业竞争力和基层治理效率，助力乡村共同富裕目标实现。现代农业技术、设施农业及先进育种科技的应用，能够优化农业生产资料与农村生产要素的时空配置效率，实现资源价值增值。与此同时，信息技术与现代化管理手段的融合应用，有效降低了乡村治理过程中的协作成本，显著提升了基层治理体系的运行效能。

最后，依托制度性政策供给，通过产业、经济及社会领域的公共政策协同发力，为“三农”发展提供系统性支撑，增强农民增收致富的内生动力，推动城乡共同富裕进程。在现代化经济运行体系中，公共政策作为要素配置的调节机制，对经济要素的定向流动与资源组合方式具有显著的导向和规制效应。针对我国农村要素配置效率不高的发展现状，通过政策杠杆引导经济要素向乡村领域集聚，构建要素优化配置的新型格局，已成为实施乡村振兴战略、实现城乡协调发展的关键制度保障。

（三）优化城乡居民收入分配，推动城乡共同富裕目标实现

推动城乡共同富裕的核心在于缩小城乡居民收入差距。这需要通过培育农业农村自主发展能力、强化农民增收致富本领、持续提升农村居民富裕水平三大着力点，运用政策手段和制度性调节工具优化城乡收入分配结构，渐进实现发展成果共享。该路径既包含激发乡村内生增长动能的基础性工程，也涵盖完善要素分配机制的关键性制度创新，构建更加公平可持续的城乡融合发展体系，为全体人民共同富裕目标的实现提供制度保障和动力支撑。

首先，运用制度性调节工具增加农村居民转移性收入与资产性收入，构成优化城乡收入分配格局的重要政策抓手。在现代化经济运行框架下，公共政策通过税收调节机制实施涉农税收优惠，借助金融扶持政策强化农业产业支撑，依托财政转移支付机制增加农村居民社会保障性收入（2020年全国农村居民人均可支配收入的21.4%来自转移性收入）。同时，推进农村“三变”制度改革（资源资产化、资金股权化、农民股东化），有效畅通农村要素市场价值转化通道，显著拓展农民财产性收益来源。这种多维度的政策组合通过优化要素分配格局，系统性优化城乡居民收入结构，为缩

小发展差距、促进共同富裕提供制度性解决方案，通过制度性政策安排降低农村生产生活成本，形成城乡收入分配优化的补充机制。进入21世纪以来，在我国经济持续快速增长背景下，居民收入水平提升与消费结构升级同步演进，但教育市场化、医疗服务成本攀升及居住支出增长等新型压力，催生了从传统收入贫困向现代支出型贫困的形态转变。研究显示，不断强化的刚性支出压力使居民基本生活开支显著减少，致使部分群体陷入发展性困境（杨立雄，2021）。政策设计的核心逻辑在于通过要素配置优化与效能提升实现治理目标。在乡村振兴和城乡共同富裕的推动过程中，基本公共服务均等化战略通过完善基础设施、提升人居环境质量和自然资源利用效能，降低农村生产生活成本，夯实农民增收基础。公共文化服务体系则通过拓展社会网络联结、强化社群互动能力，增加农村居民的社会资本积累。慈善公益事业发展既创造了社会转移支付新渠道，又形成了精神文化滋养机制，在心理调适、道德建设等方面提供多维支持。中国特色对口帮扶制度通过资金技术输入、信息资源导入及能力建设赋能，有效降低农村社会经济活动的交易成本。这种政策干预体系通过经济成本削减与社会资本增值的双重路径，能够实质性推进城乡物质精神生活共同富裕进程。

其次，通过城市化进程促进城乡人口流动，并在城乡互动中推动双向流动，是推动城乡居民收入差距缩小的一种途径。城市代表着现代社会先进生产力，而城市化则是社会经济发展的必然过程。城市化不仅体现了农村人口向城市的迁移，也标志着城市规模不断扩大和城市人口特质日益增强。引导和鼓励有条件的农村人口进入城市工作，可以使其共享城市化带来的发展成果；同时，也应引导和鼓励有需求的城市人口回到农村，进行创业就业，或鼓励城市老年人口在农村宜居环境中安享晚年。这些举措是促进城乡共同发展、共享自然资源以及实现共同富裕的重要路径。城乡人口的双向流动可以优化人口的文化结构和年龄结构，从而推动人口资源的合理配置。因此，创造使进城的农村人口能够长期稳定居住的就业和生活条件，制定吸引城市人口回流农村创业和生活的相关政策，改善农村的生态环境，创造工作机会是调节城乡人口流动、促进城乡居民共同富裕的重要议题。

四　西部地区乡村振兴促进共同富裕的主要任务

实现全体人民共同富裕，西部农村地区仍是最大的约束条件。从西部地区共同富裕发展现状来看，西部农村地区的共同富裕程度无论是在各地区之间还是在西部地区内部，均存在显著差距，面临严重的发展不平衡与不充分问题。在全面推进中国式现代化进程中，西部地区应当更加重视乡村振兴，促进共同富裕水平不断提升。

（一）持续巩固提升西部地区脱贫成效，探索长效保障机制与可行实施路径

2012~2018 年，我国西部农村贫困人口实现跨越式减少，总量从 5086 万下降至 916 万，降幅达 82%；贫困发生率同步由 17.6%降至 3.2%，降幅超过 14 个百分点。[①] 虽然绝对贫困问题已得到历史性解决，但该区域农村共同富裕指数仍显著低于全国均值，且存在一定数量的贫困边缘群体，其发展基础薄弱、抗风险能力不足，巩固脱贫成果仍面临挑战。在此背景下，西部地区推进乡村振兴的核心目标在于通过调动多元主体积极性，构建脱贫成果保障机制，重点防范边缘群体返贫风险，实现巩固拓展脱贫攻坚成果同乡村振兴的有效衔接。具体实施路径包括：在完善生活保障体系的同时，着力开展能力提升专项帮扶，增强边缘群体内生发展动力；依托县域城镇化战略，以 108 个县级市（占全国总量的 27.8%）为载体，发展就近城镇化模式，通过产业集聚与服务辐射创造就业岗位，促进城乡融合发展。截至 2023 年，西部地区城镇化率为 59.6%，与全国平均水平仍存在 6.6 个百分点的差距，证明其新型城镇化建设尚有较大发展空间。需要特别强调的是，西部农村发展质量直接关系到全国共同富裕进程。要实现实质性突破，仍需持续强化产业扶持、经济激励和社会保障政策的协同支持，为脱贫群体营造可持续的发展环境，确保其稳步迈向共同富裕。

---

① 《扶贫开发持续强力推进脱贫攻坚取得历史性重大成就》，https://www.stats.gov.cn/sj/2xfb/202302/t20230203_1900412.html，最后访问日期：2025 年 6 月 8 日。

（二）依托区域资源禀赋优势，切实提升西部农村富裕程度

西部地区具备显著的自然资源与人文资源优势。其集中了全国60%以上的矿产资源储量，45种战略矿产工业储量潜在价值接近全国总量半数；在能源资源方面，探明储量占比达到57%[①]，水能、煤炭、油气资源兼备，其中水能资源占全国的比重超八成；在人文资源方面，50个少数民族在此聚居，总人口逾8700万，占全国少数民族人口的七成，形成了独特多元的文化景观体系[②]。叠加丰富的生物资源及药用植物储备，为西部地区发展提供了多重价值转化空间。实现共同富裕需要重点推进三大转化机制：资源资产化、能源产业化、潜力财富化。实现资源资产化的核心路径在于创新经营模式，通过“合作社+电商+农户”“龙头企业+村集体+农户”等多元协作机制，构建资源开发利益共享体系。着力推动农村一二三产融合，强化产业链在地化布局，确保增值收益与就业岗位向本地农民倾斜。针对生态保护区资源（如青海三江源国家级自然保护区、陕西汉江湿地省级自然保护区），可通过补偿机制增加居民转移性收入。能源产业化依托国家战略布局，重点培育能源产业集群并构建定向就业吸纳机制。通过职业技能培训体系，促进农村劳动力向能源产业工人转型。潜力财富化聚焦碎片化资源开发，借助传统工艺活化利用，发展特色文旅、非遗经济及民族医药等特色产业（如苗医、藏医、维医、蒙医及其他传统医学产品等），在生态保护前提下实现资源溢价，拓宽农民财富积累渠道。

（三）强化政策导向作用，提升农村富裕共享水平

作为国家生态安全屏障，西部地区占据黄河、长江中上游核心区，其中青藏高原作为“亚洲水塔”承载着重要水源涵养功能，川西高原藏区更是连接两大流域生态系统的战略节点，对保障中东部生态安全具有不可替代的作用。同时，西部地区毗邻14个国家，拥有12747公里陆地边境线，

---

① 《中国西部大开发发展报告2014》，https://m.ibooks.qq.com/real/1026243781/8? source=pc_jump，最后访问日期：2025年6月8日。

② 《挖掘西部民族文化资源》，https://www.gmw.cn/01gmvb/2004-09/14/content_99422.html. 最后访问日期：2025年6月8日。

在国家国土安全体系中占据特殊地位。这种双重安全属性决定了西部农村振兴不仅依赖内生动力，而且需要通过政策调控引导全国经济要素与社会资源向该区域定向流动。构建共同富裕支撑体系的关键举措包括以下几个方面。首先，聚焦交通、能源、水利等战略基础设施，建立财政资本与社会资本协同投入机制，增强要素流动承载力。其次，依托全国统一大市场建设，引导多元资本投入基础产业及新兴产业，通过市场机制盘活农村经济要素。最后，针对西部农村资源开发资金缺口，建立项目对接平台以促进外部资源导入，重点培育民生服务、医疗教育等领域的可持续发展能力。在制度性保障方面，需要深化对口帮扶机制在西部农村的精准实施，推动慈善资源向该区域倾斜。特别要把握“东数西算”工程机遇，在算力产业布局中设置就业承接端口，建立农村劳动力数字化技能培训体系。通过构建政策引导、市场驱动和社会协同的多维资源配置体系，系统性提升西部农村的资源转化效率与财富共享水平，为缩小区域发展差距提供长效支撑，实现共同富裕目标。

总之，不断缩小城乡居民收入差距是推动城乡共同富裕的核心任务，乡村振兴为实现这一目标提供了战略路径。通过激发农业农村和农民发展的内生动力，提升农业农村和农民的自主发展能力，乡村振兴有助于调节城乡收入结构，推动城乡收入差距的不断缩小，同时提高农村居民共同富裕的水平。西部农村地区发展的重点在于，在巩固脱贫成效的基础上，依托区域比较优势推进资源资产化、能源产业化、潜力财富化进程，同时通过政策调控引导各类要素向西部地区集聚，以此实现西部农村的共同富裕目标。

参考文献

钞小静、任保平，2022，《新发展阶段共同富裕理论内涵及评价指标体系构建》，《财经问题研究》第 7 期，第 3~11 页。

陈丽君、郁建兴、徐铱娜，2021，《共同富裕指数模型的构建》，《治理研究》第 4 期，第 2、5~16 页。

江维国、伍科，2024，《农村集体经济促进农民共同富裕的实践理路——基于重庆市何家岩村“共富乡村”建设经验》，《农村经济》第 10 期，第 12~23 页。

李实，2020，《中国特色社会主义收入分配问题》，《政治经济学评论》第 1 期，第 116~

129 页。

刘培林、钱滔、黄先海、董雪兵，2021，《共同富裕的内涵、实现路径与测度方法》，《管理世界》第 8 期，第 117~127 页。

孙豪、曹肖烨，2022，《中国省域共同富裕的测度与评价》，《浙江社会科学》第 6 期，第 4~18 页。

万海远、陈基平，2021，《共同富裕的理论内涵与量化方法》，《财贸经济》第 12 期，第 18~33 页。

席恒、王睿，2023，《我国城乡共同富裕的内涵、测度及其政策意义》，《西北大学学报》（哲学社会科学版）第 4 期，第 15~26 页。

杨珂、余卫，2024，《乡村振兴对共同富裕的影响效应研究》，《统计与决策》第 20 期，第 136~140 页。

杨立雄，2021，《低收入群体共同富裕问题研究》，《社会保障评论》第 4 期，第 70~86 页。

赵志阳、邢茜、高小升，2024，《乡村振兴助力共同富裕的应得正义逻辑与当代价值》，《西北农林科技大学学报》（社会科学版）第 6 期，第 33~42 页。

组织振兴何以统领乡村全面振兴？

——基于新时代“莱西经验”的个案考察*

李　辉　王陈阳　胡　彬**

摘　要　以组织振兴统领乡村振兴是新时代乡村治理的重要命题。本研究以新时代“莱西经验”为研究对象，运用组织社会学和新制度主义的分析框架，深入考察基层党组织制度创新实现对乡村振兴有效统领的途径。研究发现，“一统领三融合”实现三个方面创新：一是通过制度整合实现政治、行政和市场逻辑的有机融合；二是通过结构重构打破传统组织边界，形成条块结合、上下贯通的组织网络；三是通过功能创新建立发展融合、治理融合和服务融合的系统性机制。基于此，研究提出组织振兴统领乡村振兴“四维一体”实现机制：横向多元善治机制、纵向资源赋能机制、条块协同机制、内外开放机制。

关键词　组织振兴　乡村振兴　莱西经验

一　问题提出

党的二十大报告明确指出，全面推进乡村振兴是实现中华民族伟大复兴的重大战略。在这一宏大战略背景下，乡村组织振兴作为乡村振兴的关

* 本文系国家社科基金项目“地方政府区域合作中纵向介入的控制权配置研究”（项目编号：21BZX007）的阶段性成果。

** 李辉，山东大学政治学与公共管理学院教授、博士生导师，主要研究方向为社会治理；王陈阳，山东大学政治与公共管理学院研究生，主要研究方向为社会治理；胡彬，浙江大学公共管理学院助理研究员，主要研究方向为公共管理。

键支撑，其重要性日益凸显。但在实践中，基层党组织的凝聚力、执行力、服务力依然有待提升，农村基层党组织领导乡村振兴的核心地位依然有待加强。以组织振兴统领乡村全面振兴的“何以可能”与“何以可为”依然有待探索。重新审视和深化以组织振兴统领乡村全面振兴具有重要的理论价值和现实意义。从理论层面来看，基层组织建设与乡村治理现代化的互动机制尚未得到系统阐释。现有研究多聚焦单一维度的组织效能提升或治理机制创新，缺乏对组织重构与治理转型互构关系的深层次剖析。组织社会学理论为我们提供了新的分析视角：基层党组织不仅是行政体系的末梢，更是连接国家治理与乡村社会的制度枢纽。这一理论视角有助于我们重新理解组织振兴在推动乡村治理现代化过程中的核心作用。

从实践层面来看，20世纪80年代，青岛市莱西市形成了以党支部建设为核心的农村基层组织建设“三配套”经验，即“莱西经验”。近年来，莱西市深入贯彻习近平总书记有关乡村振兴和“莱西经验”的重要指示精神，立足农村发展的现实问题和迫切需要，深化拓展新时代“莱西经验”，创新性地构建起“一统领三融合”工作体系，推动了基层党组织统领乡村振兴的加速跑，也为破解基层组织建设与乡村治理难题提供了重要启示。系统总结这一经验对于推进乡村组织振兴具有重要的示范价值。

基于此，本文聚焦两个核心问题。其一，组织振兴如何通过制度创新重塑乡村治理体系？其二，基层党组织统领作用的实现机制是什么？为回答这些问题，本研究采用扎根理论与案例研究相结合的方法，以新时代“莱西经验”为研究对象，运用组织社会学和新制度主义的分析框架，深入剖析组织振兴引领乡村治理现代化的内在机理。研究从三个维度展开：首先，梳理“莱西经验”的制度演进脉络，揭示其与时俱进的创新特征；其次，构建组织重构与治理转型的分析框架，阐释二者的互构机制；最后，基于实证分析评估“一统领三融合”的实践成效，提炼具有普适性的经验启示。本研究对推进组织社会学理论本土化和深化乡村治理研究具有重要意义。在理论层面，研究通过引入组织重构的分析视角，丰富了对基层组织建设与乡村治理关系的认识；在实践层面，研究基于“莱西经验”的系统总结，为新时代推进乡村组织振兴提供了可资借鉴的实践范式。这对于完善乡村治理体系、提升治理能力现代化水平具有重要的政策含义。

二 文献综述与理论框架

组织振兴统领乡村全面振兴是一个系统工程，需要多维度的理论支撑和分析框架。基于现有研究成果，本文从基层党组织建设、乡村治理现代化和组织社会学三个维度进行文献梳理和评述，在此基础上构建组织重构与治理转型的互构分析框架。

（一）基层党组织建设研究述评

关于基层党组织建设的研究，学界形成了三个主要研究范式。第一是组织功能论，聚焦基层党组织在乡村治理中的角色定位和功能演变。这一范式经历了三个发展阶段：早期研究关注基层党组织的行政动员功能，强调其在政策执行和资源配置中的核心作用（王铮，2021）；中期研究转向治理功能，探讨基层党组织如何协调多元主体、化解基层矛盾（唐建明，2021）；近期研究则更加注重整合治理功能，分析基层党组织在推动乡村振兴战略中的引领作用（陈松友、周慧红，2022）。这一范式的理论贡献在于揭示了基层党组织功能的历史演进逻辑，但对功能实现的具体机制关注不足。

第二是组织结构论，关注基层党组织的制度设计与运行机制。该范式形成了三个主要研究方向：一是聚焦党组织与村民自治组织的关系，探讨两者在权力运行、制度衔接等方面的互动（杨欣月、闫梓菁，2024）；二是研究基层党组织通过践行党的宗旨理念，打造人才“选育用”链条，整合乡村治理人才资源的制度创新（蒯正明，2024）；三是探讨基层党组织的制度变迁，揭示其适应新形势的结构调适（吴磊，2024）。这一范式深化了对基层党组织制度运行的理解，但对组织创新的动力机制解释不足。

第三是组织效能论，着眼于基层党组织建设的实践成效与优化路径。这一范式的研究主要包括四个层面：一是组织力提升研究，探讨基层党组织的政治引领、组织引领、服务引领、规则引领的实现路径（吴青熹，2024）；二是干部队伍建设研究，关注基层党组织带头人的选拔、培养和管理机制（李桂华、刘梦演，2021）；三是治理效能评估研究，研究党的领导优势如何转化为政府治理效能（王绪、王敏，2023）；四是组织创新实践研究，总结基层党建工作的典型经验（王友明，2017）。这一范式的优势在于注重实践性和应用性，但理论概括和提升有待加强。

（二）乡村治理现代化研究综述

乡村治理现代化研究经历了理论范式的三次重要转向，反映了学界对乡村治理认识的不断深化。第一个阶段（1990 年代至 2000 年代中后期）聚焦村民自治研究。这一时期的研究主要围绕基层民主建设展开，形成了三个重要论题：一是村民自治的制度化进程研究，探讨村民自治制度创新发展的自发性、实用性和地域性（赵秀玲，2009）；二是村民参与机制研究，分析农民政治参与的动力与障碍（徐炜，2001）；三是村级权力运行研究，考察村民自治与乡村权力结构的互动（仝志辉、贺雪峰，2002）。这一阶段的研究为理解乡村民主治理奠定了基础，但对治理主体的关注过于单一。

第二个阶段（2000 年代中后期至 2010 年代中期）转向整体性治理研究。学界开始关注乡村治理的多元主体互动，研究呈现四个主要方向：一是资源配置视角下的多元主体协同机制研究（任艳妮，2012）；二是社会组织参与乡村治理的路径研究（徐晓全，2014）；三是农村妇女参与乡村治理网络的构建研究（刘筱红，2010）；四是乡村公共服务供给机制研究（杜春林、张新文，2015）。这一阶段深化了对乡村治理复杂性的认识，但对治理现代化的系统性思考不足。

第三个阶段（2010 年代中期至今）重点关注治理体系现代化。新时代背景下，学界围绕乡村治理现代化展开了多维度探讨：一是治理体系与治理能力现代化的理论建构（秦中春，2020）；二是数字化治理转型研究，探讨信息技术对乡村治理的重塑作用（冯献等，2020）；三是乡村振兴战略下的治理创新研究，关注治理模式的创新实践（闫书华，2022）；四是村社共同体重塑的理论提炼，系统总结典型经验的普适价值（孙枭雄、仝志辉，2020）。

纵观现有研究，虽然推动了乡村治理理论的发展，但仍存在三个明显不足：第一，对组织振兴与治理现代化的互动机制关注不足，缺乏对二者关系的系统理论阐释；第二，对基层治理创新实践的理论提炼不够深入，难以为实践创新提供有力的理论指导；第三，对新技术条件下乡村治理转型的研究尚待深化，特别是对数字治理、智慧治理等新型治理模式的理论探讨相对薄弱。这些不足既反映了当前研究的局限，也指明了未来研究的方向。

因此，立足新发展阶段，深化乡村治理现代化研究需要在三个方面取得突破：其一，构建组织振兴引领治理现代化的理论框架，阐明二者的互构关系；其二，加强对基层治理创新实践的理论提炼，提升经验总结的理论价值；其三，深化对新时代乡村治理转型的前瞻性研究，为实践创新提供理论指引。这也是本研究试图回应的核心问题。

（三）组织社会学视角下的乡村组织重构

组织社会学理论为分析乡村组织重构提供了全新的理论视角和分析工具。在这一理论框架下，基层党组织的重构可以被理解为一个多维度的制度变迁过程，涉及制度逻辑理论、组织场域理论和资源依赖理论等多个层面。

第一，制度逻辑理论（Thornton et al.，2012）为理解基层党组织的制度创新提供了重要启示。这一理论认为，组织变迁过程中存在多重制度逻辑的竞争与融合。在乡村治理情境下，基层党组织面临着政治逻辑、行政逻辑、市场逻辑和社会逻辑的多重挑战。新时代“莱西经验”的创新之处在于，通过“一统领三融合”实现了多重制度逻辑的有效整合：既保持了党的政治领导，又吸纳了市场效率和社会参与。这种制度逻辑的创造性融合（Scott & Richard，2008），为我们理解基层党组织如何在复杂的制度环境中实现创新发展提供了理论指引。

第二，组织场域理论（DiMaggio et al.，1983）揭示了组织变迁中结构约束与能动选择的辩证关系。这一理论视角特别强调了三个关键机制：一是同构机制，解释了组织创新实践如何在场域内扩散和制度化；二是差异化机制，阐释了组织如何在结构约束下实现创新突破；三是合法性机制，揭示了组织创新需要获得多方认可的过程。这些理论洞见（Wooten et al.，2017）有助于我们理解基层党组织在推进治理创新过程中所面临的机遇与挑战。

第三，资源依赖理论（Pfeffer & Salancik，1979）为分析基层党组织的资源整合功能提供了重要视角。这一理论强调：一是组织间的资源依赖关系塑造了权力结构；二是组织通过战略性行动管理依赖关系；三是资源整合能力是组织权威的重要来源。在乡村治理情境下，基层党组织通过整合政治、经济、社会等多种资源，强化了其在乡村治理中的核心地位。这种资源整合与权力关系的动态演化（Davis & Cobb，2010），为理解基层党组织如何实现多元主体协同治理提供了理论基础。

这三个理论视角相互补充，共同构成了分析乡村组织重构的整合性框架：制度逻辑理论揭示了组织创新的制度基础，组织场域理论阐明了创新扩散的结构条件，资源依赖理论则解释了组织权威的实现机制。这一整合性框架不仅有助于我们理解基层党组织重构的内在机理，也为推动基层治理创新提供了理论指导。

（四）理论框架构建：组织重构与治理转型的互构机制

基于上述理论分析，本文构建了组织重构与治理转型互构的分析框架。该框架包含三个核心维度。第一，组织重构的制度基础。这涉及基层党组织在政治引领、组织整合、资源配置等方面的制度创新。重点分析"一统领三融合"模式如何通过制度创新重塑基层组织体系。第二，治理转型的结构动力。这包括乡村社会结构变迁、治理需求多元化、数字技术赋能等推动治理转型的结构性因素。重点分析这些因素如何影响基层组织的创新实践。第三，组织重构与治理转型的互构机制。从制度逻辑、组织场域、资源依赖三个层面，阐释组织重构与治理转型相互塑造、共同演进的互构关系。

三 新时代"莱西经验"的历史演进与实践创新

通过对新时代"莱西经验"的系统考察，我们可以清晰地看到一个从组织重构到治理创新的制度演进轨迹。这一演进过程既体现了基层党组织对乡村振兴的战略引领，也展现了应对复杂治理环境的制度创新能力。

（一）“莱西经验”的历史演进

“莱西经验”源于对改革开放初期莱西市乡村基层工作现实困境的理解和反思。一是村级组织建设困境。莱西市在推行家庭联产承包责任制后，农民对村党支部依赖程度降低，农村党支部等各种村级组织传统的管理职能开始萎缩，党组织的领导力减弱。二是民主政治建设困境。随着改革的深入推进，村民民主权利意识增强，参与农村事务的积极性提高，村庄干部旧式的、简单化的工作手段和管理方式已经不适应农村管理与服务的现实情况，导致干群关系紧张，党组织的凝聚力减弱。三是社会服务化工作困境。实行家庭联产承包责任制后，农民对生活富裕和乡村服务的期盼高涨，由于资源匮乏、能力不足等因素，村级组织向农民索取多、给予少，并造成了服务缺少物质依托、共同致富缺少经济根基，致使基层党组织的服务能力不断减弱。莱西市乡村基层工作三重困境的主因在于没有正确处理好经济建设与村级组织建设、发展农业与强化基层的关系，根源在于忽视村级组织建设。

1985年始，在中央、山东省委和青岛市委的支持和指导下，莱西县积极摸索如何重新将农民有序组织起来等一系列问题，最终探索出农村基层组织建设“三配套”经验，即“莱西经验”：以党支部为领导搞好村级组织配套建设，强化整体功能；以村民自治为基础搞好村级民主政治配套建设，激发内部活力；以集体经济为依托搞好社会化服务配套建设，增强村级组织的凝聚力。1990年4月，民政部基于实地考察和专业研讨，撰写了《重新组织农民：当代农村基层发展课题的系统解答——山东莱西村级组织建设考察总报告》[①]，充分肯定了“莱西经验”的现实价值，随后中共中央发布《全国村级组织建设工作座谈会纪要》[②]，要求加强以村党支部为领导的乡村基层党组织建设，肯定了乡村基层党组织建设的“三配套”经验，将“莱西经验”向全国推广。

---

① 《1990年·全国村级组织建设工作座谈会在莱西召开，农村基层组织建设进入新阶段》，https://www.dtdjzx.gov.cn/staticPage/zhuanti/ggkf40nzgyj/20181228/2503895.html? ivk_sa=1024320u，最后访问日期：2025年3月20日。

② 《中共中央关于批转〈全国村级组织建设工作座谈会纪要〉的通知》，1990年12月13日，http://app.reformdata.org/print.php? contentid=4150，最后访问日期：2025年3月20日。

（二）“一统领三融合”：新时代“莱西经验”的实践探索

2013年11月，习近平总书记视察山东省期间表示，“发端于莱西的村级组织配套建设，在全国起到了很好的示范引领作用。希望山东增强进取意识，勇探新路”①。2018年12月，“莱西经验”的实践创新者周明金被中共中央、国务院授予改革先锋称号。2019年12月，青岛市莱西市入选全国农民合作社质量提升整县推进试点单位、全国乡村治理体系建设试点单位以及国家城乡融合发展试验区。莱西市始终把深化拓展“莱西经验”作为“一号工程”，以党建为核心统筹优化农村基层组织体系，推动生产要素配置方式的高效有序，持续推进城乡融合发展，释放乡村发展的内在活力，为打造乡村振兴齐鲁样板贡献莱西力量。

1. 一统领：强化农村基层党组织统领作用，增强政治功能和组织凝聚力

新时代乡村组织振兴的关键在于强化基层党组织的统领作用。莱西市通过顶格谋划、赋权增能、组织优化三个层面的制度创新，构建了基层党组织统领乡村振兴的制度框架，为破解基层组织建设难题提供了新的思路。

（1）顶格协调谋划，完善机制建立

改革开放实行家庭联产承包责任制后，农民生产积极性高涨，也促使乡村基层党组织建设转型，以更好地服务乡村发展的“新春天”，然而在城镇化的快速推进下，乡村土地对农民的吸引力下降，村庄空心化日渐严重。基于此，莱西市打破单个村庄的固有边界，以强化乡村基层组织体系建设为锚点，以开放思维、统筹理念将邻近村庄融合发展，整体规划乡村基层党组织的建设，推动党的领导由单纯领导村级组织向全面统领全区各类组织转变，实现“1+1>2”的整体效果。

第一，强化农村基层党组织统领，夯实“一统领三融合”的组织基础。将村级组织链条延伸并深植于乡村土壤，落实网格化的精细化管理和精准化服务，实施“多网合一”，减轻“多网格”负担；加强网格党组织建设，确定党员中心户，形成“镇（街道）党（工）委—村党组织—网格党组

① 《山东唯一！莱西市成功入选全国乡村振兴典型范例》，2020年6月11日，https://baijiahao.baidu.com/s?id=1669199235593606625&wfr=spider&for=pc，最后访问日期：2025年3月20日。

织—党员中心户”的组织链条。第二，积极发挥区域化党建平台作用，增强农村基层党组织党建统筹力。以镇（街道）党（工）委为主导，加大统筹力度，组织国有企业、高等院校、城市街道社区等党组织与乡村基层党组织进行结对，开展组织共建，为乡村基层党组织注入资金、人才、技术等资源，激发乡村基层党组织活力，重点攻克基层党组织人才不足、党员管理松弛、集体经济经营不善等现实困难。第三，全域优化村庄建制规模，稳妥推进村庄布局调整。由于城镇化进程，莱西市乡村规模普遍较小，而村庄数量较多，这导致资源松散而不精，无法实现基层资源效用的最大化。莱西市对全域村庄进行规划整合，实现村庄建制的新调整，目前行政村数量由 5423 个缩减至 811 个，并推进基层党组织融合，以更大的组织凝聚力突破原有乡村的发展局限；并结合党组织年龄构成和专业特长，依据各个村庄的实际情况，在产业拓展、乡村治理、乡村文化等方面成立 2715 个特色党小组，搭建党员助民实践平台。

（2）持续赋权增能，激发镇街活力

城镇和街道是连接城市和农村、连接过去和未来的枢纽，是促进城乡产业融合发展和优质乡村振兴的重要节点，也是承担社会治理力量、公共服务资源下沉的重要平台。青岛市莱西市将街镇作为“一统领三融合”的重要环节，为街镇扩权赋能，增强街镇党委推动区域融合功能。

第一，健全抓镇促村工作机制，强化镇党委的区域龙头作用。坚持“抓镇促村、整镇推进、整县提升”的方针，制定具体翔实的指导意见，以充分发挥乡村振兴中街镇的积极作用；健全组织机构设置，成立党建工作办公室，配齐配强专职工作力量，加强两新组织综合党委建设；推进“镇街吹哨、部门报到”改革，为镇街赋权增能，实现权力下放，责任落实，给予镇街合理的权责，以充分发挥其积极主动性。第二，深化镇街行政管理体制改革，激发镇街治理活力。实现下放 161 项公共服务事项，让镇党委发挥“领头”作用，成为乡村经济中心、治理中心、服务中心、资源整合中心。一位乡镇干部直言，“上级给了我们乡镇更多的资源，授予我们更大的自由和权力，我们乡镇干部便更加有做实事的激情，不用再像以前那样畏手畏脚”。第三，强化镇街统筹功能，以党建整合社会资源。在产业链、合作社、农业园区等农村生产力最活跃的区域建立党组织，通过个体设立、产业共建、区域统一建设等方式，有效整合区域内人才、土地、资金、产业等各种资源要素。

（3）推进组织优化，内外规范有序

作为乡村治理的领导核心，农村基层党组织的自身建设直接关系到党的整体建设和乡村振兴的成败。青岛市莱西市通过选拔村干部、标准化党员建设、完善监督机制，推动农村基层党组织标准化有序发展。

第一，充分发挥村党组织书记“头雁”作用。加强乡村干部队伍建设，将政治标准置于首位，强调乡村干部的服务意识、担当责任、致富经验，打造遵规守纪、品行兼优、群众认可的村党组织书记队伍。一是重视乡村干部的选贤任能。建立党员人才资源储备库，根据乡村实际、党员能力以及乡村民意选优配强乡村干部，试点推行村党组织书记职业化。二是建立党员干部教育培训制度。开展“乡村振兴育英计划”项目，定期对乡村党员干部进行分类培训，组织乡村党员干部队伍前往先进地区学习实训。三是加强对乡村党员干部的管理监督。按照上级要求，贯彻实施《青岛市村（社区）党员干部廉洁履行职责若干规定（试行）》，健全完善乡村党员干部任职资格备案管理制度，制定乡村党员干部“小微权力清单”，整顿乡村党员干部队伍，鼓励乡村群众举报党员干部不作为、乱作为等腐败和作风问题。

第二，充分发挥村党组织战斗堡垒作用。一方面，重视区域内村党组织生活建设，创新党员队伍管理方式，党员量化积分管理、分类管理，确保党员的发展质量。积分管理实施后，党员同志更加积极主动地参与乡村治理与服务，党员队伍的团结力、凝聚力也大大加强，党组织面貌焕然一新。另一方面，强化乡村党组织标准化规范化建设。严格贯彻《青岛市党支部工作实施细则（试行）》，落实“三会一课”，建立整顿涣散软弱的乡村党组织的长效机制，健全乡村党组织建设的排查检查制度。

2. 三融合：乡村发展融合、乡村治理融合、乡村服务融合

组织振兴引领乡村全面振兴的关键在于实现多维度的系统融合。莱西市创新性地构建了“三融合”工作体系，即通过基层党组织的统领作用，推动发展融合、治理融合和服务融合，形成了乡村振兴的整体合力。这一创新不仅突破了传统的条块分割，也实现了资源整合和效能提升，为新时

代乡村振兴提供了可借鉴的实践范式。

（1）统领乡村发展融合

“村级组织带领群众深化农村改革，发展经济，走共同富裕的道路”，这正是“莱西会议”为村级组织明确的中心任务与重点工作。随着工业化、城市化全面铺开，村庄空心化问题日益凸显，农村青壮年劳动力外流问题严重，过去分散式的农业生产经营方式已经不适应乡村经济的现代化发展，亟须乡村基层党组织将分散化的资源整合起来，瞄准市场需求，着眼乡村产业的发展，充分将区域挖掘的各类资源价值化，助力农村经济由“分散经营”向“抱团发展”转变。

第一，推动产业融合发展。首先，莱西市明确农村基层党组织作为统筹规划角色的职责站位，建立以村庄布局调整、土地规模经营、土地资源整理、乡村综合体建设等为核心的产业发展形式，打造乡村“五个振兴”综合推进模式。以第一产业、第二产业、第三产业融合发展为根本导向，培育新的农村发展动力。其次，健全农村产业振兴收入链。注重产业链延伸，发挥农村联富公司、农业龙头企业在引领产业融合发展中的作用，通过升级价值链的方式，整合农产品资源，创建以“青岛农产品”为典型的区域公共品牌；最后，构建市、区、镇三级产权交易平台，推进农村公共资源拍卖交易透明化，最大化资产价值。

第二，提升组织化程度。莱西市主动探索，在区（市）、镇（街道）设立农业平台公司，推广“党组织+公司+合作社+村集体+农户”土地运营模式，大力发展土地适度规模经营，引导农村土地经营权有序流转，以党组织为核心，推动村民利益与村集体资源的有效衔接。这种土地运营模式让广大农民有了更高的种地热情，村民的态度也开始渐渐有了转变。

第三，发展壮大村级集体经济。一是深化农村集体产权制度改革，完善村级集体经济组织建设，定期培育一批集体经济发展示范点和示范区。以农村基层党组织为轴心，牵头合作社、行业协会、合作联合会等新型经营主体参与村级集体经济事务。二是创新“农村公共资源+企业共同富裕”，推动建立新型农村集体经济发展机制，遵循党委领导、政府推动、市场引领、企业经营的发展思路，实现资源精准对接，优化农村产业发展平台。三是健全与整合利益链，推动村集体和农民共享农村联富公司中的各类资源。巩固契约型，推广红利型，完善股权型利益联动机制，让村集体与农民共享收益。四是以坚守法律法规底线、坚持人民群众意愿为基本前提，创新使用直接整合、股份量化转换、股票信用等途径，引导近四成有制度调整的村完成集体资产整合。

(2) 统领乡村治理融合

乡村治理的现实需要要求乡村不能够单纯依靠村民自治，更应该汇聚共治的磅礴力量。强化政治引领、组织引领、机制引领成为农村基层党组织的底线任务。莱西通过整合各方治理力量的方式，健全党组织领导的自治、法治、德治相融合的乡村治理体系，构建乡村治理共同体，让村民与村民之间实现“抱团发展”。从而推动乡村治理实现了从“村民自治”为主向“党建引领、多元共治”转变的历史跨越。

第一，完善党组织领导的自治机制。一是厘清行政权与自治权之间的边界，形成“四议两公开”的村级重大决策机制，让村务工作的流程更加规范，也让群众生活更加满意。同时，完善社区民主协商制度，提升村民自治组织规范化与制度化水平，真正达成村民自我管理、自我服务、自我教育和自我监督的目标。二是发挥党组织的动员作用，引导各类村级组织参与乡村治理。不断完善村规民约，从行为上加强对村民的约束，持续不断地开展道德评议会、红白理事会等活动，营造精神文明建设的良好氛围。三是完善板凳亲情、广场夜话等民主协商机制以及“1+1+N”矛盾化解机制。落实综治中心建设要求，在每个村成立司法行政工作室，配备专业法律顾问，形成调解小组，建立“青少年维权”诉求解决信息平台。由此，通过完善自下而上、分步响应的工作机制，快捷、高效地回应群众诉求。

第二，优化农村法律服务体系。一是健全党组织领导的法治机制，形成法治教育的良好风气。莱西敢于“亮剑”，也善于“亮剑”，持续开展扫黑除恶专项行动，严厉打击农村黑恶势力等，主抓“村霸”典型，为巩固基层政权做好、做足铺垫。二是坚决禁止各种形式的非法传播宗教活动，祛除农村封建迷信思想，从根源上切断了邪教思想的传播。三是以村级组织决策机制为核心，实施“五议一审两案”决策程序，确保农村基层党组织领导贯穿全过程，将权力关进制度的“笼子”里。四是创新推行党员协商代表制度，为有效解决村制调整后党员多、组织难的问题，遴选出了一批具备较强协商能力的优秀党员参与组织建设活动。

第三，培育和践行社会主义核心价值观，建设党组织领导的德治机制。一是建好、用好新时代文明实践中心，加强农村精神文明建设，深入开展一系列农村群众性精神文明创建活动。二是推广运用积分制，以“德育银行”“共富大食堂”为载体，建立系统激励约束机制，健全积分制度。

（3）统领乡村服务融合

“搞好社会化服务配套建设”，是“莱西经验”的实践探索。农村基层党组织更要以人民为中心，不断推动治理重心、治理力量与治理权力下移，整合本地区各类服务资源和力量，做好、做足资源链接工作，构建“大服务”格局，推动农村服务由“粗放供给”向“精准配置”转变。

第一，促进公共服务均等化。一是加快改善农村公共基础设施和基本公共服务条件，不能让乡村发展“落下风”，应加快形成城乡公共服务一体化的治理格局，助力乡村振兴。二是合理有序推进集中住房建设，切实解决公共配套设施建设成本高的难题。三是农村基层党组织应该明确自身作为落实农村公共服务资源主渠道的功能定位，支持、鼓励与引导群众性组织承担公共服务职能做好资源整合与资源链接。

第二，推动便民服务精准化。一是推动服务事项下放，发挥农村社区党群服务中心与村庄党群服务站作为区域化服务平台的能动作用，通过调研走访等形式了解群众诉求。二是打造一批镇街、农村社区党群服务中心和村庄党群服务站，统一挂牌，精细治理，将党群服务中心和党群服务站建设成为人民真正需要的平台。三是推动乡村“智治”，制定乡村事务代办、直办清单，建成“一站式”服务、线上线下结合的乡村党群服务平台，做到“让数据多跑腿，让乡村群众少跑路”。

第三，推进配套服务的社会化建设。鼓励与支持各个领域中农村社会组织的发展，形成包容性强、服务程度高、互助性能好的农村社会组织培育氛围。依托政府购买社会服务的方式，补齐农村公共服务短板。发展农村社会服务，更好地满足农村群众个性化、多元化以及差异化的需求。

（三）青岛市莱西市“一统领三融合”的实践成效

通过“一统领三融合”工作体系的系统性创新，莱西市在基层党组织建设、农村经济发展、乡村治理体系和公共服务供给等方面实现了质的飞跃。这些转变既体现了制度创新的实践成效，也印证了组织振兴对乡村全面振兴的引领作用。从四个维度的转变过程可以清晰地看到莱西经验的创新价值。

1. 基层党组织由“脱嵌悬浮”向“嵌入引领”转变

新时代“莱西经验”进一步夯实了基层党组织的战斗堡垒作用，推动“建制优化”走向“红利转化”。通过全域村庄建制调整，不断加强农村基层区域化党建工作，形成了上下联动、条块融合的农村基层党组织体系。自 2022 年以来，莱西市持续深化“莱西经验”，立足建设胶东半岛次中心城市，大力实施“南强、中优、北美”战略，全力打造乡村振兴样板区。以党建统领促进乡村全面振兴，不断赋予“莱西经验”新的时代内涵，把党的政治优势、组织优势转化为发展优势，持续推动巩固拓展脱贫攻坚成果同乡村振兴有效衔接，使党建工作与全局工作实现高度融合，同频共振。

2. 农村经济由“分散经营”向“抱团发展”转变

自 2018 年以来，莱西市农村经济取得了亮眼成绩：土地规模经营面积新增三十多万亩；品牌强农结硕果，马连庄甜瓜、七星河手工挂面、新万福猪冷鲜肉等农产品入选“全国名特优新农产品”名录；雀巢牛奶、希杰火腿、南南果汁等国内外知名品牌签约落地；中建材凯盛浩丰智慧农业产业园以数字农业为引领，大力带动周边农民新建大棚 100 多个，年可实现产值达 1.35 亿元。在新模式带领下，莱西市运用市场化的手段，一面整理土地，一面成立国有公司，联结起农民、市场和企业，为农民和企业赋能、增信，助推农业农村发展，不断实现了村集体、农民“双增收”。目前莱西市拥有青岛市级及以上农业产业化重点龙头企业 65 家，其中国家级 5 家，省级 11 家，培育青岛新一代“金花企业”4 家，有力推动了莱西市农产品加工业高质量发展。

3. 乡村治理由“村民自治”为主向“多元共治”转变

第一，以德治促善治。莱西市以基层文明实践为重要切口，坚持“党建引领，德治支撑”的治理思路，以道德积分制管理为抓手，大力打造道德教育基地，创建了以文明实践站、道德评议会、网格管理为主的德治联盟，将先锋模范的积极行为实现由积分到物质奖励的转变。人人争当道德模范，乡村和谐文明蔚然成风，促进新时代乡村治理焕发出了新的活力。第二，以法治促善治。2022年莱西市印制了《“法治青风”法治宣传教育一封家书》等法治宣传资料三十万份，同时组织了普法讲师团，村民法律顾问，普法志愿者等在居民区开设法律咨询点，现场答疑解惑，有效地提高和增强了广大群众的法律素养和法治意识。

4. 乡村服务由“粗放供给”向“精准配置”转变

莱西市实施网格化服务管理，基层公共服务、公共管理等事项均纳入网格服务管理的内容，不断加强网格管理员业务培训，持续强化网格资源力量下沉，全市已下沉农村社区干部共计6788名，全力推进网格融合，实现了“多网合一，一网统管”。2020年，莱西市响应国家号召，与国信优易达成合作建设社会治理智能化平台，通过信息化手段建设市、镇、社区三级指挥中心等，全面提升了莱西市综合治理工作整体效能。自社会治理智能化平台建立以来，共流转办理各类事项6.7万余件，办结率达99.93%，实现了乡村服务体系的精准化、智能化、高效化。同时，莱西市积极探索打通“最后一公里”的有效路径，汇集志愿服务形成强大合力。先后建立二十多个公益组织实践站，一个大规模高标准的志愿服务组织，近两万名志愿者活跃在农村基层。为更好满足基层群众需求，莱西市建立了“菜单式”服务制度，结对子按需服务，就近安排，为群众共同开启了上善莱西的“幸福密码”。

四　以组织振兴统领乡村全面振兴的实现机制

总体而言，可以将新时代莱西“一统领三融合”的创新经验归纳为横向、纵向、条块以及内外这四个维度上的乡村基层党建实践，即一核引领的多元善治、自上而下的包联指导、条块部门结对以及区域化党建。

1. 横向：一核引领的多元善治

场域概念所表达的是一个社会空间内特定的行动者相互关系网络所表现的各种社会力量和因素的综合体，在特定的社会场域，组织会产生特定的行动模式与实践策略，发展到后期就会成为组织自身的“惯习”（崔月琴、朱先平，2018）。从组织场域理论视角看，新时代莱西“一统领三融合”的经验在横向方面集中体现为“一核引领的多元善治”，即将基层党组织的领导核心作用发挥在乡村治理与服务、经济社会发展的各领域，引导多元乡村治理主体携手共建美好乡村，实现乡村善治。具体而言，这集中体现于两委“一肩挑”、党支部领办合作社以及网格党支部等方面。第一，两委“一肩挑”机制重构了乡村治理的权力结构。通过由同一人担任村党组织书记和村委主任，其他成员交叉任职的方式，破解了决策分歧和执行阻滞的难题，凸显了基层党组织的领导核心作用。第二，党支部领办合作社创新了经济发展的组织形式。基层党组织通过领办合作社，将分散的农户、土地、资金等要素有机整合，构建了“党支部+合作社+农户”的联结机制，实现了经济发展与组织建设的良性互动。第三，网格党支部创新了基层治理的组织体系。通过建立“镇党委—社区党委—网格党小组—党群服务员”四级架构，形成了党组织对基层治理的全覆盖，提升了服务群众的精准性和有效性。

2. 纵向：自上而下的包联指导

资源依赖理论认为，生存问题是组织最重要的事，组织生存的基本前提是获得资源（Pfeffer & Salancik，1979）。基于资源依赖理论，纵向机制通过领导联村、干部驻村等方式，构建了自上而下的组织支持体系。这种支持不仅包括物质资源，更重要的是通过制度设计实现了组织资源的有效传导，强化了基层党组织的治理能力。第一，领导联村机制建立了常态化的资源链接渠道。市级领导通过一对一对接行政村，定期联系和实地考察，不仅为基层提供决策指导，更重要的是建立了项目资源、政策资源的直接传导机制，有效提升了基层党组织的治理能力。第二，干部驻村制度形成了精准化的问题解决机制。通过选派干部到村任职或蹲点调研，构建起需求收集、资源对接、问题解决的闭环系统。如莱西市选派24名干部担任乡村振兴示范片区第一书记，实现了组织资源向基层的精准输送。这种纵向支持体系突破了传统条块分割的限制，通过制度创新实现了组织资源的系统整合和高效传导，为基层党组织更好发挥统领作用提供了有力支撑。

3. 条块：需求对接的部门结对市级部门

不同制度逻辑对个体和组织的行为及社会关系产生不同影响，而不同制度逻辑之间的相互作用，共同塑造了组织行为的异质性（Raghu et al.，

2007)。从制度逻辑理论来看，条块机制通过部门结对、资源整合等方式，实现了不同系统间的有效协同。这种协同超越了传统的条块分割，形成了基于共同目标的制度整合，提升了乡村治理的整体效能。条块结对是乡村与部门为实现乡村振兴发展而形成的行动共同体，是新时代“莱西经验”的创新拓展。部门包村结对是指为达成所对接乡村的发展指标，解决乡村发展的实际困境，将本区域乡村发展总体任务分解并打包至各市级单位部门，市级各部门单位负责某行政村，结合村庄发展实际情况，制定明确详细的帮扶计划和实施方案，实现特定的帮扶目标。在包村期间，各部门单位需要密切联系所帮扶乡村的村级组织，根据乡村发展实际，为其联系资源和提供人才支持，从而助力乡村发展。

4. 内外：开放统筹的区域化党建

在多重理论视角下，内外机制通过推进区域化党建，打破了传统组织边界，构建了网络化治理体系。这一机制既保持了组织体系的完整性，又实现了资源要素的开放流动，增强了基层党组织的整合能力。新时代莱西市“一统领三融合”的创新实践不局限于乡村基层组织自身建设，突破组织边界，以区域化党建带动提升了乡村基层组织建设的规范化、开放性、多元化、整合性。随着经济转型发展和社会结构的重组，传统的“单位”“部门”党建模式已经不适应现实乡村生活，越来越多的乡村基层党组织加入区域化党建的行列。基于区域统筹的思想观念，区域化党建在特定区域范围内，统一筹划设置各类基层党组织，运用现代数字技术精准统一管理党员人才队伍，打造以街道党工委为核心、社区和乡村党组织为基础、其他基层党组织为结点的网络化体系。

五　结论与讨论

本研究通过对新时代“莱西经验”的系统考察，揭示了组织振兴引领乡村全面振兴的内在机理，为推进基层党组织建设与乡村治理现代化提供了重要的理论洞见和实践启示。

（一）研究发现

研究发现，新时代“莱西经验”的创新实践具有三个核心特征。首先是制度整合性。“一统领三融合”工作体系实现了政治逻辑、行政逻辑和市场逻辑的有机融合，构建起多元制度协同的组织创新模式。其次是结构开放性。通过推进区域化党建，打破了传统组织边界，形成了条块结合、上下贯通的组织网络。最后是功能系统性。基层党组织统领作用的实现建立在发展融合、治理融合和服务融合的系统性制度创新基础之上。

基于此，研究提出了组织振兴引领乡村全面振兴的“四维一体”实现机制：一是横向上多元善治机制，通过两委“一肩挑”、党支部领办合作社、网格党支部等创新举措，实现基层党组织对各领域的有效统领；二是纵向上资源赋能机制，通过领导联村、干部驻村等方式，构建自上而下的组织支持体系；三是条块间协同机制，通过部门结对、资源整合等方式，形成条块结合、优势互补的工作格局；四是内外联动的开放机制，通过推进区域化党建，构建网络化治理体系。

（二）理论贡献

本研究在理论层面实现了三个方面的突破：第一，丰富了组织社会学的本土化研究（尹连根、王海燕，2022）。研究从制度逻辑重塑、组织场域重构和资源关系重组三个维度，构建了分析乡村组织重构的整合性框架，为理解基层党组织在乡村治理转型中的作用提供了新的理论视角。第二，推进了多任务委托代理理论（Baker et al.，2002）的创新发展。研究发现，基层组织重构不仅涉及代理人激励的重新设计，更重要的是通过制度创新实现了多重逻辑的有效整合，这拓展了现有理论对组织创新动力机制的理解。第三，深化了乡村治理（丁志刚、王杰，2019）理论研究。研究提出的“四维一体”实现机制，揭示了组织振兴与乡村治理现代化的内在联系，为构建中国特色乡村治理理论做出了重要贡献。

（三）实践启示

基于研究发现，推进组织振兴引领乡村全面振兴需要着力把握以下关键环节。第一，强化制度创新的系统性（王曙光、郭凯，2019）。要坚持以党建引领为核心，统筹推进政治、经济、文化等各领域的制度创新，形成多元制度协同的组织创新格局。第二，注重组织重构的整体性（赵建华、杜传华，2022）。要打破传统的“就村抓村”思维，通过区域化党建、条块结对等方式，构建开放共生的组织体系。莱西市的经验表明，将行政村数量由5423个整合至811个的组织重构，有效提升了治理效能。第三，突出服务创新的精准性（王谦等，2020）。要推进服务供给由“粗放型”向“精准型”转变，建立网格化服务体系，提升基层党组织服务群众的能力。如莱西市建立的“一站式”服务平台，实现了服务事项办结率99.93%的显著成效。

（四）研究局限与展望

本研究仍存在以下不足。首先，研究主要基于单案例分析，虽然深入揭示了“莱西经验”的创新价值，但其普适性有待进一步验证。未来研究可以通过多案例比较，探讨不同区域组织振兴的实现路径。其次，研究对组织创新的长期效应关注不足。组织振兴是一个动态演进的过程，需要通过追踪研究考察其持续性影响。后续研究可以采用纵向研究设计，探讨组织创新的演化规律。最后，本研究对数字化转型带来的新机遇和新挑战探讨不够深入。随着乡村治理数字化转型加快推进，如何实现组织创新与数字赋能的深度融合，值得进一步研究。

参考文献

陈松友、周慧红，2022，《党建引领乡村治理的理论逻辑、历史逻辑和现实逻辑》，《山东社会科学》第12期，第5~14页。

崔月琴、朱先平，2018，《嵌入式基金会社会化转型的困境——基于组织场域视角的个案分析》，《社会建设》第5期，第5~16页。

丁志刚、王杰，2019，《中国乡村治理70年：历史演进与逻辑理路》，《中国农村观察》第4期，第18~34页。

杜春林、张新文，2015，《乡村公共服务供给：从“碎片化”到“整体性”》，《农业经济问题》第7期，第9~19、110页。

冯献、李瑾、崔凯，2020，《乡村治理数字化：现状、需求与对策研究》，《电子政务》第6期，第73~85页。

蒯正明，2024，《党建引领乡村治理现代化的实践逻辑与推进路径——基于山东省花园镇的考察》，《探索》第4期，第54~65页。

李桂华、刘梦演，2021，《“四重四实”加强农村基层党组织干部队伍建设》，《人民论坛》第20期，第54~56页。

刘筱红，2010，《论农村妇女参与乡村治理支持网络的构建——基于“整体政府”视角》，《妇女研究论丛》第1期，第10~15页。

秦中春，2020，《乡村振兴背景下乡村治理的目标与实现途径》，《管理世界》第2期，第1~6、16、213页。

任艳妮，2012，《多元化乡村治理主体的治理资源优化配置研究》，《西北农林科技大学学报》（社会科学版）第2期，第106~111页。

孙枭雄、仝志辉，2020，《村社共同体的式微与重塑？——以浙江象山“村民说事”为例》，《中国农村观察》第1期，第17~28页。

唐建明，2021，《以基层党建引领新时代乡村振兴：逻辑理路与实践进路——基于湘西十八洞村等脱贫与振兴经验的调查》，《湖南师范大学社会科学学报》第4期，第31~40页。

仝志辉、贺雪峰，2002，《村庄权力结构的三层分析——兼论选举后村级权力的合法性》，《中国社会科学》第1期，第158~167、208~209页。

王谦、刘大玉、陈放，2020，《“智能+”场域条件下在线政务服务创新研究》，《学习与实践》第3期，第85~91页。

王曙光、郭凯，2019，《农村集体经济中的委托-代理问题与系统性制度创新》，《湘潭大学学报》（哲学社会科学版）第1期，第107~111页。

王绪、王敏，2023，《党的领导优势转化为政府治理效能的“组织-技术”互动机制——基于数字政府建设的思考》，《党政研究》第4期，第45~56、125页。

王友明，2017，《创新基层党建的品牌特色》，《人民论坛》第25期，第107页。

王铮，2021，《旧传统的新机制：城市基层治理中的“党建动员社会”》，《甘肃行政学院学报》第4期，第4~15、123页。

吴磊，2024，《调适性引领：党领导社会组织制度的变迁逻辑及实现路径》，《社会科学辑刊》第2期，第96~104页。

吴青熹，2024，《党建引领基层治理的功能定位与实现路径》，《南京大学学报》（哲学·人文科学·社会科学）第3期，第15~22页。

徐炜，2001，《试论当前中国农民的政治参与》，《江西社会科学》第7期，第109~112页。

徐晓全，2014，《新型社会组织参与乡村治理的机制与实践》，《中国特色社会主义研究》第4期，第86~89页。

闫书华，2022，《乡村振兴战略视角下乡村社会治理创新研究》，《行政论坛》第1期，第 52~57 页。

杨欣月、闫梓菁，2024,《“村民自治”与“党的领导”的有机结合》,《农村经济与科技》第 1 期，第 165~168 页。

尹连根、王海燕，2022,《组织社会学视角下的中国新闻业转型研究》,《新闻大学》第 9 期，第 29~44、118 页。

赵建华、杜传华，2022,《数字经济推动政府治理变革的机制、困境与出路分析》,《理论探讨》第 2 期，第 154~158 页。

赵秀玲，2009,《制度创新与中国村民自治的发展》,《江汉论坛》第 11 期，第 121~125 页。

Baker, Gibbons and Murphy. 2002. "Relational Contracts and the Theory of the Firm." *The Quarterly Journal of Economics* (1): 39-84.

Davis and Cobb. 2010. "Resource Dependence Theory: Past and Future." *Research in the Sociology of Organizations* (28): 21-42.

DiMaggio, Paul and Walter. 1983. "The Iron Cage Revisited: Institutional Isomorphism and Collective Rationality in Organizational Fields." *American Sociological Review* 48 (2): 147-160.

Pfeffer and Salancik. 1979. *The External Control of Organizations: A Resource Dependence Perspective*. New York: Harper and Row Press.

Raghu, Cynthia and Steve. 2007. "Institutional Entrepreneurship as Embedded Agency: An Introduction to the Special Issue." *Organization Studies* 28 (7): 957-969.

Scott and Richard. 2008. *Institutions and Organizations: Ideas and Interests*. New York: Sage Publications.

Thornton, Patricia, William and Michael. 2012. *The Institutional Logics Perspective: A New Approach to Culture, Structure and Process*. New York: OUP Oxford.

Wooten, Melissa and Andrew. 2017. "Organizational Fields: Past, Present and Future." *The Sage Handbook of Organizational Institutionalism* (2): 55-74.

二元社会视角下红色文化遗产保护与再利用*

黄孝东**

摘　要　红色文化遗产既是宝贵的精神财富，也是我国新时代经济社会转型发展和文化治理的重要载体和抓手。基于目前学界红色文化遗产相关议题多集中在“本体”探讨的研究现状，本文从二元社会视角出发，将红色文化遗产置于“传统-现代”“结构-能动性”场域中，分析和讨论红色文化遗产在政府主导的“伞式社会”与民间力量主导的“蜂窝式社会”中呈现的结构性特征。研究表明，二元社会的动态平衡是规避行政吸纳社会的制度陷阱和化解资本逐利对红色文化遗产本真性消解的关键，该模式对其他类型的文化遗产保护与开发利用具有参考价值，并为构建中国特色文化遗产体系和治理共同体提供理论参照与实践启示。

关键词　红色文化遗产　新古典“结构-功能”论　“伞式社会”　“蜂窝式社会”　协同治理

党的十八大以来，习近平总书记在地方考察调研时，反复强调“用好红色资源，传承好红色基因，把红色江山世世代代传下去”（习近平，2023）。作为一种独特的文化遗产，红色文化遗产既是革命精神、国家记忆和民族情感的符号载体，也是建设社会主义文化强国、助推中国式现代化发展的重要资源。然而，随着新型城镇化的深入发展和乡村振兴战略的持续推进，文化遗产（包括红色文化遗产在内的物质文化遗产和非物质文化遗产）的保护与再利用出现了结构性张力：一方面，政府主导的制度化保护模式通

* 本文为国家社科基金一般项目“蒙晋冀长城金三角区域民族文化遗产结构与价值谱系研究”（项目编号：21BMZ134）、2024年度三晋英才计划教学领域青年拔尖人才项目的阶段性成果。

** 黄孝东，山西大学政治与公共管理学院副教授、硕士生导师，主要研究方向为政治学理论。

过立法、财政投入与品牌化开发，加速了红色文化遗产的“国家化叙事”；另一方面，城乡二元结构下的资源分配失衡、社区参与缺位与代际传承断裂等问题，在某种程度上导致红色文化遗产保护和利用陷入了“工具理性主导”与“文化价值消解”困境。在中国式现代化的大背景下，怎样弥合“传统—现代”转型发展的鸿沟，不仅是一个重要的学术议题，同时也是中华优秀传统文化守正创新的时代要求。

一 相关研究与理论框架

（一）红色文化遗产的相关研究

2021年8月，中共中央办公厅、国务院办公厅印发的《关于进一步加强非物质文化遗产保护工作的意见》首次将红色文化纳入非物质文化遗产保护工作，这不仅标志着红色文化遗产的内容与内涵由革命文化史料、文物、建筑物、遗迹等物质形态扩展至精神领域，同时也意味着红色文化遗产已成为新时代全面建设社会主义现代化国家的精神力量和推进国家发展战略的重要抓手。

作为当代中国社会生活的有机组成部分，红色文化遗产具有社会、经济、文化、教育等多重价值，涉及多个研究领域。近年来，学界围绕红色文化遗产的保护和开发利用进行了不同层次的基础性研究和应用研究并取得了显著成绩。在宏观层面，有学者提出制度顶层设计的重要性与紧迫性，认为在国家有关红色文化遗产保护的法律法规相对欠缺的形势下，应加快红色文化遗产地方立法步伐，发挥地方立法的先行性和试验性优势，以推进革命老区发展和区域协调发展（邓凌月，2018），从而完善红色文化遗产空间的功能构建与创设路径（李孟舜，2022），并为进一步实现红色文化遗产资源整合开发（马丽雅，2020）、深挖红色非物质文化遗产的当代价值（史斌，2022）和数字化时代红色文化遗产保护与传承奠定现实基础（易玲、石傲胜，2025）。在中观层面，部分学者从省域、市域视角出发就红色文化遗产的类别、空间分布、要素关联、保护与开发模式等问题进行了探讨（卢丽刚、易修政，2010；王治涛，2014），还有学者从线性文化遗产的角度对长征沿线的红色文化遗产空间分布特征进行了定量分析，探讨红色文化遗产助推旅游高质量发展进而实现有效衔接区域、巩固拓展脱贫攻坚成果和乡村振兴（王兆峰、李琴，2022）。在相对微观的实证研究层面，学者将红色文化遗产放在城市更新（谷秋琳、蔺宝钢，2021）、文旅融合发展（单雅雯、史达，2023）、乡村振兴（陈宁、徐茹，2022）等场域进行功能研究。

从整体上看，已有研究涵盖了红色文化遗产的内涵、分类、保护、开发、利用、传承等诸多方面，并在政策支持、技术赋能、跨区域跨学科融合等方面不断深化，但多数研究仍囿于“国家主导论”或“社会中心论”范式，将红色文化遗产视为具有内部一致性与完整性的、静态式的文化功能系统，缺乏社会结构的分析视角。围绕红色文化遗产资源化叙事，主要探讨了“是什么”“能成为什么”的问题，缺少对“传统—现代”转型背景下红色文化遗产“何时变化”“为何变化”“如何变化”等问题的探讨。换句话说，既有文献大多局限在对红色文化遗产的“本体”研究上，忽视了红色文化遗产在“自生结构”和“外在结构”双重作用下形成的动态历史文化演进逻辑，这为本文以自上而下和自下而上相结合的二元社会结构视角分析红色文化遗产的结构性约束与能动性实践的辩证关系留下了一定的研究空间。

（二）理论框架：新古典“结构-功能”论

新古典“结构-功能”论由中国社会科学院张继焦（2020；2021）教授团队立足中国式现代化经验，在长期思考和构建本土化人类学研究范式过程中所提出，是人类学结构功能主义理论本土化创新的重要成果。该理论旨在回应传统结构功能主义对“社会结构如何适应动态变迁”解释力的不足，在综合马林诺夫斯基（Bronislaw Malinowski；2002）的“文化功能论”、拉德克里夫-布朗（Alfred Radcliffe-Brown；2002）的结构-功能论、费孝通（2001）的“文化开发利用观”、李培林（1992）的“社会结构转型”论的基础上，同时吸收与整合众多有关社会经济转型发展的相关理论①，重新构

① 包括布迪厄（1997）的“场域”理论、吉登斯（2016）的“结构二重性”理论、卢曼（2021）的社会系统理论、联合国教科文组织（1988）倡导的“内源型发展”理论以及迈克尔·波特（2014）的“竞争优势”等理论。

建了社会结构与功能关系的解释范式。其核心观点认为，社会系统受到宏观制度结构和微观主体能动性选择的双重影响，二者通过“制度化互动”实现动态平衡。这一理论尤其关注社会转型过程中“传统-现代”“国家-地方”“市场-社会”等二元结构的张力及其融合机制，为剖析中国社会转型期的复杂现象提供了适切工具。

张继焦认为，在市场化、工业化、城市化、全球化、网络化的时代背景下，中国式发展的主旋律是经济社会结构转型，他创造性地提出“伞式社会”（Umbrella Society）与“蜂窝式社会”（Honeycomb Society）这对概念即二元社会结构，作为新古典“结构-功能”论的重要分析框架，以此解释中国式发展的结构性因素、内在动因和运行机制。“伞式社会”是指政府主导的、携有资源分配机制和行政指令的“庇护”与“被庇护”的垂直治理体系，在文化遗产领域体现为文物保护法规体系、文化遗产行政管理系统以及中央财政支持项目建设与发展等自上而下的制度化安排。“蜂窝式社会”则表征民间力量、基层社会的自组织网络，通过地方性知识的传承、横向社会资本的联结以及非正式制度运作而形成的链状、网状、多孔状的治理结构，具体表现为文化遗产保护、传承与开发利用过程中形成的社区保护组织、民间文化传承群体及地方性保护实践等。

这对概念的创新性在于打破了文化遗产“本体”研究的单一性和“国家-社会”二元对立范式，以“社会结构转型”这个“另一只看不见的手”揭示出两种社会治理模式的共生逻辑：一方面，“伞式社会”通过政策供给、资源调配、标准制定等方式为文化遗产保护与利用提供了制度性保障，在制度建设过程中强化政治合法性；另一方面，“蜂窝式社会”通过文化记忆的再生产维系和强化身份认同，通过地方性知识的嵌入、社会网络的动员和富有弹性的创新性实践赋予文化遗产在地生命力。“伞式社会”的制度性赋权与“蜂窝式社会”的策略性调适之间虽然存在一定的张力，但二者并非刚性的矛盾关系，而是可以在良性互动与协商下实现“结构性耦合”和“功能性互补”。

具体到红色文化遗产的保护与再利用问题，新古典“结构-功能”论下的二元社会结构解释框架具有三重适切性。首先，红色文化遗产兼具政治象征属性与文化传承功能，其保护实践必然涉及国家叙事建构与地方记忆重塑的双重逻辑，与“伞式-蜂窝式”社会的互动机制高度契合。其次，当前红色文化遗产保护工作面临行政主导模式与社区参与不足的结构性矛盾，理论中“文化遗产自生结构与外在结构互构”的论述为解析政策执行偏差与基层实践创新提供了分析路径。最后，红色文化遗产的再利用涉及文化资本转化，理论中将文化遗产视为具有能动性的“遗产行动者”的观点，可为阐释保护与开发的价值张力提供理论支撑。本文借助二元社会结构分析框架，着重讨论如下问题：一是国家/政府通过何种方式实现红色文化遗产保护与再利用过程中的权力与资源分配；二是民间力量/地方社会如何在构建“蜂窝”的过程中进行角色定位与策略选择；三是“伞式社会”与“蜂窝式社会”如何以红色文化遗产为纽带实现共生，以协同治理的方式构建起红色文化遗产兼具政治教育、文化传承与经济赋能的多维价值体系。

二　二元社会结构下的红色文化遗产保护模式

在进行文化遗产的“传统-现代”转型研究时，要把物质的和非物质的两类文化遗产结合起来综合分析，才有可能看清楚文化遗产在功能上如何创造性转化，在结构上如何创新性发展。红色遗址、红色遗存、红色遗迹等物质形态的文化遗产和红色音乐、红色民俗、红色传统节日及其相关传统技艺等“非遗”形态构成了红色文化遗产的“一体两面”，从新古典“结构-功能”论的视角来看，红色文化遗产是一种具有自生结构的文化遗产，即将红色文化遗产视为具有能动性的“遗产行动者”，其自身能自生/自扩地与企业、社会组织甚至产业集群发生关联，同时对其所处的外在结构（小到乡村大至国家）产生影响。这决定了红色文化遗产保护和利用的多主体性，发挥好、协调好“伞式社会”的制度优势与“蜂窝式社会”的民间智慧动态调适，既是实现红色文化遗产从单一的“政治符号”向常态化的“生活场域”的转化过程，也是破解红色文化遗产“重开发轻传承”“城乡保护失衡”等现实问题的关键。

（一）“伞式社会”中的政府主导型保护机制

早在2005年，国务院办公厅发布的《关于加强我国非物质文化遗产保护工作的意见》（国办发〔2005〕18号）中就明确提出了“政府主导、社会参与，明确职责、形成合力；长远规划、分步实施，点面结合、讲求实效”的工作原则。在这种模式下，国家在文化建设中的主体地位被不断强调，政府对文化发展方向的引导力也不断凸显。相较于其他类型的文化遗产，红色文化遗产独特的形成背景和鲜明的政治性与时代性更是决定了政府对其保护和利用给予“庇护式支持”的必要性。近年来，作为社会主义遗产保护的核心主体，政府通过立法保障①、机构设置②、专项资金转移支付等方式构建起了红色文化遗产制度性保护框架。统计显示，全国87%的省级以上红色文物单位已被纳入政府保护名录，2019年至2023年，中央财政累计投入革命文物保护利用经费41亿元、省级财政投入30亿元，中央财政补助免费开放革命纪念馆860家、投入资金50亿元。政府自上而下的制度化保护路径产生了一种“伞顶效应”，红色文化遗产保护与利用以行政发包的形式逐级传导，形成了“中央—省—市—县”四级联动保护网络。在此过程中，政府扮演着不同类型的庇护角色。

父爱式庇护：政策独享的“文化监护人”角色。政府类似传统家庭中的大家长对子女提供无条件支持，通过政策倾斜、财政拨款、行政干预等途径对重点文物保护单位和重要红色文化遗产（如革命老区）进行直接管理与扶持，为红色文化遗产保护与再利用提供独占性资源。在这种模式下，政府既是规则制定者，也是规则的执行者和监督者。以“中央苏区”为例③，《国务院办公厅关于印发支持赣南等原中央苏区振兴发展重点工作部门分工方案的通知》（国办函〔2012〕172号）中明确指出，加大对该区域革命旧居旧址的保护与修缮力度，支持建设“中央苏区”历史博物馆、“中央苏区”烈士陵园、东固革命烈士陵园等红色文化教育基地，并将赣南等原“中央苏区”的红色旅游纳入国家旅游发展战略，以支持红色文化遗产

---

① 包括《中华人民共和国文物保护法》、《2004—2010年全国红色旅游发展规划纲要》、《中华人民共和国非物质文化遗产法》、《关于实施革命文物保护利用工程（2018—2022年）的意见》、《“十四五”文物保护和科技创新规划》、《关于进一步加强非物质文化遗产保护工作的意见》和《革命文物保护利用“十四五”专项规划》等国家法律法规文件以及各地方法规。

② 党史办、文化和旅游局、文物局等。

③ 即中央革命根据地，地跨赣闽粤三省，被誉为共和国的摇篮和苏区精神的主要发祥地，为中国革命事业做出了重大贡献和牺牲，在中国革命历史长河中占据着极为特殊且关键的地位。

旅游基础设施的建设。在中央政府的大力支持下，江西省革命文物保护利用状况显著改善，赣南等原“中央苏区”革命旧址保护利用经验得到了积极推广，革命历史类纪念设施、遗址和爱国主义教育基地建设、管理、使用工作已走在全国前列，红色文化遗产旅游实现了全国领跑。近几年，江西省将赣南革命文物保护利用打造成特色品牌，《江西省革命文物保护利用工程（2018—2022年）实施方案》（赣府厅发〔2023〕18号）中明确规划建设10条区域性革命文物主题游线路，进一步推进井冈山、南昌、瑞金等地创建全国红色旅游融合发展示范区。编纂《赣南等原中央苏区革命文物保护利用优秀案例推介》、强化和推广革命旧址保护利用与红色精品景区建设相结合的瑞金模式与井冈山模式、围绕“中央苏区”重大历史事件推进全省红色文化遗产连片保护、整体展示、示范引领等工作，成为江西省革命文物保护利用工程的重点项目。

朋友式庇护：官护商办的“合伙人”角色。历史文化遗产既是地方社会的内源性独特资源，也是地方社会形成具有独特竞争优势的产业集群的关键要素。在对红色文化遗产进行文旅开发利用过程中，政府与市场主体（如企业、社会组织）往往以相互合作的方式，通过政策激励、特许经营、品牌授权、税收优惠等间接手段培育市场主体，引导社会资本共同参与红色文化遗产的活态保护。例如，上海市结合上海浦江游览集团、上海久事文化传播有限公司等文旅文创企业的特征，为其提供便捷享受税收优惠政策和点对点的“滴灌式”辅导，为专精特新中小企业高质量发展搭建服务直通车，推出的系列红色文旅线路和特色文创产品进一步激发了文创企业的潜能，实现了社会效益和经济效益的双赢。“朋友式庇护”突破了“父爱式庇护”的单一性，政府更加注重市场机制与社会力量的协同，扮演着引导者与服务者的双重角色，以契约化协作的方式实现了公共利益与市场效益的平衡。

（二）“蜂窝式社会”中的民间自组织参与路径

“伞式社会”构建起了政府主导的、多层次、多主体的红色文化遗产保护体系。在“父爱式庇护”模式下，政府为红色文化遗产的保护与再利用提供了法治化框架与资源的定向配置，在实现红色文化遗产功能复合化和监督常态化方面具有明显的优势并取得了显著成效。在“朋友式庇护”模式下，政府与企业利益共享、风险共担，实现了社会资本的柔性吸纳。但需要指出的是，政府主导的“伞式社会”在红色文化遗产保护与再利用过程中也面临着风险和挑战，例如契约化管理在保证政治正确的同时，会在一定程度上压缩社会参与的创新空间，过度行政化将导致红色文化遗产活化利用过程中政治叙事与市场需求、政府全能与社会缺位等结构性张力。事实上，对红色文化遗产的保护和再利用不仅是国家意识形态和地方经济发展的载体，同时也是社会大众的自在需求，发挥着集体记忆仪式再生产、资源动员、道德经济的情感联结等重要功能。以民间力量为主导的“蜂窝式社会”有利于形成横向协作的红色文化遗产保护与利用的创新生态系统，弥合“伞式社会”的发展鸿沟，各种“蜂窝”一旦成为群体性或民族性网络，将同时具有经济性、社会性和政治性，不但具有资源配置的功能，也是推动市场化制度变迁的力量。

守护人型“蜂窝”。我们可以将那些致力于保护、传承和弘扬文化遗产的个人、群体或组织称为文化遗产守护人，他们以高度的文化自觉和极大的热忱通过修复、记录、展示、教育和宣传等方式确保文化遗产得以保存和延续。具有“红色情怀”的个体或民间团体在红色文化遗产保护与开发利用过程中发挥着重要作用，他们依托血缘、地缘或文化认同构建起“链式”“网式”蜂窝结构，将零散的社会历史记忆系统化，弥补了政府主导的“伞式社会”在基层渗透力不足的问题，并实现了文化资本的民间再生产。例如，江西于都将修缮后的葛氏宗祠[①]免费提供给文化守护人使用，民间文化工作者罗小龙在此开办了长征源红色博物馆，红色文物的展出吸引了大量游客和革命后代前来参观，带动了当地红色旅游与相关产业的发展，更重要的是，当地居民在宗祠日常维护与活动组织过程中，实现了红色文化遗产保护的社区参与和社区共建。另一个具有代表性的案例是山西长治市砖壁村，该村曾是抗日战争时期八路军总部所在地，承载着丰富的红色文化遗产，村民肖江河祖孙两代人自愿担任八路军总部砖壁旧址纪念馆义务讲解员，长期走访革命老区，收集、整理红色文化遗产相关资料，对地方

① 江西于都是红军长征的出发地，葛氏宗祠曾是红四军的总部，是于都 116 处蕴含红色文化的革命遗址中的一处。目前，葛氏宗祠被改造成了长征民俗博物馆，展示红军长征的历史和文化。

社会红色文化遗产保护意识与红色文化传播发挥着示范和激励效应，有力地推动了县域“红色旅游+乡村振兴”发展新业态的形成。

合作社型“蜂窝”。新古典“结构-功能”论认为，文化遗产在一个地方一旦形成，就具有一定的结构性，成为可以进行资源配置的结构性因素。相较于博物馆、展览馆、文化馆等静态展示，合作社型“蜂窝”将红色文化遗产放在具体社会场域中进行活态保护与开发利用。在这种模式下，政府只提供框架性政策支持，社区拥有决策主导权，依托社区成员的地缘认同与利益共享，以自治组织为载体实现红色文化遗产保护与地方发展的协同。例如，陕西省榆林市米脂县杨家沟村①依托红色文化遗产资源成立合作社，并与县文旅企业合作探索“红色旅游+绿色产业+金色田园”的发展路径，将红色文化旅游资源优势转化为产业优势和经济优势，实现了精神传承、经济带动与辐射带动三重效应。

特色小镇型“蜂窝”。2014 年从浙江开始，出现了打造以产业集聚为特点的特色小镇的现象，标志着我国小城镇发展进入新的转型发展阶段。在“乡土中国”向“城市中国”的转变过程中，小城镇成为推进城镇化和经济增长、推进乡村振兴的重要抓手。在遵循市场和政府双向驱动的经济逻辑和社会逻辑基础上，对地方特色文化符号的创造性传承和社区共同体建设是特色得以成镇的关键。福建省清流县林畲镇拥有毛泽东旧居、红军井、红军医院、红军桥等丰富的红色文化遗产资源，近年来，林畲镇依托红色文化资源打造“党性教育+红色文化研学+红色旅游”品牌，当地居民自发参与红色文化遗产保护与传承，村民开设红嫂饭庄、参与红色文化讲解和志愿服务，村落以“村企合作”的模式打造红色主题民宿，“初心小镇”项目将红色人文、绿色生态、古色民俗等资源整合起来，带动了林畲红色小镇的振兴与发展。可见，红色文化遗产自身携带着强大的环境适应性和能动性，可以自生出新功能，编织成横向协作的“蜂窝”体系，在重塑公共生活和关系互动的过程中锻造出了“价值-情感-治理”复合共同体，为地方社会产业转型升级和提升区域发展竞争力注入了内源性动力。

---

① 杨家沟革命旧址是中共中央转战陕北取得光辉胜利的转折点，也是中共中央离开陕北走向全国胜利的出发点，现保存多位老一辈无产阶级革命家旧居、中共中央十二月会议、西北野战军高级干部军事会议、中央前委扩大会议等重要革命旧址。

数字化平台型“蜂窝”。在数字化时代背景下，数字影音技术使红色文化遗产得以用数字化的方式进行记录和保存，增强现实（AR）技术和虚拟现实（VR）技术为用户提供了更加立体的、沉浸式的红色文化体验。此外，数字化平台突破了传统红色文化遗产实体性资源的时空限制，实现了红色文化遗产的远程传播与分享。老党员通过短视频分享革命经历，红色景区与纪念馆借助短视频平台展示珍贵文物与历史照片，将红色文化遗产嵌入微电影、动画中更是吸引了众多年轻受众群体。在数字技术的驱动下，社会公众通过在线平台实现红色文化遗产保护的民主化参与，形成跨越地理边界的虚拟“蜂窝”网络，在红色文化遗产由实体化转向数字化的过程中，“数据聚合-知识生产-资源动员”机制在强化社会参与的同时，重构了红色文化遗产的公共属性。

受篇幅所限，笔者无法将各类“蜂窝”逐一列举和描述，但不难看出，“蜂窝式社会”孕育和形塑出了具有韧性的社群本位的分布式网络，既突破了政府主导的“伞式社会”保护模式相对单一的局限性，又避免了红色文化遗产纯粹市场化开发利用带来的异化风险，以自下而上的方式构建起了红色文化遗产保护的“第三条路径”。多种“蜂窝”形态拥有主体多元性、资源流动性和制度适应性等特征及优势，强化了地缘共同体的内聚力，实现了“价值-资本”转化和“技术-社会”的新型关系，进而发挥着文化保育、社会动员、资源整合、文化资本转化等多重功能，为红色文化遗产保护与再利用提供了地方智慧与创造性转化、创新性发展的动力和活力，并在红色文化遗产功能转化过程中实现了地方性知识再生产和社会经济资源的再分配。需要进一步指出的是，我们应当关注各种“蜂窝”中“蜂王”的重要性，即具有资源整合能力、社会协调能力、文化传播能力以及文化领导力的核心行动者，例如，上文所述的自觉进行红色文化遗产的收集、整理和传播的文化守护者，自筹经费建立红色文化博物馆、展览馆的企业家与退伍军人，以及数字化平台社群领袖等，“蜂王”是“蜂窝式社会”中的重要网络节点，其自身携带的“默会知识”[①] 发挥着凝聚“蜂窝”成员

① 默会知识在一定程度上是不可言传、不言而喻的，是行动者怀着责任感和普遍性意图而进行知识活动，他的行为遵从某些启发性前兆，并与某种隐藏的现实建立起联系。在红色文化遗产保护和再利用过程中，“蜂王”往往具有“红色情怀”或与老一辈无产阶级革命家有着血缘、地缘或事件上的交集。参见：〔英〕迈克尔·波兰尼，2000，《个人知识——迈向后批判哲学》，许泽民译，贵州人民出版社。

群体共识的功能，并以创新叙事和符号转化的方式实现红色文化遗产的现代性重构。

三 二元社会协同的红色文化遗产保护与开发策略

在新古典“结构-功能”论的理论框架下，“伞式社会”和“蜂窝式社会”共同构成了中国的社会结构，是社会结构转型这只“看不见的手”的两个重要组成部分。从我国文化治理实践角度来看，治理主体已由政府单一主体分层、分级集中管理模式转变为政府、企业、社会团体、公民个人等多元主体的共治模式。从上文对红色文化遗产保护与再利用的分析中可以看出，政府主导的“伞式社会”拥有强大的政策供给、资金保障、资源整合等制度优势，民间力量主导的“蜂窝式社会”虽然政治性与意识形态性相对较弱，却具备广大的群众基础和极大的创新活化潜能，是政策执行与制度创新的重要载体。二者的结合能够实现红色文化遗产保护的“国家意志”与“民间智慧”的深度融合，并在结构耦合、制度创新、场景激活等层面进一步完善和推进我国文化领域的协同治理体系。

（一）“伞式-蜂窝式”社会结构互构与红色文化遗产保护逻辑重塑

跨区域、跨层级协同治理机制是新时代背景下举足轻重的国家行动，这既是对文化资源空间分布与地域特征的重新审视，也是文化资源潜力挖掘和开发利用方式的深刻变革。我国红色文化遗产资源丰富且分布广泛，但红色文化遗产法律法规、机构与管理体系的系统性建设仍需完善，偏远地区的红色文化遗产缺少资金支持和保护主体，对红色文化遗产资源统筹规划与品牌塑造的意识也有待加强。面对上述困境，“伞式社会”和“蜂窝式社会”的结合在一定程度上可以实现优势互补，重塑红色文化遗产保护逻辑，进而实现由“命令-控制”到“赋权-共治”的文化治理范式转型。

从根本上说，文化遗产首先是“地方性的”，是地缘性人群共同体的地方情感与地方性知识的文化表述。但是在现代化语境中，文化遗产已经超越了某一个地方，成为体现国家认同、民族情感、行政权力等“非地方性”的具有异质性特征的文化符号，红色文化遗产体现得尤为明显。因此，在红色文化遗产的保护和开发利用实践中，平衡好国家与地方、政府与社会的关系尤为重要。面对红色文化遗产保护和开发利用过程中的种种问题，“政府规划+村民理事会”、“政府贴息+乡贤基金”、设立“红色文化遗产社会创新基金”等方法都值得尝试，“伞式社会”从垂直管控到平行赋权，将为构建多“蜂窝”保护主体提供良好的平台，同时也将培育出大量“蜂王”，从而实现红色文化遗产保护的共治模式。在各种“蜂窝”形成和发展过程中，“伞式社会”可以通过政府购买服务的形式将其纳入公共文化供给网络，利用融资创新实现公共财政与社会资本的嵌套式投入，激活红色文化遗产的自生结构，为红色文化遗产的存续注入内源性动力。

从技术维度来看，数字治理工具将进一步推进“伞式社会”与“蜂窝式社会”的双向赋能。例如，政府通过构建“革命文物大数据平台”“红军标语数字化平台”等实现政社数据共享，一方面，有助于政府打破传统的部门条块化、分割化的治理困境；另一方面，数据共享将打破“信息孤岛”与“技术格栅”，激活更多“蜂窝”的创新能力，围绕红色文化遗产开发相关的文化创意产品和服务，在多主体共建共治共享下实现红色文化遗产的“传统—现代”转型。

（二）红色文化遗产保护实践的制度创新进路

尽管在全球范围内，不同国家（地区）在文化遗产保护方面展现出各异的模式与特征，然而，根据具体情况制定适宜的保护机制已成为各方共识。在文化遗产保护机制的各项要素中，法律制度无疑是最为关键的。多年来，我国红色文化遗产在管理、保护、开发、利用等方面的工作已取得了很大进展，但国家层面有关红色文化遗产保护的法律法规还相对欠缺，红色文化遗产的保护规范及其指导原则散见于《中华人民共和国文物保护法》《中华人民共和国环境保护法》《中华人民共和国城市规划法》等各类不同层次的法律法规及文件规定中，专项立法保护滞后于保护实践，这在一定程度上造成了红色文化遗产保护过程中权责边界模糊的问题，甚至存在红色文化遗产开发利用的“创造性破坏”隐患。对相关法律框架进行调适性改革将促成政府与民间形成合力，建立起红色文化遗产系统化、多层次、相互协调、有机统一的保护体系，例如在《中华人民共和国文物保护法》和《中华人民共和国非物质文化遗产法》中增设“社会力量参与红色文化遗产保护专章”，建立“红色文化遗产保护权责清单”。“伞式社会”的制度性嵌入明确了政府兜底责任与社会补充责任的边界，为“蜂窝式社会”提供合法性背书与资源支持的同时也为各种“蜂窝”预留了社会创新试验的政策空间。

在合作机制和激励机制层面，“伞式社会”通过政策工具的混合化运用将进一步激发“蜂窝式社会”的创新活力和潜能。红色文化遗产保护绩效与地方政府政绩考核挂钩，红色文化遗产旅游开发中 PPP 模式的推广与应用，建立“红色文化遗产守护者荣誉体系”和社区志愿者积分兑换制度，这些契约性和象征性制度工具都将成为布迪厄所说的“社会炼金术”[①]，推动政府的权威性与民间的灵活性进一步融合。多重机制的制度性重构在“伞式社会”和“蜂窝式社会”之间构建起了“桥式社会”，即促使“伞式社会”向下延伸和“蜂窝式社会”向上延伸的具有桥梁和纽带作用的社会中间组织，政府、企业、高校、NGO 等多主体参与共同构成的“红色文化遗产保护联盟”等复合型组织结构，进一步推动着“伞式-蜂窝式”社会融合发展过程中“红色文化遗产保护共同体”的形成。

（三）红色文化遗产的空间再造与价值再生产

列斐伏尔（2021）认为，空间本身是一连串和一系列动作过程的结果，它容纳了各种被生产出来的事物，并包括这些事物之间的相互联系，即它们之间的共存性与同时性关系。红色文化遗产空间既包括物质形态空间（革命建筑、博物馆、纪念馆等），也包括开放动态空间（线性红色文化遗产、红色非物质文化遗产等）以及承载和传播红色文化的网络虚拟空间。新古典“结构-功能”论将承载和孕育文化遗产的空间场域称为外在结构，文化遗产的自身能动性（自生结构）在多种外在结构（小到乡村大到国家）中发挥作用，产生资源配置和推动经济社会发展的功能。因此，国家文化公园、红色景区、村落文化广场、宗族祠堂等都可以成为红色文化遗产的

① 布迪厄（1997）用“社会炼金术”来阐释和说明经济资本、文化资本和社会资本的转换和合法性是如何运作的。这个概念在揭示社会不平等的深层逻辑的同时为我们提供了反思的工具，通过个体意识的觉醒、社会结构的调整和制度的改革改变资源分配不平等的现状。

重要空间载体。以往学者对这些红色文化遗产进行“国家-地方”“城市-乡村”“物质-精神”等空间二分固然有一定的合理性，但是在笔者看来，更重要的是从功能与结构的角度出发，思考如何从物理保存过渡到意义共建，实现红色文化遗产由“政治教化场所”向“多元意义容器”转型。

如苏贾（2004）所说，空间的组织和意义是社会变化、社会转型和社会经验的产物。我国正经历着剧烈的社会经济变迁，“伞式社会”与“蜂窝式社会”不断碰撞融合，社会空间不断解构、建构，红色文化遗产在此过程中实现了再域化重组。上海愚园路有众多“红色弄堂”，在城市更新过程中，上海市人民政府将愚园路1376弄的亨昌里（《布尔塞维克》编辑部旧址）批准为市级文物保护单位，长宁区人民政府将其修复为革命文物陈列馆，通过参与式设计，江苏路街道打造出一支由社区居民、社区工作者、青年白领、中小学生、艺术家等志愿者组成的愚园路红色印迹宣讲团，自幼生活在愚园路且对该区域历史建筑、名人故居如数家珍的退休老人志愿讲解，成为宣讲团中的“蜂王”，将愚园路上的众多红色印迹“连点成线”，红色文化遗产空间扩展至楼宇、园区、校园、社区等区域。我们可以清晰地看到，愚园路在社区营造过程中实现了红色文化遗产的空间生产与再造，既保留了重大革命事件的官方阐释，又嵌入了民间记忆符号。政府主导的历史叙事（“伞式”逻辑）与居民日常生活记忆（“蜂窝式”逻辑）的叠加，使红色文化遗产成为一种“结构遗产”①，承载红色文化遗产的物理空间被赋予了意识形态传播、社区文化认同、社会成员情感共鸣等多重功能。

近年来，“红色文化遗产+”的文旅发展模式正逐步将合作社型、特色小镇型等“蜂窝”拓展至更大的空间场域，数字化技术、数字平台更是使红色文化遗产在虚拟空间中冲破自然的、自在的生态场向全域延伸。在此过程中，政府力量能够实现红色文化遗产的经济与社会价值转化、建设红色文化遗产资源数据库和红色文化资源全形态数字整合平台，民间力量则

---

① 张继焦（2021）认为，文化遗产在特定场域中会成为可以进行资源配置的结构性因素，可将此称为“结构遗产”。该视角超越了文化遗产“物质-非物质”的二元对立式划分，从结构性特征出发，将文化遗产分为物质性结构遗产、制度性结构遗产、习俗性结构遗产等，“结构遗产”可以能动地自我发展，自主地发生一些结构性和功能性的变化。

能够更灵活地创新红色文化遗产的表达方式和传播渠道，满足不同社会群体个性化需求的同时增强公众的参与感和互动性。当然，这也为“伞式社会”和“蜂窝式社会”如何在政府、市场与社会之间、空间重塑与红色文化遗产内涵存续之间保持平衡提出了新的挑战。

四　结论与讨论

本文从新古典“结构-功能”论的视角出发，借用“伞式社会”与“蜂窝式社会”这对概念系统剖析了二元社会结构下红色文化遗产保护与再利用过程中存在的结构性张力与协同潜能。相较于传统文化遗产研究惯用的文化生态学或公共治理理论，新古典“结构-功能”论超越了文化遗产的本体性研究，在一定程度上弥合了“结构-能动性”之间的鸿沟，以动态的视角关注社会结构转型中文化遗产的适应性调整，从结构与行动互构的角度阐释红色文化遗产保护模式从“单一行政管控”向“多元共治”转型的内在机理。

研究表明，红色文化遗产可持续发展的本质是中国式现代化进程中“伞式社会”的制度理性与“蜂窝式社会”的文化韧性协同演进的结果。“伞式社会”通过制度性庇护为红色文化遗产保护主体提供合法性背书与资源保障，“蜂窝式社会”的创新动能与需求响应能力激活了红色文化遗产活态保护与活化利用的弹性空间，二者的协同并非简单的功能叠加，而是以“结构耦合-制度嵌套-场景融合”的方式实现了一种动态平衡，在“人-物-事-魂”四个维度实现红色文化遗产保护与再利用中“国家主导”与“社会参与”、“传统赓续”与“现代转型”的辩证统一，“伞式-蜂窝式”双向反馈机制使“政府-民间”协同治理成为可能，推动了“政府定标-社会赋能”的本土化文化治理闭环的形成。

上述结论对其他类型的文化遗产研究以及构建中国特色的文化遗产保护体系具有以下几点启示：一是二元社会结构在文化遗产保护与开发利用过程中呈现“非零和博弈”的特征，二者可在权责清单框架下实现优势互补；二是数字化技术在一定程度上消解了“垂直管控”与“水平协作”的时空矛盾，技术嵌入以文化遗产为媒介重构政社互动界面；三是打破文化遗产保护与开发利用过程中的“城市-乡村”“物质-精神”“传统-现代”等二元对立思维，从“结构遗产”“遗产行动者”的角度重新审视文化遗产的系统性保护。这既是我国“政府主导+社会参与”治理理念的具象化实践，也是中国式现代化进程中实现文化守正创新的时代议题。

参考文献

爱德华·W. 苏贾，2004，《后现代地理学——重申批判社会理论中的空间》，王文斌译，商务印书馆。

安东尼·吉登斯，2016，《社会的构成：结构化理论纲要》，李康、李猛译，中国人民大学出版社。

布迪厄，1997，《文化资本与社会炼金术》，包亚明译，上海人民出版社。

蔡武进，2019，《中国文化治理现代化之路》，经济科学出版社。

陈宁、徐茹，2022，《红色文化遗产保护助推乡村振兴建设的“荷塘经验”》，《原生态民族文化学刊》第6期，第43页。

单雅雯、史达，2023，《红色文化遗产活化的异质性增权网络——基于城市红色旅游资源的行动研究》，《旅游学刊》第3期，第92页。

邓凌月，2018，《加强红色文化遗产保护地方立法研究》，《理论学刊》第4期，第93~100页。

费孝通，2001，《西部开发中的文化资源问题》，《文艺研究》第4期，第5~9页。

谷秋琳、蔺宝钢，2021，《艺术介入视角下城市红色文化遗产地展示的场所空间更新策略——以陕北为例》，《城市发展研究》第2期，第15~20页。

亨利·列斐伏尔，2021，《空间的生产》，刘怀玉等译，商务印书馆。

拉德克利夫·布朗，2002，《社会人类学方法》，夏建中译，华夏出版社。

李孟舜，2022，《红色文化空间的功能构建与创设路径》，《中州学刊》第7期，第166~170页。

李培林，1992，《另一只看不见的手：社会结构转型》，《中国社会科学》第5期，第3~17页。

李培林，2024，《新型城镇化背景下小城镇发展的新议题》，《社会发展研究》第1期，第4~7页。

李宇军、张继焦，2019，《历史文化遗产与特色小镇的内源型发展——以新古典“结构-功能论”为分析框架》，《中南民族大学学报》（人文社会科学版）第6期，第45页。

联合国教科文组织，1988，《内源发展战略》，社会科学文献出版社。

卢丽刚、易修政，2010，《江西革命历史文化遗产的保护与开发研究》，《农业考古》第3

期，第 281~284 页。

麻国庆、朱伟，2018，《文化人类学与非物质文化遗产》，生活·读书·新知三联书店。

马丽雅，2020，《红色文化遗产资源整合开发的对策思考》，《广西社会科学》第 7 期，第 151 页。

马林诺夫斯基，2002，《文化论》，费孝通译，华夏出版社。

迈克尔·波特，2014，《竞争优势》，陈丽芳译，中信出版社。

尼克拉斯·卢曼，2021，《社会系统：一个一般理论的大纲》，鲁贵显、汤杰译，台北：暖暖书屋文化事业股份有限公司。

彭兆荣，2012，《文化遗产学十讲》，云南教育出版社。

史斌，2022，《红色非物质文化遗产及其当代价值》，《湖南社会科学》第 6 期，第 167~168 页。

王林生，2025，《新时代我国文化跨区域协同治理机制研究》，《行政管理改革》第 1 期，第 22 页。

王兆峰、李琴，2022，《长征沿线红色文化遗产空间分布特征及旅游高质量发展》，《山地学报》第 4 期，第 581 页。

王治涛，2014，《洛阳红色文化遗产的分类和保护》，《地域研究与开发》第 1 期，第 68~71 页。

习近平，2023，《用好红色资源，传承好红色基因，把红色江山世世代代传下去》，https://www.gov.cn/xinwen/2021-05/15/content_5606697.htm。

易玲、石傲胜，2025，《红色文化资源数字化保护和传承：价值、成效及路径》，《中南民族大学学报》（人文社会科学版）第 1 期，第 74 页。

于俭，2023，《特色何以成镇：社区共同体视角下的特色小镇建设——基于上海市 Z 特色小镇的田野考察》，《社会科学家》第 7 期，第 83~85 页。

张继焦，2014，《“伞式社会”——观察中国经济社会结构转型的一个新概念》，《思想战线》第 4 期，第 54~61 页。

张继焦，2015，《“蜂窝式社会”——观察中国经济社会结构转型的另一个新概念》，《思想战线》第 3 期，第 178~189 页。

张继焦，2020，《换一个角度看文化遗产的“传统—现代”转型：新古典“结构-功能论”》，《西北民族研究》第 3 期，第 182 页。

张继焦，2021，《当代人类学：新古典“结构-功能论”》，中国社会科学出版社。

·基层治理·

资源型地区城乡过渡型社区治理困境的形成逻辑与出路

——以山西两类典型社区为例*

王慧斌**

摘　要　为推进城乡基础设施与公共服务均等化，我国资源型地区通过易地搬迁、村庄合并等方式形成大量城乡过渡型社区。然而，这类社区因定位模糊、经济孱弱、机制滞后等问题陷入“非城非乡”的治理困境。通过对山西易地搬迁与村庄合并两类典型城乡过渡型社区的研究发现，政府主导的“建设逻辑”与治理转型滞后是核心矛盾，表现为政策强制性与规划碎片化、政企关系异化、乡村内生动力不足等。破解困境需要创新城乡融合机制，探索差异化治理模式，强化农民主体性，推动制度供给与治理能力协同发展。

关键词　城乡过渡型社区　易地搬迁　村庄合并　社区治理

为顺应当前我国城乡人口和空间布局的变化，各地都在积极探索推进城乡空间重置和治理重构（陈朋，2021）。我国资源型地区因生态修复、采煤沉陷区治理、脱贫攻坚、资源转型等任务叠加，形成大量城乡过渡型社区，集中表现为易地搬迁型社区和村庄合并型社区，因空间重构与社会转型的脱节，其陷入“非城非乡”的治理困境，面临着集体经济缺失、治理失效、发展乏力、服务难继等多种问题。现有研究多聚焦社区形态描述，对其内在逻辑与制度性矛盾缺乏系统性分析。通过对山西省两类典型社区

* 本文为国家社会科学基金青年项目“贫困户异地搬迁集中安置区治理机制创新研究”（项目编号：20CZZ029）的阶段性成果。

** 王慧斌，法学博士，山西大学政治与公共管理学院副教授、硕士生导师，主要研究方向为乡村振兴与城乡基层治理。

的实证分析，可以揭示资源型地区城乡过渡型社区的治理困境及其深层逻辑，为城乡融合发展提供理论参考与实践启示。

一 城乡过渡型社区的内涵与特征

“社区”作为一种社会生活共同体，传统上主要以地域划分为城市社区和农村社区。随着我国城镇化的推进，实践中出现了大量介于城市和农村的新型社区，如“中间性”特征的超级村庄（折晓叶、陈婴婴，1997）；过渡型社区（张晨，2011；吴晓燕、赵普兵，2014；马福云、任德靖，2024）；“半城市化社区”（周大鸣、高崇，2001）等。虽然西方也有城乡边缘地带或城市边缘社区等概念，但主要从景观和土地使用类型来看，城乡差异的特征并不明显。总之，由于这些社区大多是基于城乡关系的视角，其空间上大多也处于城市与乡村的过渡地带，所以采用城乡过渡型社区的说法更能突出其特征。

（一）城乡过渡型社区的特征

城市社区，主要是指城市一定地域空间的居住生活体。对于农村社区，学界主要从城乡关系、生活方式或行政管理上来界定，认为除包括县城在内的城市以外的地域都称为农村社区，还有一部分空间上处于农村，但已经达到或基本达到城市社区公共服务水平的新型农村社区。无论是农村社区还是新型农村社区，只是农民聚居方式的改变，其生产生活方式、社会结构等没有太大的差别，仍然是农民生产生活的综合体。

作为城镇化进程中政府主导的空间重组产物，城乡过渡型社区既非传统农村社区，亦非成熟城市社区，一般是脱胎于传统的农村社会，经过自然城镇化和政策制度构建等因素，形成了既具城市社区特性，也保存农村传统价值观念、生活习俗等非正式制度（丁波，2023）的城乡二元性，其大多因外力快速推动形成，总体上呈现人口结构异质化、经济结构非农化、社区事务多元化等特征（马璇，2023）。具体来说：一是空间结构上，这些社区一般远离原村且处于城乡过渡地带，其路、水、电、网等基础设施接近城市标准，但土地权属仍属农村集体，空间上发生了类似于城市社区的

“生产-分配”关系的隔离（吴晓林，2024）；二是社会结构上，半熟人社会取代传统乡土网络，社区除了本村村民也融合了其他居民，且由于缺乏有效的集体产权联系，居民的社区认同较为薄弱；三是经济结构上，社区集体经济较弱，农民非农就业能力不足，多依赖外部输血；四是社区事务从相对较为单一的治理情境转变为较为复杂多样的利益关系。煤矿资源型地区城乡过渡型社区，除具有一般的空间和社会结构特征外，更因为煤矿的开办及其负外部性，与原村的经济关联性更强（何璐瑶、王慧斌，2024）。

（二）资源型地区的两类典型城乡过渡型社区

从城乡过渡型社区形成的空间类型上看，主要有向城镇周边（主要是县城）的易地搬迁和本村的就地城镇化（小城镇或超级村庄）两种模式。资源型地区的农村主要面临着灾害治理和产业转型两大任务，根据这两大任务，结合城乡过渡型社区的两种类型，通过对山西的实地调查发现，对于资源型地区的城乡过渡型社区来说，最具有代表性的就是因采煤沉陷区治理所形成的易地搬迁社区和资源转型下以某个中心村庄为主所形成的合并社区。

1. 采煤沉陷区易地搬迁社区

资源型地区采煤沉陷区治理中主要采取“易地集中搬迁”方式，将一个村甚至周围几个村集中搬迁到县城周边或较大的乡镇，形成了易地搬迁类的城乡过渡型社区，因被动迁移，空间隔离导致原村集体关系断裂，公共服务与就业保障缺位，引发“空村化”与利益冲突。以山西 H 县 D 社区为例，该社区为采煤沉陷区整村搬迁形成的城乡过渡型社区，原村（W 村）因煤炭开采引发严重地质灾害，2015 年政府与企业协议将全村 350 户集中迁至县城近郊。搬迁后，社区虽实现居住条件改善，但治理矛盾凸显：一是空间隔离，村民的户籍、土地权属仍归属原乡镇，公共服务供给存在“属地-原籍”双重管理冲突；二是承诺落空，因煤炭经济下滑，企业未兑现搬迁补偿、土地流转费和土地复垦等事项，其社区房屋质量差、无配套产业，集体经济收入近乎为零；三是认同危机，村民因生计无着落对村集体不信任，社区沦为“空壳化”治理单元，基层自治组织功能瘫痪。

2. 资源转型类村庄合并社区

不同于易地搬迁社区，在资源型地区，还因城镇化、扶贫搬迁、资源转型、“以煤补农”、“以强带弱”等政策因素形成了大量合并社区，即不改变村庄行政关系，以某个集体经济较好或区位地理较好的村庄为主，将周围村庄的农民集中居住，形成了村庄合并类城乡过渡型社区。这类社区主要依托强村资源整合实现连片开发，采取统一治理，但体制上几个村还是独立的行政村，行政壁垒与利益分配不均导致“一区多制”和发展失衡。以山西Y市T社区为例，该社区为Y市“以强带弱”政策引导下，煤炭强村T村合并周边5个行政村形成的连片开发型社区。依托早期煤炭积累，T村转型发展生态旅游，并于2014年获批国家4A级旅游景区，但合并后治理矛盾激化。一是体制割裂，虽然成立了联合党支部，但合并村保留独立行政建制，由于缺乏有效的公共权威和利益共享，难以真正实现联合发展；二是利益失衡，强村主导土地开发与产业布局，主要收入集中于强村，弱村因缺乏话语权沦为“依附性边缘群体”，且公共服务“一区多制”，强村有村民享旅游分红，弱村村民仅获基础保障；三是发展乏力，由于规模扩大和投入巨大，加之集体企业抵抗市场风险能力弱，集体债务攀升，社区整体陷入“规模不经济”陷阱。

二 城乡过渡型社区治理困境的多维表现

空间位置和乡村形态的变化，不仅消解了农村基层群众自治组织的运作空间，也倒逼乡土社会传统村落以权威为基础的治理规则转型（郑娜娜、许佳君，2019）。但在实践中对于城乡过渡型社区依然沿用传统的乡村治理模式，导致其社会治理、产业发展、居民认同等方面都呈现多重困境。

（一）制度滞后：角色模糊与权责失序

城乡过渡型社区治理的核心矛盾源于制度供给与治理需求的错位。作为行政建制与空间形态的“中间态”，此类社区既无法沿用传统行政村自治模式，亦难以直接移植城市社区治理规则，导致治理主体角色混乱、权责边界模糊。

1. 治理单元模糊：制度隔离下的管理困境

在实践中，易地搬迁社区与合并社区普遍面临治理单元界定不清的问题。以D社区为例，虽已划归县城辖区，但户籍、土地仍由原乡镇管理，形成“属地管人、原籍管地”的双轨制格局。这种权属分割导致公共服务供给碎片化——搬迁居民就医、子女入学需跨区域协调，基层政府因权责不清陷入“多头管理、相互推诿”的困境。因此，对于社区居民来说，不仅面临着“传统脱嵌”困境，还面临着因缺乏同流入地政府的制度性链接而出现的“制度脱嵌”（郑延瑾，2020）。

2. 制度创新滞后：强制性变迁的适应性缺陷

政府主导的“建设优先”逻辑导致治理规则转型滞后。在T社区合并中，地方政府仅通过行政指令强制推进空间整合，却未同步改革集体产权、社会保障等配套制度，导致合并后社区仍按行政村模式运行，难以协调多村利益冲突，“一区多制”问题加剧治理内耗。正如T社区联合党支部书记李某所言，“尽管我们现在已经联合了，但是财务、集体资源、村民选举等事情六个村都是孤立的，虽然现在联合发展有了一些效果，但是社区的整体规划很难落实，有的村不愿意把土地拿来置换产业，有的村搬迁还要很高的补偿，都想搬到景区的核心地方，但是就那么大个地方，也容不下那么多人。有时候我们也会以联合党支部的名义下发命令，但是大家执行不执行就看对自己的利益大不大，不执行我们也没有处罚办法”。

此外还有大量政府主导的易地扶贫搬迁集中安置社区、行政村撤并重组社区等，由于没有持续集体经济，长期依赖外部资源，弱化了村庄的自我发展能力，影响村庄认同和持续发展。

（二）经济困境：产业断层与生计脆弱

资源型地区城乡过渡型社区的经济脆弱性，本质上是传统资源依赖型发展模式与城镇化冲击叠加的结果。对于资源型地区大多数农民来说，农业早已不是主要的生产方式和家庭收入来源，而长期大规模粗放式开采煤炭，也破坏了农村生产条件；同时，煤炭经济的衰退和资源转型的滞后，也使农民失去了依赖资源开采及其相关产业的就业渠道。总之，煤炭经济衰退与搬迁安置叠加，使农民陷入“去煤炭化”与“去农业化”的双重困境。

1. 农业生产困难与生活成本增加

从土地使用来看，城乡过渡型社区居民面临如下问题。一方面，农民有地难种，耕地变荒地。村庄搬迁后，农民经营土地半径变长，需要投入更多成本，且旧村因煤矿开采破坏了地表农田耕作面和相对稳定的土壤结构，土地复垦难度大，导致农田作业困难。因此，生产条件差，土地产出低，收益少，耕地基本上处于撂荒状态，农业经营收益暂时性消失，加之转变土地使用性质存在制度限制，土地再利用困难。另一方面，农民在新村很难获得新的耕地，农民失去基本生产资料保障。

从生活成本来看，搬迁前，农民家庭开支较少，还可以依托煤矿获得部分如供水、供电、发放燃煤等煤矿福利；搬迁后，农民在水电暖、物业等方面的消费增加，生活成本不断加大。正如搬迁村民反映："在老家，我们可以自己种菜种粮，基本上吃的菜不用买，而且还没有物业费、垃圾费等，有时候还能和煤矿要点取暖的煤，基本上生活上很少花钱。现在搬到这里了，出门就得花钱，不光水电费贵了，还得经常买菜，物业费、取暖费更是贵。"实地调研发现，搬迁社区居民拖欠物业费、暖气费，甚至水电费的现象非常严重，有些搬迁社区的物业公司因收取物业费困难而退离，导致社区相关的卫生清理、水电维修等公共服务无人管理。

2. 产业结构单一与非农就业极弱

长期依赖煤炭资源，导致资源型地区普遍呈现产业单一、转型滞后、发展乏力的状况，农民也长期依托煤矿就业，其他非煤非农技能落后。伴随煤炭经济的衰退和转型发展的滞后，资源型地区整体陷入发展困境，其城乡过渡型社区更极少有多元化的替代产业，导致农民就业紧张和收入减少。如对于D社区来说，50岁以上村民掌握非农技能比例极低，而基层政府提供的公益性岗位（如保洁、保安）有限，难以满足需求，整体上陷于"就业无望、生计困难"的境地，加之搬迁后生活成本上升，导致"高消费、低收入"的生存危机。T社区虽通过旅游开发实现初步转型，但其仍处于粗放型发展阶段，加之区域同质化产业较多，旅游收入有限，更严重的是合并后弱村因缺乏资金与技术，难以参与产业分工，形成了"强村主导、弱村依附"的非均衡格局。根据对山西第一批采煤沉陷区集中搬迁村庄的实地调研发现，有相当部分的村民因担心生计问题而拒绝搬迁。"我们知道政府集中把我们往城镇搬迁后，生活条件肯定好，但是我到了那里能有地吗？我到那儿能干些啥？不管说配套多少工业园区、企业、工厂啥的，能在那里给我找一份工作吗？哪怕是苦力活也可以。我在老村有房住，有几亩地可以种，可以凑合生活下去，我住在城里，水、电、暖、菜、粮食，怎么解决？回村连个家都没有，怎么种地？”

（三）认同危机：共同体瓦解与信任缺失

城乡过渡型社区的认同缺失，是空间重构、社会关系断裂、利益分配失衡共同作用的结果，直接威胁治理的可持续性。

1. 文化认同消解：集体记忆与空间归属的冲突

土地对农民不仅是生产资料，更是情感载体与文化符号。搬迁与合并打破了传统村落基于血缘、地缘的“强关系网络”。如D社区虽保留原村组织结构和人际网络，但煤炭开采导致原村的“消失”和村庙祖坟的破坏，加之新社区集体经济的缺乏和公共服务的欠缺，尤其是因煤矿利益补偿和土地流转引发的村民冲突，导致村民对社区事务的参与意愿显著降低，公共事务陷入“无人问津”的冷漠状态。正如村民所说，“我们都是被骗来的，这里不仅房子没法住，一下雨屋里就有积水，配套那个2分大棚（约100平方米）更是糊弄人的，这是盐碱地，连草都不长，还能长菜？而且答应我们的补偿也没有兑现，现在要钱是我们的头等大事，我们村没有别的公共事务，唯一公共事务就是讨债”。

T社区合并后，强村为推进旅游和土地开发，将部分高污染低效益的产业迁至弱村，引发村民激烈抗议。此类“去乡土化”改造割裂了农民与历史记忆的联系，导致文化认同危机。实地调研显示，大多数搬迁农民认为“新村只是住处，旧村才是家园”。

2. 制度性排斥：公共服务不均与相对剥夺感

提升社区公共服务能力和均等化是赢得居民社区认同的重要基础。对于易地搬迁社区，由于缺少集体收入，社区公共服务难以满足村民生活需求。如D社区干部表示：“我们村仅有的一点集体收入就是村里的门面房，现在只租出去一间，租金一年是1万元；村里新盖好了一个大戏台，但唱戏需要花钱，没钱大戏台成了摆设；村里地势低，村内街道积水很多，村里连处理积水的钱都没有，更别说维修村民的房子了。”加之，该社区的公共服务明显落后于周围属于县城所在镇管辖的社区，引发了村民强烈的不满。

而在合并社区中，行政壁垒导致公共服务“一区多标”。社区不仅有本村村民，还有外村村民。原本在同一社区里，村民应享受均等的公共资源和统一的管理。但由于村民归属不同的乡村管辖，各村的集体分红、福利待遇不同，村民办理各项事务时也不尽相同，呈现“一区多制”的混乱局面，如T社区下辖6个村居民虽同处旅游小镇，但医疗报销比例、子女入学政策仍按原村标准执行，福利差异引发强烈相对剥夺感。当制度无法保障公平诉求时，社区认同必然让位于利益博弈。正如村民们朴素地认为：“既然已经联合了就应该享受同样的福利待遇，不说人家T村的人有养老保险和分红，就是我们同住在一个小区了，为什么T村的人吃水、取暖、物业费都不花钱，都是他们村集体给出的，那为什么我们其他村搬过来的，什么钱都得自己出。”

（四）发展风险：成本巨大与可持续性不足

城乡过渡型社区的高投入与低可持续性矛盾，折射出政府主导型城镇化的深层风险。尤其是资源型地区社区建设高度依赖政策资金，如D社区搬迁耗资上千万元，但由于社区建设质量较差，政府为降低成本将该社区选址于一处盐碱地，积水难以排除，房屋损坏严重，居民不得不重新修建或购买房屋，造成资源浪费。T社区通过负债扩张实现短期繁荣，但缺乏产业支撑的“规模经济”反而加剧了风险，尤其是为连片开发背负巨大债务，受疫情冲击旅游市场波动，导致该社区后续发展乏力。

总体上，资源型地区城乡过渡型社区经济功能比较弱，前期基础设施建设、后续各种公共服务，多依靠政府等外界帮扶，市场化、社会化程度比较低。在失去部分政策和资金倾斜后，由于本身产业结构单一、集体经济发展乏力等，后续发展乏力、公共服务难以为继，出现了诸如人口返迁、“候鸟式居住”、“空宅化”等现象。

三　城乡过渡型社区治理困境形成的三重逻辑

“农村治理危机的出现，其实是政府转型滞后的直接结果”（赵树凯，2012）。资源型地区城乡过渡型社区的治理实践，整体呈现政府主导的“重建设、轻治理”特征。虽然改善了农村的生活条件，但缺乏有效的制度配套和农民内生能力培育，导致陷入“内卷化困境”，其治理困境根源于三重矛盾：政府主导的“建设-治理”脱节、政企关系的利益异化与乡村内生动力的结构性缺失。

（一）政府主导的“建设-治理”脱节

在资源型地区城乡过渡型社区建设中，政府通过政策强制力快速推进空间重组，却未同步推动治理规则转型，导致“建设-治理”脱节，其本质上是“行政任务驱动”下路径依赖和政府主导下强制性制度变迁共同作用下的叠加效应：一是结构性矛盾，政府主导的建设逻辑与社区内生治理需求错位，如易地搬迁社区搬迁后虽实现居住集中化，但原村集体关系断裂、公共服务依赖外部输血，导致社区陷入“空壳化”与利益冲突；二是内生能力衰减，过度依赖行政手段削弱了乡村自主发展能力，如合并社区中，弱村对强村的依附性发展模式虽短期内缓解资源短缺，却抑制了其创新能力，形成“强者愈强、弱者愈弱”的马太效应。

1.“行政任务驱动”导致社区建设缺少整体性

资源型地区的治理实践长期受“资源驱动型发展”路径影响，地方政府因生态修复、脱贫攻坚考核等多重行政工作，政策执行明显带有追求短期政绩的惯性，即“重建设、轻治理，重短期任务、轻整体发展”，体现为极强的“运动式治理”。一方面，过去依赖行政命令推动资源开发的经验被复制到社区建设中，形成“任务导向”的决策逻辑；另一方面，既有的诸如 GDP 增长率、搬迁完成率等考核体系，强化了政府对短期目标的关注，在整体规划中优先完成“物理空间重建”任务，而忽视治理制度配套。这种惯性导致治理资源过度集中于“看得见的政绩”，而忽略“看不见的制度衔接”，出现了政府政策与农民需求日益脱节。

城乡过渡型社区涉及城乡空间结构和社会结构的转变，其治理就应该包括集体土地、资源等产权关系和户籍、社会保障等多种社会关系，是一个整体系统的制度性变迁，制度构建应先于物理建设。但地方政府延续煤炭经济时期的行政指令模式，导致搬迁后治理制度创新滞后。如 D 社区的易地搬迁，原本需要政府、企业与村民进行利益协商，但地方政府为了短期资源利益，直接以政策形式限期搬迁，既没有考虑搬迁后土地复垦、农民就业安置、集体经济发展等问题，也没有对煤矿企业进行监督和风险审查，导致搬迁后新型社区陷入发展困境。T社区村庄合并也是政府基于短期实现“以强带弱”政治目标，以政策推动，对社区的整体定位和持续发展明显缺乏制度规划。

2. 政府主导制度变迁导致社区治理缺少适应性

根据制度变迁理论，制度变革可分为强制性变迁与诱致性变迁。在资源型地区城乡过渡型社区的形成过程中，突出表现为政府主导的强制性制度变迁，一方面为完成短期的行政任务，另一方面是政府轻视市场、生活的主动创新能力，这种单方面的强制性变迁导致制度供给与治理需求脱节，而诱致性变迁的缺失，如农民参与不足、市场机制缺位等进一步加剧了制度僵化。而有效的制度变迁需实现“规则-组织-行为”的协同演化，但当前实践仍停留在“规则外生强加”阶段，未能激发基层社会的适应性调整。

从采煤沉陷区易地搬迁治理、资源转型下村庄合并等城乡过渡型社区的形成来看，其政策出台、建设方式、具体选址、搬迁安置等都需要事先征求农民意见和建议，且需要多次进行民主协商与利益整合，但为快速完成任务，地方政府往往采用各种正式或非正式的方式来强制推动完成。正是由于在制度变迁过程中缺乏与制度需求主体之间的互动，不可避免地出现强制性的制度供给与现实的制度需求之间的脱节，实践效果大打折扣，甚至出现“倒车”现象（Wedeman，2003）。易地搬迁、村庄合并等城乡过渡型社区的形式正是存在这种制度化运动的悖论（詹姆斯、布兰特利，1995），导致其后续治理中往往具有临时性、权宜性、随意性等特点，也逐渐消解了社区自身的主动性和创新能力。如T社区的合并与产业联合，原本应该通过市场培育量力循序发展，但周期长、见效慢且村庄利益协商较难，出于快速发展、短期政绩的需要，地方政府以政策推动合并、以财政补贴产业，导致其产业发展和公共建设超出自身实力，当面临市场下滑以及公共服务投入较大时，社区自身难以应对。

（二）政企关系的利益异化

正确处理政府和企业的关系是当前社会治理的重点问题。长期以来资源型地区围绕煤炭开采，地方政府和企业之间进行了激烈的利益博弈，突出表现在政府对资源的高度控制、企业对政府的高度依附（董江爱、刘铁军，2016）。在资源型地区城乡过渡型社区的形成与治理中，政企关系异化是制度性矛盾的集中体现，也是其治理困境的隐形逻辑，即地方政府与企业的互动长期受资源经济逻辑支配，形成“权力依附—利益交换—信任流失”的恶性循环，直接加剧了社区治理的系统性风险。

1. 行政干预：企业负担加剧与自主能力弱化

资源型地区政府为完成生态修复、搬迁安置、脱贫攻坚等行政任务或打造政绩工程，常通过政策强制力干预企业经营。例如，在T社区合并过程中，地方政府以“强村带弱村”名义要求集体企业承担公共设施建设成本，扩大产业规模，导致强村集体经济因过度投资陷入债务危机和发展困境。这种“任务摊派”本质上是行政权力对市场规则的替代，企业为获取采矿权、资金、土地等政策支持，被迫承担超出经营范围的公共职能，形成“企业办社会”的畸形模式，导致企业短期化粗放式经营行为加剧、社区公共服务过度依赖企业输血，最终弱化了社区自主发展能力。

2. 非制度化交换：短效治理与长期风险

资源型地区政企合作常以非正式“关系网络”为基础，与各种社会资本、企业等建立共生式或临时性的资源依赖关系（钟伟军、陶青青，2021），通过临时性资源互换实现短期目标。例如，D社区搬迁中，煤矿企业以低成本获取土地，以“捐赠”形式承担部分安置房建设。这种权宜性合作虽能快速推进工程，却因缺乏契约约束与透明监督，导致长期风险。之后D社区农民因房屋质量低劣、企业因市场波动拖欠农民土地流转费等问题，直接引发农民集体上访。再如T社区的村庄合并，地方政府给强村一定的资金补贴和土地指标，强村承担弱村公共设施建设和产业帮扶，但后因该市主要领导的变化，导致后续缺乏有效的持续政策支持，强村因过度投资陷入债务危机，弱村因利益不均、福利差异等引发村庄矛盾。

（三）乡村内生动力的结构性缺失

一个国家的社会治理状况，既取决于政府对社会生活的管理能力，更取决于公民的自我管理水平（俞可平，2012）。城乡过渡型社区的内生动力不足，本质是“制度挤压”与“能力贫困”双重作用的结果。集体经济脆弱与农民主体性缺位相互强化，导致社区陷入“外部依赖—内部失活”的锁定状态。

1. 农村集体经济的脆弱性

我国农村集体经济大多存在起点低、基础差、结构单一、应对市场风险能力弱等特征，资源型地区村庄更多依赖煤炭经济完成原始积累，“一煤独大”的产业结构使其抗风险能力较弱。对于资源型地区易地搬迁形成的城乡过渡型社区来说，大多依赖单一资源优势。随着资源整合和煤炭经济下滑，村集体几乎没有其他替代产业和集体收入，甚至难以维持日常运行。如D社区完成搬迁后，初期村民还是依靠煤矿就业和土地流转费，对于煤矿流转土地后的虚假产业配套和复垦抱着侥幸的心理，村集体为了短期经济利益没有寻求其他替代产业，导致后期村集体经济收入近乎为零，治理瘫痪。对于资源转型驱动下的合并社区，虽有一定规模的经济基础，也大多缺乏具有市场比较优势的产业。如T社区，其早期通过煤矿利润完成资本积累，但转型过程中仍延续“重资产投资”路径，未能培育与本地资源适配的可持续产业，当煤炭市场下行和投资加大，集体收入骤减，公共服务随之瘫痪。这种“资源依赖型”发展模式，实质是路径依赖的延续——村庄将短期资源红利等同于发展能力，忽视技术创新、人力资本等长效要素的积累，最终陷入“因煤而兴，因煤而衰”的循环。

2. 农民地位的边缘化

城乡过渡型社区的形成多由政府与企业主导，农民沦为政策执行的被动客体。在D社区搬迁决策中，村民未参与选址讨论、安置方案设计等关键环节，在利益受损的情况下也难以形成制度化表达渠道；在T社区产业规划中，弱村村民因缺乏话语权，难以共享旅游发展红利。这种“替民做主”的逻辑，本质是行政权力通过制度性排斥将农民隔离在治理体系之外。更严重的是，长期被动参与导致农民自治能力退化和对集体认同的弱化。当农民无法在新社区中找到情感归属与利益共识时，集体行动能力随之消解，困境治理陷入“无解”状态。

四　“制度创新-政企协同-激活内生动力”：走出困境的路径探索

作为政府主导下城乡过渡型社区，集中反映了我国城乡基层从传统向现代的转型过程，其治理困境本质是政府主导的“空间重构”与“治理转型”脱节的产物，表现为制度供给滞后、政企关系异化与乡村内生动力不足的三重矛盾，从整体上解决治理困境，要形成“制度规范-多元合作-内生动力”相互协同的治理模式。

（一）制度创新：明确治理单元，推动各项制度联动改革

制度供给滞后于物理空间建设、既有规则脱节于实践治理需求是城乡过渡型社区治理中的突出问题。因此，加强制度创新和整体性供给，推动户籍、土地与公共服务的各项制度联动改革，才能促进村民自治和现代社区治理的有效衔接。

1. 明确社区治理单元，构建弹性治理框架

空间改造可以在基层治理共同体的形成中发挥黏合作用（吴晓林、李一，2022），尤其是通过明确治理单元和归宿空间可以有效地增强居民社区意识、参与责任与社区归属感。资源型地区城乡过渡型社区的有效治理首先要从县域整体规划角度出发，综合考虑人口分布、地理空间和产业布局，打破传统行政村界限，以新型社区为核心划定“综合治理单元”。如对于T社区形式的多个搬迁或合并村庄，可整合为统一的社区治理单元，设立联合治理委员会，统筹管理公共事务。同时，推动地方性法规或政策文件明确新型社区的法律地位，赋予其与行政村同等的治理权限，包括集体资产管理、公共服务规划等。最后，建立治理单元的动态评估机制，定期根据人口流动、产业发展情况调整治理范围，确保治理单元的灵活性与适应性，规避路径单一和机械模仿复制的风险（陆益龙、孟根达来，2021）。

2. 深化户籍制度改革，实现“人户分离”服务均等化

在城乡过渡型社区实施“户籍与居住地分离”政策，允许搬迁居民凭居住证享受本地教育、医疗、社保等公共服务，逐步剥离公共服务与户籍

的刚性挂钩。在此基础上构建跨行政区的公共服务数据库，实现医疗、教育资源的区域统筹分配。如，搬迁居民可通过电子平台申请原村与新社区的公共服务资源，避免“两头落空”。

3. 推进土地制度协同改革，保障农民权益与土地高效利用

加强土地权属确权与流转创新，在完成城乡过渡型社区内的宅基地、耕地、集体建设用地的确权登记基础上，探索搬迁群众承包地、宅基地所有权由原搬出村向安置社区转移制度或其收益权转让制度。如针对D社区产业发展和T社区村庄不均衡问题，开展综合改革试点，允许农民通过土地入股、托管、置换等方式，将原村土地权益转化为新社区的集体资产或产业投资份额，允许地方政府在试点中突破现有政策限制，建立容错机制，及时总结经验并推广。同时，建立“土地指标跨区域调剂”机制，在省级层面设立土地指标交易平台，允许资源型地区将搬迁后腾退的宅基地、工矿废弃地复垦为耕地，产生的建设用地指标可在省内跨区域交易，收益用于支持新社区基础设施与公共服务建设，并建立第三方审计与村民代表监督机制，确保资金透明使用。

4. 创新公共服务供给模式，实现资源整合与精准匹配

加强城乡过渡型社区公共服务的有效供给，需要构建“社区-政府-市场”协同供给网络，发挥多元主体协同合力，如政府负责提供社区教育、医疗等基础公共服务，市场参与社区物业管理、商业配套等增值服务的提供，社区自治组织协调需求反馈与监督。尤其是对于资源型地区，需要整合政府、煤炭企业和社区各种税收返还、生态修复、土地复垦、可持续发展、土地指标交易收益、社会捐赠等资金，设立“资源型地区城乡融合发展基金”或“城乡公共服务专项基金”，定向支持新型社区的学校、医院、文化设施建设，确保公共服务投入可持续。

（二）政企协同：规范政企权责边界，建立多元化市场化合作机制

在资源型地区城乡过渡型社区治理中，政企关系异化是导致治理困境的核心矛盾之一。破解这一难题需通过规范政企权责边界、建立市场化合作机制、加强法治与监督三方面协同推进，实现政府引导、市场运作与社区利益的动态平衡。

1. 规范政企权责边界，实现政企从“依附共生”到“契约分工”

一方面，明确政府作为市场监管者与公共服务供给者的角色定位，探索政府清单化管理方式，如制定《资源型地区政企合作权责清单》，明确政府在社区建设中的规划审批、生态监管、公共服务兜底等核心职责，剥离非必要干预，如企业经营决策、资源分配、产业布局等；另外要强化政府负面清单约束，即禁止政府通过行政手段强制企业承担非市场化任务，摊派各种指标任务。另一方面，清晰界定企业责任。在易地搬迁或合并社区中，政府与企业要依法签订合作协议，明确企业需要完成的建设任务、运营责任及退出机制，避免“建而不管”，同时绑定企业应履行的社会责任，如将资源型企业对社区诸如生态修复、就业培训、产业配套等反哺义务纳入采矿权审批条件，通过法律强制而非行政摊派实现责任落地。

2. 建立市场化合作机制，实现政企从“权力主导”到“竞争择优”

“多中心治理”理论认为，市场化合作需打破政府单一主导，通过多元主体竞争与协作提升效率，“交易成本理论”更认为明晰权责边界可降低政企合作的协商与执行成本。首先，在城乡过渡型社区的基础设施建设、产业园区运营等领域，引入多元市场主体，鼓励强村集体企业与外部资本联合，打破“属地企业优先”潜规则和本地煤炭企业转型依赖，允许跨区域企业参与竞标。其次，构建利益共享与风险共担机制，在产业发展中构建村民参与、企业运营、政府帮扶的合作机制，建立社区发展收益共享平台，实现产权收益分配透明化，企业利润按比例返还社区；另外设立“资源型地区产业转型保险”，由政府、企业、金融机构共担市场波动风险，当煤炭价格下跌时，保险基金可补足社区公共服务支出缺口。最后，在公共服务方面，要建立市场化供给机制，政府可综合运用服务外包、市场购买、项目补贴等多种形式，将社区水电暖、垃圾处理等公共服务外包给专业公司，政府全过程监督，促进形成有序竞争、多元化参与公共服务的格局。

3. 加强法治与监督，实现政企从“资源控制”到“依法合作”

首先，要推动《资源型地区政企合作条例》地方立法，明确政企权责、合作程序与违约处罚，强化政府监管与公众监督。其次，要构建政府对企业动态监测和风险预防机制，定期对企业参与社区建设、公共服务、产业发展等项目进行评估和审查，防止企业“圈钱跑路”、空头承诺、违规经营和侵害农民利益。同时，要强化社区参与式监督，成立由村民代表、第三方专家组成的“社区资源监督委员会”，对政企合作项目进行全程监督，确保资源分配公平透明，杜绝各种以权力交换资源的现象。最后，强化基层干部的考核转型和能力建设，将“政企合作规范性”“市场开放度”“营商环境建设”等纳入地方政府绩效考核，倒逼政府减少行政干预；针对基层官员与企业管理者开展“市场化合作能力培训”，提升契约精神与合规意识。

（三）激活内生动力：培育集体多元业态，强化农民参与决策与利益分配

资源型地区城乡过渡型社区的内生动力缺失，本质是农民主体性弱化与集体经济造血能力不足的双重结果。激活社区内生动力和农民主体性就需从“利益-组织-空间”三个维度对其公共性再造进行探索（肖泽磊、高源，2025），推动社区从“外部依赖”向“自主发展”转型。

1. 破解资源依赖，培育集体经济多元业态和可持续产业生态

通过资源转化和产业链延伸，因地制宜发展特色产业。依托资源型地区独特禀赋，如废弃矿区、生态修复区、闲置土地等，开发工业遗址旅游、光伏发电、生态农业、特色种植养殖等产业，既盘活闲置土地，又创造就业。充分利用政府各种专项资金、扶贫产业项目、乡村振兴项目和土地复垦后的巨大资源优势，充分利用安置社区各种公共空间、公共设施等，鼓励农民合作社或村集体企业向农产品深加工、手工艺品牌化方向延伸，大力发展各种农村新型业态。如，针对D社区产业缺少问题，其应加强原村土地复垦与规模化经营，激活土地资源；加强生态修复，大力发展“沟壑经济”。

2. 构建“政府-企业-社区”协同孵化机制，强化农民参与利益决策

一方面，加强资金整合和专业化运营。由政府注资引导、企业匹配投资、村民自愿参股等设立社区产业基金，重点支持农民小微创业项目，同时引入专业运营团队，通过购买服务或利润分成模式，聘请第三方机构为社区提供市场分析、技术培训与品牌运营支持。另一方面，强化农民参与决策。通过村民议事会、微信群等渠道，就公共设施维护、文化活动组织等日常事项进行协商；对于涉及土地流转、产业投资等重大事项决策，采

用村民代表或户代表的形式进行决策协商。同时，大力培育和赋权社区社会组织，激活乡村能人，如支持成立种植协会、手工艺合作社等，赋予其项目建议权与监督权；选拔返乡青年、退伍军人等担任“社区发展顾问”，参与规划制定与资源对接。创新集体收益分配模式，对于集体收益，在留足用于产业升级与风险应对的预留资金外，其余的可按“基础+贡献”分红，如50%按人头均分保障基本权益，50%按土地入股、劳动投入、技术贡献等差异化分配。另外，还需建立透明化监督体系，通过传统的村务公示栏和新媒体等方式，实时公示收支明细，聘请会计师事务所对集体经济账目进行年度审计，结果向全体村民公示。

3. 增强社区认同：重构地缘纽带与文化共同体

首先，在城乡过渡型社区进行文化记忆传承与创新，如打造“乡愁地标”、保留原村古树老宅、村庙古戏台等标志性建筑，建立村史馆，定期举办“寻根节”“问祖节”等活动；大力发展社区公共文化，组建秧歌队、广场舞等兴趣团体，通过文化活动促进新老村民融合。其次，加强农民就业技能培训和社区人力资源开发，大力开展新型农民职业教育和社区信息化建设，提高农民参与社区建设与治理的能力与制度化渠道；再次，广泛挖掘与培育乡村各种能人，支持和激励各种类型的乡村能人担任新社区、集体经济组织、社会组织等领导，鼓励和支持其参与社区建设、治理与产业发展。最后，完善城乡人才流动机制，吸引青年返乡参与社区治理。人才是乡村振兴的关键因素。地方政府要加快建立人才吸纳机制，完善相关激励政策，创新干部下乡、市民进乡、人才回乡、农民返乡的优惠支持政策，让更多的人投身产业发展和社区治理，促进城乡过渡型社区的良性发展。总之，通过文化赋能与利益共享，提升居民的社区归属感。

参考文献

陈朋，2021，《乡村振兴中的城乡空间重组与治理重构》，《南京农业大学学报》（社会科学版）第4期。

丁波，2023，《秩序再造：过渡型社区的空间重构与治理转型》，《甘肃社会科学》第2期。

董江爱、刘铁军，2016，《产权视角的资源型地区政治生态问题研究——一个“资源—政治”分析框架的构建》，《经济社会体制比较》第3期。

何璐瑶、王慧斌，2024，《资源型地区城乡过渡性新型社区的形成逻辑及治理探索》，山西人民出版社。

陆益龙、孟根达来，2021，《新时代乡村治理转型的内在机制与创新方向》，《教学与研究》第8期。

马福云、任德靖，2024，《尺度重构：过渡型社区治理共同体建构的实践路径》，《江西社会科学》第12期。

马璇，2023，《过渡型社区的结构特征及治理路径探析》，《农业经济》第4期。

吴晓林，2024，《城市基层治理的产权逻辑——基于“产权类型—分配过程”的分析》，《政治学研究》第3期。

吴晓林、李一，2022，《空间黏合：城市生活空间改造中基层治理共同体的形成机理》，《广西师范大学学报》（哲学社会科学版）第4期。

吴晓燕、赵普兵，2014，《“过渡型社区”治理：困境与转型》，《理论探讨》第2期。

肖泽磊、高源，2025，《公共性再造：过渡型社区治理有效的实践逻辑——基于武汉市L社区的田野调研》，《湖北民族大学学报》（哲学社会科学版）第2期。

俞可平，2012，《敬畏民意：中国的民主治理与政治改革》，中央编译出版社。

詹姆斯·汤森、布兰特利·沃马克，1995，《中国政治》，顾速、董方译，江苏人民出版社。

张晨，2011，《城市化进程中的“过渡型社区”：空间生成、结构属性与演进前景》，《苏州大学学报》（哲学社会科学版）第6期。

赵树凯，2012，《乡镇治理与政府制度化》，商务印书馆。

折晓叶、陈婴婴，1997，《超级村庄的基本特征及“中间”形态》，《社会学研究》第6期。

郑娜娜、许佳君，2019，《易地搬迁移民社区的空间再造与社会融入——基于陕西省西乡县的田野考察》，《南京农业大学学报》（社会科学版）第1期。

郑延瑾，2020，《城乡“过渡型”社区的治理困局如何破解》，《人民论坛》第Z2期。

钟伟军、陶青青，2021，《压力下的权威拓展：基层政府如何塑造非正式治理资源？——基于浙江省W镇“仲规侬”的案例分析》，《公共管理学报》第2期。

周大鸣、高崇，2001，《城乡结合部社区的研究——广州南景村50年的变迁》，《社会学研究》第4期。

Wedeman, Andrew H., 2003, *From Mao to Market: Rent Seeking, Local Protectionism, and Marketization in China*. Cambridge: Cambridge University Press.

基层治理共同体构建的运行机理与实践路径*

王　楠**

摘　要　新时代基层社会的系统转型，空间交互、利益交织形成的复杂治理基础及伴生而来的结构性变化，对推进基层治理共同体构建提出了新要求。为此需要在理论分析的基础上，厘清不同治理要素之间的内在关联，并通过汲取典型案例经验，提出面向实践的优化路径。基层治理共同体构建的牵引机制是以党建引领为核心的组织体系；协同机制是“三治融合”的治理体系；生成场域是生产、生活、生态三重空间。国家乡村治理试点蕉岭县以“全要素联动改革”为牵引、以“客家围屋工作法”为准则、以“多元协同工作坊”为机制，在一定程度上融通治理要素，彰显了基层治理共同体构建的成效。为进一步提升治理效能，需要以实践为导向，扩大党建引领基层治理共同体构建的广度、深度，通过强化协同共进、夯实机制介入、注重实际考量的方式优化治理，助力整合型、参与型、发展型的基层治理共同体构建。

关键词　基层治理共同体构建　党建引领　三治融合　空间场域

党的二十大报告指出，完善社会治理体系，坚定不移走生产发展、生活富裕、生态良好的文明发展道路，建设人人有责、人人尽责、人人享有的社会治理共同体。作为现代国家治理体系中的微观细胞，基层社会既承载着人民群众的日常起居，也是市场主体、社会组织、民众等多元社会主体沟通交流的基本单元。伴随经济社会的转型变化，思想观念多元性、利

* 本文系国家社科基金重大项目“基层党组织引领乡村振兴的创新机制研究”（项目编号：22&ZD030）、教育部人文社会科学研究青年基金项目“协同治理视阈下资源型地区生态环境修复制度研究”（项目编号：24YJCZH305）的阶段性成果。

** 王楠，山西大学政治与公共管理学院博士后，主要研究方向为政治学理论。

益结构复杂性和风险挑战不确定性交织形成的复杂治理图景不断呈现，基层治理既是国家治理的基石，也是社会治理的核心内容。基层治理在服务人民群众美好生活需要、加快形成和发展新质生产力、助力生态文明建设中的作用日益凸显。共同体是人类生存发展的基本方式，推进中国式基层治理现代化需要全面发挥社会治理主体作用，构建党全面领导下的社会共治体系。基层治理共同体构建需要立足生产、生活、生态的实践场域，调动多元主体参与治理的积极性，挖掘党建引领、“三治融合”治理效能，致力形成高效协同的社会治理体系。

一　问题的提出与文献回顾

如何构建基层治理共同体？在“皇权不下县”体制下，传统中国通过胥吏、“乡约”等连通乡村社会，通过保甲制培育乡村社会“营利型经纪人”，形成主要由乡绅、家族等组织主导的“自治”。在“五四精神”的影响下，近代中国掀起了“救活农村，拯救农民”的乡村建设运动，萌生出村学乡学、公民服务团等乡村组织。新中国成立后，通过建立基层党组织、基层群众性自治组织等方式，发展出人民公社、乡政村治和“三治结合”三种模式。作为一种基层治理路径，“三治融合”历经了从“促进自治、法治、德治有机融合”到“健全自治、法治、德治相结合的乡村治理体系”的发展和演进，致力于通过下沉基层党组织力量，联结和统筹多元社会主体，发挥优势互补的治理效能。

“社会治理共同体的精髓是共建共治共享”，基层治理共同体是社会治理共同体的组成部分，具有集中场域、精准服务的治理优势。《中共中央关于坚持和完善中国特色社会主义制度 推进国家治理体系和治理能力现代化若干重大问题的决定》将“三治融合”内涵于“共建共治共享的社会治理制度”之中，实现了“三治融合”与基层社会治理共同体构建的连通导向。前述导向与学界对“三治融合”与基层治理共同体构建的贯通关系相得益彰。相关观点如“三治融合”是社会治理共同体的形成基础，“三治融合”是助推社会治理共同体建构的有效途径。习近平总书记指出，“要创新社会治理体制，把基层治理同基层党建结合起来”。[①] 对此，学界已普遍认识到党建引领基层治理共同体构建的重要意义，并尝试开展制度创新。如基层治理共同体的构建与党的领导密切相关，党的引领是构建社会治理共同体的关键，构建社会治理共同体需要发挥基层党组织在培育和激活社会方面的催化作用，等等。

通过前述分析可知，既有研究对基层治理共同体构建的讨论已经较为丰富，但多以党建引领、“三治融合”为中心，探讨共同体本身的机制建构，较少有研究将多元主体置于其本身所处的空间场域进行分析。事实上，社会治理本应是“空间中的治理”和“治理的空间”，将治理与空间相结合的研究早已有之。有学者通过考察多元主体对资源的掌控能力，分析空间中多元主体间的政治和权利关系（孙小逸，2015）。有学者提出空间作为集体行动的基础和关系构建的网络结构，是用于分析影响基层治理秩序的关键变量（谢岳、戴康，2020）。那么，党建引领、“三治融合”和空间场域，在基层治理共同体的构建中呈现什么样的关系，在实践中有哪些创新性的运行举措，如何在汲取理论研究和实践经验的基础上优化完善？

二　“牵引-协同-生成”：基层治理共同体建构的逻辑理路

基层治理共同体建构在“牵引-协同-生成”的逻辑遵循下形成和发展。从推行主体上看，党建引领是基层治理共同体构建的根本保障；从实现手段上看，“三治融合”是基层治理共同体构建的重要支撑；从施行场域上看，生产、生活、生态交汇融合是基层治理共同体构建的空间基础。基层治理共同体的建构是一个系统工程，需要在基层党组织的引领下，通过“三治融合”的协同推进，在生产、生活、生态三重空间中具体落实。只有准确把握这一逻辑理路，才能切实提升基层治理效能，推动形成善治格局。在为理解基层治理提供新视角的同时，为实践创新提供行动指南。

（一）牵引：以党建引领为核心构建基层治理共同体

党政军民学，东西南北中，党是领导一切的。在当代中国，坚持党的

① 《习近平：千方百计为群众排忧解难》，http://baijiahao. baidu. com/s? id = 1594305359450647750&wfr = souder&for = pc，最后访问日期：2025 年 6 月 9 日。

领导核心地位是马克思主义政党治国理政的根本前提，是应对前进道路上必然会出现的各种风险挑战的定海神针，也是党和国家各项事业赢得主动、赢得优势、赢得未来的政治保障。基层治理共同体构建中的党建引领同样至关重要。基层党建通过发挥自身的先进性、组织性和代表性，将党的路线方针政策精准传递到基层治理的各个角落，确保基层治理沿着正确方向前进。在基层治理的空间场域中，基层党建通过联结多元主体，推动各个治理领域的提升，凭借组织优势融入基层治理各场域，建立起与其他多元主体的组织统合关系，由此实现对基层治理共同体构建的结构性嵌入。基层党建结构性嵌入是党建引领组织优势转化为基层治理共同体效能的关键环节和必要条件。以党建引领为核心，多元主体积极参与的“一核多元”治理层次，在基层治理共同体构建中的前提性地位越发鲜明。

正如吉登斯在结构化理论中所提出的，“结构既是人们行动的前提和中介，同时也是人们行动的结果，结构与行动不是彼此分离、孤立的。一切社会行动皆包含有结构，而一切结构皆有社会行动涉入，人类社会的实践活动实现了行动与结构的统一”（吉登斯，2016）。在基层治理共同体的构建当中，基层党建依据其在治理网络中的核心地位，将政府、社会组织、企业、民众等多元主体紧密联结起来，进而形成一种空间嵌入式的共同体结构。具体而言：基层党组织可以通过组织多元治理主体，让党建引领农村/社区治理在横向领域做到“横向到边”，在纵向体系做到“纵向到底”。从而能够破除“仪式化、形式化”等基层治理弊端，推动治理工作务实化，进而通过基层党组织功能的常规化运作，满足多元主体的多样化需求。

立足内生型和输入型公共资源的有序分配和合理使用，“一核多元”治理层次从基层党组织与政府、村/居民委员会、社会组织和民众相互协作，凝聚成为层次化的“一核多元”基层治理共同体——基层治理共同体构建的核心是党组织，政府、村/居民委员会、社会组织和民众根据不同事宜居于不同层次。“一核多元”治理层次有助于纾解基层治理共同体构建中出现的“弱参与性”“弱积极性”等问题，通过事务互通、利益相连驱动基层治理共同体的常态化生成、维系与运行。作为“一核多元”治理层次的核心，基层党组织在治理场域中发挥着主导资源供给渠道、利益分配和秩序维护的领导作用，通过统筹土地、资本、人才等，以组织协同、要素联动为基本出发点，围绕解决人、地、事、权四个核心问题来建立利益联结机制，在联合多元主体实现基层党建统领的同时，以协作互助为纽带，建立起有效沟通的共同体内部联结机制。党建引领基层治理共同体构建，立足体制合法、结构覆盖和能力权威的三重考量，通过培训党支部书记，提升“头雁”的引领能力，推动实现资源的重组和配置，多元主体得以在有序参与资源分配的同时，高效应对各项事务，打通基层治理中存在的各类治理难题。

（二）协同：以“三治融合”为手段构建基层治理共同体

自治与法治和德治的范畴殊异，自治以主体为视角，与他治相区别，强调基层治理共同体的参与者是基层社会中的成员；法治和德治以功能主义为视角，是社会治理的两种不同方式；基层治理共同体在自治的前提下，综合运用法治和德治两种治理手段，形成“自治、法治、德治的优势互补，相互联系、密切配合的三治融合”的治理格局。从现实而生动的治理实践出发，“三治融合”满足民众对生产发展、生活富裕、生态良好的治理需求，将基层治理中的情感、关系、利益复合交织于民众日常起居，构建起契合基层社会“熟人社会”或“半熟人社会”特征的运行体系。基层社会事务繁多，是社会结构最基础的组织和单元。通过福柯治理理论分析可知，在社会结构变迁的过程中通过将自治、法治和德治融入基层治理共同体构建当中，让多元主体以此为基础进行目标设定、资源分配和行动协调，进而更好实现空间平衡，达成增益社会的善治目标。

问题无处不在，无时不有。“三治融合”立足基层社会现状，从人民群众的身边事出发，以排忧解难为旨归，在问题解决中推动基层治理共同体构建。基层治理共同体构建中面临的各种问题相互交织，主要表现为农业生产方式落后，资源利用效率低下，基础设施不完善甚至滞后，公共服务水平低、难以满足居民的需求，生态环境破坏严重，生态系统功能退化，湿地萎缩、生物多样性减少等。“三治融合”并非简单的制度叠加，而是立足问题解决的机制协同。只有在社会结构变迁中建立自治、法治和德治的协同机制，促使多元主体在目标设定、资源分配、行动协调等方面协同增效，进而促进空间平衡，达成社会总体善治的目标。以“三治融合”为手段构建的基层治理共同体，通过其独有的运行机制宣传家教、阐释家训、展现家风，教诲民众敦亲睦邻、诚信守法、戒斗息讼、节约资源、保护环境，为有效提升社会治理水平，实现基层社会安定有序、村容社貌干净整洁、产业发展欣欣向荣提供持久动力。

（三）生成：在生产、生活、生态三重空间中构建基层治理共同体

共同体是人们的群体结合方式、集体存在方式或组织形式，共同体在为行动者提供支撑、中介和前提的同时，也接受来自行动者的调节、塑造和改变。从社会生活的不同层面来看，多元主体之间的社会交往同样具有层次性，不同的社会关系叠加于不同场域当中，从而形成不同场域协同、多元主体共治的基层治理共同体。基层治理共同体构建的基本逻辑是：基层治理事务的实现必须依托于特定的社会空间，由于多元主体不可能仅仅存在于某一单一维度，而意欲实现其价值，就需要在生产、生活、生态空间场域中依托信息传递、功能互补，实现坚实的社会网络建构。基层治理共同体构建要立足生产、生活、生态空间场域的实际情况和现实需要。在生产方面，基层治理共同体构建要聚焦乡村产业发展，通过培育新型农业经营主体，建立现代农业产业体系等方式优化生产布局、完善利益联结机制、培育新型经营主体。在生活方面，基层治理共同体构建要致力于改善农民生活条件，提升公共服务水平，建设美丽宜居乡村。通过完善基础设施、提供公共服务等提高群众生活质量。在生态方面，基层治理共同体构建着眼于保护自然环境，实现绿色发展，建设生态宜居的美丽乡村，在生态保护、环境整治、资源利用等方面统筹推进。前述三重空间相互交织、相互影响，共同构成基层治理共同体建构的实践场域。

立足于中国式现代化的发展要求，基层治理共同体从生产、生活、生态的单一面向，转向生产发展、生活富裕和生态良好的协同。生产发展以绿色产业化和产业绿色化为抓手，从供需两侧协同发力，与物质文明建设相辅相成，以满足人民群众日益增长的物质文化需求为旨归，为基层治理提供必要的物质基础；生活富裕从物质和精神两个方面入手，强调二者的共进，回应政治文明、精神文明和社会文明建设，致力于提升人民的获得感、幸福感和安全感，为基层治理增添温情；生态良好与生态文明建设一

脉相承，从维系生态功能和优化生态制度的角度出发，体现了马克思主义对人与自然关系的重视，致力于为基层治理提供了优美的环境基地，实现人与自然和谐共生。生产发展、生活富裕、生态良好各有特征、互为场域、相互补充；生产发展为生活富裕提供物质基础，居民日常生活需求也会刺激生产的发展，生产发展在建基于生态的同时又影响着生态；生态在承载生产发展、生活富裕，为生产、生活提供基础的同时，又承受着生产、生活带来的种种影响。

三　基层治理共同体建构的蕉岭实践

蕉岭县位于广东省梅州市，先后获评全国农村综合改革示范试点县、全国农村集体产权制度改革试点县、“百千万工程”示范县等，并成功入选全国“枫桥式工作法”典型案例。根据相关法律法规及《蕉岭县开展乡村治理体系建设试点示范工作实施方案》的要求，蕉岭县聚焦党建引领在基层治理共同体构建中的核心主线作用，积极运用“客家围屋工作法”“多元协同工作坊”两种机制，发挥“三治融合”在基层治理共同体构建中的协同作用，并通过“全要素联动改革”在生产、生活、生态三重空间中实现基层治理共同体的构建。

（一）运用“多元协同工作坊”，发挥基层治理共同体构建的牵引功能

蕉岭县首创的基层党组织引领的“多元协同工作坊”机制，能够更好地构建“一核多元”基层治理共同体，体现了基层治理创新的重要实践探索。在这一机制中，基层党组织作为“一核”，发挥着把方向、管大局、保落实的关键作用，通过凝聚共识、整合资源、创新方法，有效引领多元主体参与基层治理，形成了基层治理的强大合力。

商量有助于各种事情的圆满解决，党建引领基层治理共同体构建的灵魂是有事多商量、遇事多商量、做事多商量。蕉岭县积极加强多层协商，挖掘内生动力，建立《蕉岭县村民协商议事会制度》，形成以村党组织为核心，包括村“两委”成员、村民代表、村民理事会理事长、村监委会成员、退休人员、驻村工作组等多元主体参与的协商议事机制，按照事项涉及范

围成立专项理事会，实行“大事大协商”“小事小协商”常态议事协商与专项议事协商双轨运行机制。“多元协同工作坊”的精髓是群策群力，大家有钱出钱、有力出力，责任到人，在相互监督中激发基层治理共同体效能。蕉岭县充分发挥妇女、老人、义工、志愿者等协会以及合作社等社会各类组织的协同治理作用，形成事事有人管、好坏大家判的乡村治理新格局。可以说，“多元协同工作坊”作为一种创新的工作机制，通过搭建常态化的协商平台、建立规范化的运行机制、形成制度化的保障体系，实现了多元主体的有效协同。这一机制不仅在决策协商、资源整合、服务协同等方面发挥着重要功能，而且通过制度建设、能力提升和平台支撑，为多元主体参与基层治理提供了有力支撑，推动形成了共建共治共享的基层治理格局。例如，生活空间作为基层治理共同体构建的核心场域，蕉岭县针对有碍美丽乡村建设与人居环境整治方面的问题，就通过推动多元主体协同推进美丽乡村建设落地实施，助力营造优美宜居的生态环境。在乡村生活环境治理的过程中，蕉岭县基层党组织动员村民等多元主体积极参与建言献策，有规划地修建垃圾投放站、划分卫生区，推进具有乡村文化风貌特色的各项人居环境设施建设，走出一条独具乡土文化特色的乡村风貌治理路径。为有效落实用最严格制度最严密法治保护生态环境，蕉岭县基层党组织充分考量多元主体对建设优美生态环境的期许，通过发挥老党员、老干部、老教师、老劳模等本土乡贤在乡村治理与公共事务参与中的沟通协调和带动作用，让多元主体在充分协商后，达成一致意见。以“多元协同工作坊”为机制，蕉岭县生态环境治理实现从命令—控制型到自觉—参与型的转化，在提升生态环境保护过程中民众参与度、强化生态环境治理过程中制度依赖的同时，激发民众内心深处“天人合一”的朴素生态观，为基层治理共同体的构建增添秀气。此外，通过“一核多元”基层治理共同体的构建，有效提升了基层治理效能，增强了共同体意识，激发了基层活力。基层党组织的核心引领作用得到强化，多元主体的参与积极性得到调动，基层治理的创新活力得到释放。这种将党的领导与基层全过程人民民主有机统一的治理模式，为探索基层治理现代化提供了有益经验，展现了基层治理的创新活力。

（二）创制“客家围屋工作法”，激发基层治理共同体构建的协同优势

基层治理共同体的构建离不开公民意识的增强，而公民意识主要体现在民众对自身利益的识别与维护。蕉岭县依据本地地处闽粤交界山区的区位特征以及迥异风俗习惯、复杂边界矛盾等现实情况，为针对性解决突出存在的农村边界土地林权纠纷、邻里家庭矛盾等问题，通过运用“三治融合”机制，巧妙将当地的家训、歌谣、谚语、祠堂等道德人文资源与司法有机融合，探索出“以文化人解事、丰富载体说事、聚合力量理事”的客家围屋工作法，极大促进了基层治理共同体的和谐有序。“客家围屋工作法”旨在定纷止争，是党建引领基层治理共同体构建的鲜明表现，具体而言：遵循“人立言、家立训、村立约”的原则，在乡规民约的订立过程中充分尊重本乡土文化风俗，引导人们明理懂法、讲信修睦。为提升问题解决的便捷度，蕉岭县在党员干部中寻找熟悉法律和客家谣谚的调解员，在党群服务中心、日间照料中心等村庄公共空间中通过“道德说唱”的方式，将严肃的法律条文与生动的客家谣谚予以融合，并将搜集整理到的祖训家规在村庄中“张榜公示”，既提升了法律的温情又播撒了法律的种子。此外，针对薄养厚葬、大操大办、天价彩礼等一度盛行的陈规陋习，蕉岭县基层党组织结合本地现实情况制定了“红白喜事爱节俭、家庭和睦乐融融”等既饱含本地传统文化韵味，又耳熟能详、朗朗上口的村规民约或居民公约。

公共生活空间是基层治理共同体构建的核心发生场域，蕉岭县树立“客家围屋工作法”机制，积极聚合村庄乡贤能人、宗亲族老、热心侨贤等多元力量共同商讨村情民意、化解矛盾纠纷，并让基层党组织党员干部、工作人员与本地德高望重、公道正派的宗族“叔公头”“五老”“新乡贤”等贤达能人组成工作专班，在实地勘查、访谈民众的基础上，通过乡村能人搭建的协商平台，组织共同体中的各方力量在宗族祠堂等具有特殊文化符号和历史象征的公共空间中谈诉求、说意见。为构建更为有效的基层治理共同体，蕉岭县基层党组织积极引导各方群众，聚焦生产-生活-生态事宜，定期有针对性地选取民众关注度高、具有教育意义，乡村易发、高发、频发的邻里纠纷、家庭矛盾、土地纠纷等案例开展“释法说理”，在回应民众关切的同时使大量社会矛盾纠纷化于未发、止于未诉。蕉岭县依托本地

宗族文化，运用较为灵活的德治方案，以祠堂、戏台等公共空间为载体，听民声、察民情、解民忧、聚民智、暖民心，充分挖掘宗族祠堂的议事功能和教化作用，将公共生活空间作为营造基层治理共同体构建的发生场域。

（三）推行“全要素联动改革”，迭代基层治理共同体构建的生成场域

针对农村土地资源“细、碎、散、乱”，产业布局“多、小、僵、弱”的问题，蕉岭县打破要素壁垒、激活沉睡资源，积极在现代农业发展上推行“基层党组织+公司+基地（合作社）+农户”模式，在基层党建引领下利用土地、招商引资，发展“一村一品”。为提高人民群众生活质量，在基层党组织的统筹推动下，蕉岭县通过选拔产业带头人作为党员、鼓励回村党员发展乡村产业等方式，推进村民小组、村民理事会、村集体经济组织、专业合作社、农业企业等主体在产业发展上的合作。并以村党支部为核心，建立起包括村委会、村务监督委员会、村民理事会、老人协会、农业企业、合作社等组织在内的多元协商议事会。多元协商议事会的成立，为“三治融合”提供了必要的组织条件，使得各主体能够按照资源配置规律，进行“全要素联动改革”，助推各类问题的协同解决。蕉岭县按照资源禀赋差异引导全县107个村进行结对发展，建立起横跨地域、行业、宗族的全要素联动体系。

生产空间是基层治理共同体构建的重要场域，蕉岭县以“全要素联动改革”为牵引，在基层党员干部带领下，充分发挥华南地区宗族乡贤、族老等乡村能人强大的号召力，勠力推进基层治理共同体的构建。基层党建通过领导村民理事会、老人协会等基层组织，广泛动员村民开展土地合作、流转集约土地、组建村级土地合作社，并由村集体统一竞价外包，实现量化到人、集体运营。为提升规范性、增加可信度，蕉岭县充分发挥法治效能，将争议发生的概率降到最低。支持集体经济组织在对土地增值部分进行二次分配时聘请律师提供咨询服务、参与合同签订，形成以村庄产业合作社为基础，生产、销售、信用“三位一体”的综合合作机制。蕉岭县秉持自愿原则，在不违反法律、不违背公序良俗的前提下，与农业企业协商订立农作物保价收购协议，农业企业根据农作物的品质差异，以不低于市场的行情报价，村集体则以自身信誉为担保，通过统一收购、统一交付的方式保障农业企业的优先收购权；秉持有约必守，村民会按时、保质收割农产品，并按照村企商定的价格分类、交付给农业企业。农业企业则按照一定比例向村集体返还部分收益，并通过建立利益共享机制壮大村集体经济收益，在让全体村民共享经济发展成果的同时，为乡村治理提供内生资源。为深化“全要素联动改革”，蕉岭县党组织通过积极完善互助机制、增进互帮互助、提升社会整体信用水平等方式，动员农户、政府、乡贤共同出资设立村级互助基金，并将其作为产业发展贷款担保金。在基层党建引领下，由镇、村、银行三方协同审核贷款农户的贷款用途和还款能力，以便降低资金风险。为进一步调动农户积极性，部分地区还以协议的方式规定互助基金利息 70%用于农户分红，30%由村集体调配用于村庄治理。

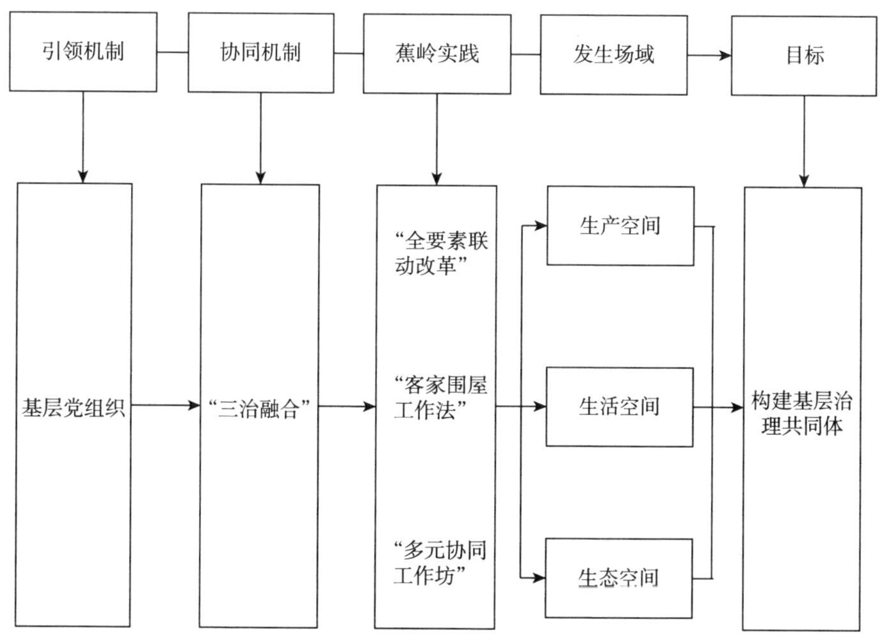

图 1　蕉岭县基层治理共同体运行机制

四　基层治理共同体构建的优化路径

党的二十大报告指出：“中国式现代化，是中国共产党领导的社会主义现代化，既有各国现代化的共同特征，更有基于自己国情的中国特色。”

（习近平，2022）将国家对基层的治理与社会自我治理结合起来是基层治理现代化的重要路向。党建引领基层治理共同体需要顺应时代需要，通过统合多元主体意愿表达与利益诉求，实事求是地构建起契合现代治理需要的共同体模式。为此，宜在夯实“一核多元”的基础上，强化基层党建引领与“三治融合”的协同共进，推动基层治理共同体各项机制的深度介入，并在具体制度构建的过程中，立足各地生产-生活-生态的现实情况，注重党建引领基层治理共同体运行模式对地方实际的考量，致力推进整合型、参与型、发展型的基层治理共同体构建。

（一）强化党建引领与“三治融合”的协同共进

党建引领是自治、法治、德治结构性耦合的基础，推动党建引领与“三治融合”的协同共进，让基层党建能够在运用“三治融合”治理方式的过程中统合社会组织、企业、民众等多元治理主体，并通过不断下沉党组织的领导，整合碎片化资源力量，实现整合型基层治理共同体的构建。强化党建引领与“三治融合”的协同共进，意在综合发挥基层党组织的政治组织优势、宣传动员优势和制度运用优势的同时，严守自治、恪守法治、变通德治，统筹传统与现代，通过协同目标、资源和机制，激发二者的耦合效能。一是目标协同。党建引领与“三治融合”的目标协同，旨在通过加强党的建设，推动自治、法治、德治在基层的有机融合，进而提升基层治理共同体效能，促进社会和谐稳定。为此需要将党的领导贯穿始终，确保党的方针政策在基层治理共同体构建中得到全面贯彻和有效执行，着力加强基层党建，提升党组织的凝聚力和战斗力，为“三治融合”提供坚强的组织保障。二是资源协同。党建引领与“三治融合”的资源协同是提升基层治理效能、促进社会和谐稳定的关键环节。需要树立“融合”理念，充分整合经济资源、文化资源、人力资源、社会资源等各方资源，通过政府购买服务、社会捐赠等方式，引导多元力量积极参与，为基层治理共同体构建提供有力支持。三是机制协同。党建引领与“三治融合”的机制协同是一个复杂而系统的工程。需要明确党组织的领导地位，完善自治、法治、德治各项机制建设，推进基层治理由“三社联动”向“五社联动”转型，充分激发社区、社会组织、社会工作者、志愿者等在基层治理共同体构建中的主动性和积极性。新形势下，基层党建宜以主导产业发展为依托，组建各行业间的经济合作组织，鼓励辖区内的新型农村集体经济组织、各类社会组织以及各行业市场主体开展有效洽谈，共同推动本地乡村多元产业间的合作、发展、提升。通过内部整合、外部合作，不同主体得以吸收对方优势，补齐自身短板，激活内生动力。在遵守法律法规的前提下，通过党建引领与“三治融合”的协同，建立起党建联系民众的常态化、制度化机制，通过党建在基层治理中的号召动员力增强民众的归属感，以“党员网格化”“党建服务站”等具体工作机制推动二者的协同共进。这一过程中生成的常态化、亲民化、接地气的服务，有力促进了多元主体在基层治理共同体中的交往、合作，实现了多元主体意志与党组织所承载的公共意志的聚合。

（二）推动多元主体对基层治理共同体各项机制的深度介入

只有当涉及村民切身利益的时候，村民才会出来发声，才会想方设法发声。党建引领基层治理共同体的构建，不仅需要积极发挥党组织的战斗堡垒作用，而且需要各主体对基层治理实践的参与，统筹治理总体与治理模块的关系，以深度介入带动有效参与、增强治理实效。深度介入的实现离不开要素耦合，要通过整合各方要素，推动基层治理共同体不断在提升主体参与、促进功能互补、护航机制协同、激发制度效能等方面攻坚克难，营造基层政府、市场主体、社会组织等多元主体对公共事务的参与，切实增强基层治理共同体对复杂事务的应对能力。基层党组织应通过利用自身掌握的主流意识形态话语权，引导多元主体形成“交往理性”，在习近平新时代中国特色社会主义思想指引下，树立多元主体间共同的道德观念与行为规范，激发多元主体治理自觉，增强其参与感和归属感，进而将工作重心聚焦于更为专注的基层治理共同体构建之中。

机制融入管长远、多方参与见实效。立足多元主体的现实需要，紧密围绕“三生协同”的治理目标，推动多元主体对基层治理共同体各项机制的深度介入，以机制理性回应治理诉求，进而变一方主动为多方自觉，为参与型基层治理共同体的构建注入一剂强心针和稳定剂。在角色定位方面，基层政府应发挥主导作用，制定相关政策法规，明确各主体在基层治理共同体中的职责与权限，为多元主体参与治理提供制度保障；社会组织应自觉参与社会治理，利用自身专业优势和资源，为基层治理提供支持；企业应积极承担社会责任，通过技术创新和产业升级，推动基层治理现代化；民众应增强参与意识，以主人翁的心态自觉融入基层治理共同体的构建之中。在参与机制构建方面，应建立沟通平台，通过召开座谈会、听证会等方式，定期听取多元主体对基层治理的意见、建议，促进信息共享和沟通协作，对在基层治理中表现突出的多元主体给予表彰和奖励，激发其参与基层治理共同体构建的积极性和主动性，并依照法律法规等有关规定对多元主体参与基层治理的过程和结果进行监督、评估。在治理能力提升方面，针对多元主体的不同特点和差异化需求，有针对性地开展教育培训活动，提升其参与基层治理的能力和水平；鼓励、支持专业机构、专家学者等参与基层治理；并通过及时总结和推广基层治理中的成功经验和做法，供多元主体学习和借鉴。

（三）注重党建引领基层治理共同体构建对地方实际的考量

基层治理共同体的构建并非如出一辙，党建引领基层治理共同体构建也没有统一模板。善治的灵魂在于综合运用多种制度，让各方力量各司其职，以尽可能微弱的投入，获得最大限度的成效。党建引领基层治理共同体不应千篇一律，而应立足特定社会背景、现实情况，以及基层社会的复杂性、多样性和差异性，以提高社会活力、增进民生福祉为中心，因地制宜、因时制宜，致力解决当地面临的实际问题，不断提升党建引领基层治理共同体效能，致力构建发展型的基层治理共同体。发展的前提是立足实际，发展的目的是放眼未来，发展的归宿是为纷繁复杂的治理难题提供可供借鉴的依据。发展实际是一种创新，为保障创新，基层党组织应通过强化思想价值引领、塑造传播新价值理念的方式，以文化人、以德服人，培育基层民众的共同体意识和公共精神，为解决多元社会中纷繁复杂的矛盾纠纷提供依循。为此，需要综合考虑各地的经济、社会、文化等实际情况，确保治理模式与当地实际相符合。一是深入调研，了解地方实际。不同地区的经济发展水平存在差异，这直接影响基层治理的资源和能力。应在基层治理共同体方案的制定过程中充分考虑当地的经济基础，确保治理措施与经济发展水平相适应。鉴于不同地区的社会结构、人口结构、家庭结构、文化传统和风俗习惯也会影响治理的难度和重点，需要在基层治理共同体构建机制的选择上充分尊重当地的文化传统和习俗，引导其与现代治理理念相结合。二是因地制宜，制定差异化方案。基层治理共同体构建应结合地方实际，通过发挥战斗堡垒作用，激发“三治融合”治理优势，完善共建共治共享的社会治理制度，通过构建有效的沟通协调机制和平台，促进不同主体间的信息交流和资源共享。三是强化协同运作，形成合力。要在结合地方实际的基础上接续加强基层党建，充分发挥其在特色化基层治理共同体构建中的引领作用，鼓励和支持各类社会组织和志愿者参与基层治理，探索“互联网+乡村治理”等新型治理模式，针对基层社会的实际情况和治理难点，利用现代信息技术手段，结合本地实际进行创新和推广，提高治理效能。

五 结语

新时代基层社会的系统转型与社会结构的剧变，推动形成多元利益交织的复杂治理格局。作为基层治理共同体构建的重要内容，党建引领、“三治融合”、空间场域的理念阐释和机制融入源于基层社会的治理实践和智识创新，这一点从“蕉岭实践”上可见一斑。契合时代发展需要，基层治理共同体构建，已然成为顺应时代呼唤的有效治理范式，在为实现治理效能提供新考量的同时，为基层治理现代化提供可资借鉴的经验。

参考文献

陈柏峰，2022，《促进乡村振兴的基层法治框架和维度》，《法律科学》（西北政法大学学报）第1期，第3~17页。

陈进华、余栋，2022，《城市社区治理共同体的系统审视与实践路径》，《东南大学学报》（哲学社会科学版）第1期，第109~116、148页。

杜赞奇，1996，《文化、权力与国家：1900—1942年的华北农村》，王福明译，江苏人民出版社。

费孝通，1993，《乡土中国与乡土重建》，风云时代出版公司。

黄成亮、茹婧，2016，《个体、权力与秩序重构：福柯治理理论的空间表达》，《学习论坛》第2期，第47~51页。

黄茂兴、叶琪，2017，《马克思主义绿色发展观与当代中国的绿色发展——兼评环境与发展不相容论》，《经济研究》第6期，第17~30页。

安东尼·吉登斯，2016，《社会的构成：结构化理论纲要》，李康、李猛译，中国人民大学出版社。

李玲玲、杨欢、赵晓峰，2022，《“三治融合”中乡村治理共同体生成机制研究——以陕西省留坝县为例》，《西南大学学报》（社会科学版）第3期，第100~109页。

刘杰，2022，《创新“六事”治理 打造蕉岭样板》，《党课参考》第3期，第71~76页。

吕德文，2019，《乡村治理70年：国家治理现代化的视角》，《南京农业大学学报》（社会科学版）第4期，第11~19、156页。

马华，2018，《村治实验：中国农村基层民主的发展样态及逻辑》，《中国社会科学》第5期，第136~159、207页。

马华，2018，《中国乡村民主的样态与逻辑》，中国社会科学出版社。

马华，2024，《“结构-行动”分析框架下新时代乡村治理共同体建构的三重逻辑》，《中共中央党校（国家行政学院）学报》第1期，第61~71页。

马华、王晓宾，2021，《国家、祖宗与神明：华南大型宗族村庄治理研究》，中国社会科学出版社。

孙小逸，2015，《空间的生产与城市的权利：理论、应用及其中国意义》，《公共行政评论》第3期，第176~192页。

王德福，2022，《迈向治理共同体：新时代城市社区建设的路径选择》，《湖北社会科学》第8期，第38~46页。

王佃利、徐静冉，2024，《服务与空间融合：基层治理共同体建设的优化路径》，《华南师范大学学报》（社会科学版）第2期，第6~18、205页。

文方、汪敬森、骄轩，2022，《蕉岭创新“六事”治理 打造乡村治理样板》，《源流》第3期，第18~21页。

习近平，2017，《决胜全面建成小康社会 夺取新时代中国特色社会主义伟大胜利》，https://www.gov.cn/xinwen/2017-10/27/content_5234876.htm?eqid=c50f87200000360200000003645999e1，最后访问日期：2025年3月24日。

习近平，2022，《高举中国特色社会主义伟大旗帜，为全面建设社会主义现代化国家而团结奋斗——在中国共产党第二十次全国代表大会上的报告》，人民出版社。

肖唐镖，2020，《近70年来乡村治理体制与政策实践的反思》，《治理研究》第5期，第57~69页。

谢岳、戴康，2020，《空间结构与社会行动：一个城市政治研究的新议题》，《比较政治学研究》第 2 期，第 17~38 页。
徐汉明，2023，《论新时代中国社会治理理论》，《中国法学》第 6 期，第 5~22 页。
徐勇，2023，《中国式基层治理现代化的方位与路向》，《政治学研究》第 1 期，第 3~12 页。
许中波、孙哲，2021，《社区治理的空间政治学——兼论"党建引领治理"的空间路径》，《甘肃行政学院学报》第 4 期，第 16~26、123~124 页。
郁建兴、任杰，2020，《社会治理共同体及其实现机制》，《政治学研究》第 1 期，第 45~56、125~126 页。
原超、马华，2023，《党建引领"三治融合"的理论逻辑》，《华南农业大学学报》（社会科学版）第 2 期，第 131~140 页。
张翠，2011，《民主理论的批判与重建——哈贝马斯政治哲学思想研究》，人民出版社。
张文显，2020，《新时代中国社会治理的理论、制度和实践创新》，《法商研究》第 2 期，第 3~17 页。
张贤明，2023，《民主治理与协商治理：基层治理现代化之道》，《行政论坛》第 1 期，第 27~32 页。

征稿启事

《政治与公共管理研究》是由山西大学政治与公共管理学院主办的学术集刊，计划每年出版两辑。

《政治与公共管理研究》的主编是邱泽奇教授，执行主编为山西大学政治与公共管理学院院长、中国十大农村治理创新人物马华教授。

本集刊以推动中国政治学、公共管理学研究为宗旨，致力于为国家治理体系和治理能力现代化贡献力量，致力于推动政治学与公共管理领域的学术交流与知识传播，主要刊载政治学与公共管理学交叉融合研究和以现实问题为导向的前沿综合研究成果的文章。

本集刊现热诚面向国内外专家、学者征稿，欢迎惠赠研究论文、译文和学术书评。《政治与公共管理研究》编辑部将严格按照学术规范流程进行稿件审核，择优录用并奉寄稿酬。

建议投稿之前请仔细阅读以下格式要求。

1. 稿件应包括的信息

（1）文章标题；（2）作者姓名、单位、职务、职称、研究方向、联系电话、通信地址、E-mail 等；（3）300 字以内的中文摘要；（4）3~5 个关键词。

2. 字数要求

每篇文稿以 20000 字以内为宜。除海外学者，稿件一般使用中文。

3. 基金项目

获得基金或项目资助的论文，应依次注明基金项目来源、名称、项目编号等基本要素。

4. 注释、引文格式

文章中的注释（解释、说明的内容），均用脚注。文中的引文，需加括号注明作者、出版年份，例如“xxxxxxxxxx”（孙立平，2003），引文文献以参考文献形式列于文后。

注释格式示例如下：

（1）专著

孙立平，2003，《断裂——20世纪90年代以来的中国社会》，社会科学文献出版社。

（2）期刊文章

李强、张莹，2015，《社会运行视角与社会学的本土化》，《社会学研究》第5期，第24~35页。

（3）报纸文章

李强，2016，《新型城镇化与市民化面临的问题》，《北京日报》11月14日。

（4）未刊文献

①学位论文

方明东，2000，《罗隆基政治思想研究（1913—1949）》，北京师范大学博士学位论文。

②会议论文

中岛乐章，1998，《明前期徽州的民事诉讼个案研究》，“国际徽学研讨会”论文。

③工作论文

方慧容，1997，《“无事件境”与生活世界中的“真实”：西村农民土地改革时期社会生活的记忆》，北京大学社会生活口述史资料研究中心。

（5）外文文献

①专著

Fei，Hsiao-lung. 1939. *Peasant Life in China: A Field Study of Country Life in, the Yangize Valley*. London：George Routledge and Sons.

②期刊

Freedman，Maurice. 1962. “Sociology in and of China.” *The British Journal of Sociology* 13（2）：106-116.

③章节

Calhoun, Craig, 1996. "The Rise and Domestication of Historical Sociology." In Terrence J. McDonald (ed.). The Historic Turn in the Human Sciences, pp. 305-337. Ann Arbor, M. I, University of Michigan Press.

④报纸

Strout, Richard L. 1978. "Another Bicentennial," Christian Science Monitoe, 10 November 1978.

5. 图表格式

图表应尽可能采用三线表，必要时可加辅助线；表格应有表序和表题，序号和表题居中、排于表格上方，两者之间空一格；插图应有图序、图题，放在图下（若图表有来源，也放于图表下方）。

6. 入网要求

本刊加入网络系统，如有不加入网络版者，请在来稿时注明。否则视为默许。

7. 稿件录用通知

对未录用的稿件本刊将会于2个月内以邮件告知，作者收到退稿邮件之后可另行投稿。

8. 投稿办法

请将邮件主题命名为"《政治与公共管理研究》投稿"，并将论文以Word版格式加至附件，发送至张老师邮箱：ZGyjbjb@ sxu. edu. cn.

山西大学《政治与公共管理研究》编辑部

图书在版编目(CIP)数据

政治与公共管理研究．第1辑 / 邱泽奇主编；马华执行主编．--北京：社会科学文献出版社，2025.6.
ISBN 978-7-5228-5639-1

Ⅰ．D0-53；D035-53

中国国家版本馆 CIP 数据核字第 2025HQ5471 号

政治与公共管理研究　第1辑

主　　办 / 山西大学政治与公共管理学院
主　　编 / 邱泽奇
执行主编 / 马　华

出 版 人 / 冀祥德
责任编辑 / 胡庆英　孟宁宁　孙海龙
责任印制 / 岳　阳

出　　版 / 社会科学文献出版社·群学分社（010）59367002
地址：北京市北三环中路甲 29 号院华龙大厦　邮编：100029
网址：www.ssap.com.cn
发　　行 / 社会科学文献出版社（010）59367028
印　　装 / 三河市尚艺印装有限公司

规　　格 / 开　本：787mm×1092mm　1/16
印　张：16.25　字　数：256 千字
版　　次 / 2025 年 6 月第 1 版　2025 年 6 月第 1 次印刷
书　　号 / ISBN 978-7-5228-5639-1
定　　价 / 98.00 元

读者服务电话：4008918866